Franz Hauleitner

Wandern am Wasser

Salzkammergut

Bergseen, Schluchten, Klammen, Kaskaden und Wildbäche

52 ausgewählte Touren zwischen Salzach und Steyr

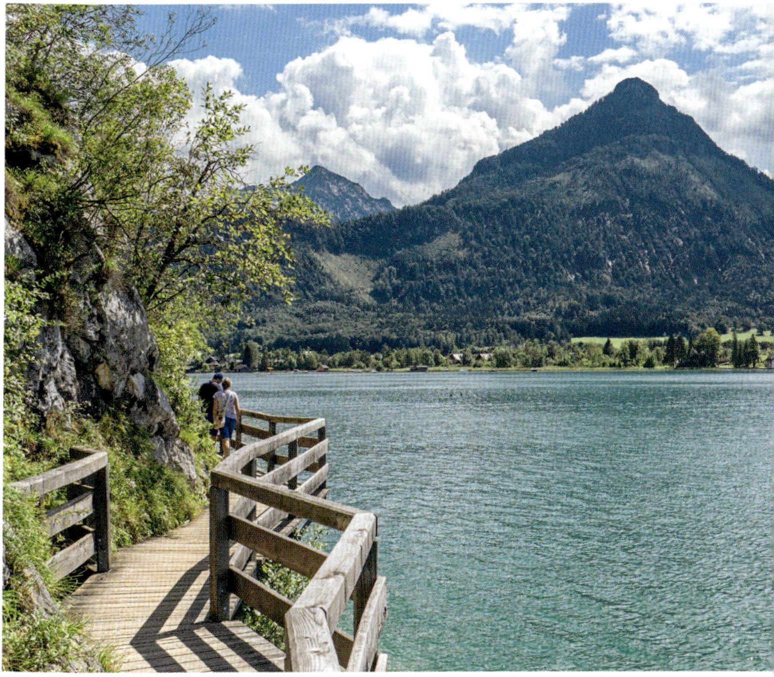

ROTHER BERGVERLAG

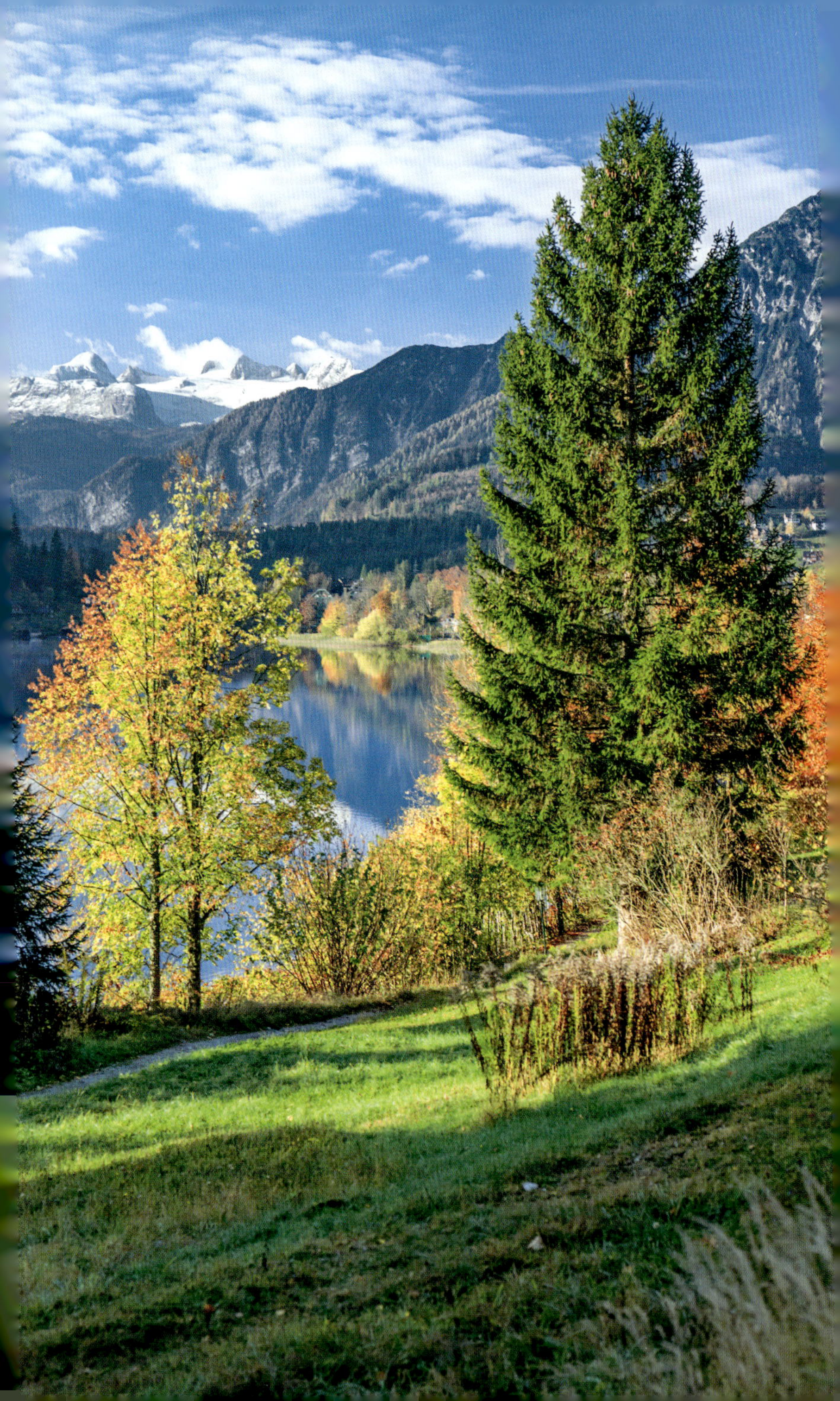

Vorwort

Mag sein, dass sich an den Donauufern der Wachau, an den Kärntner Seen oder anderswo sanftere Linien, südlicher anmutende Landschaften und Bergräume finden. Das Salzkammergut mit seiner Idealmischung aus Seen, Schluchten, Klammen, Flüssen, Wasserfällen und Kulturdenkmälern erweist sich für den wasserliebenden Wanderer jedenfalls als ein Highlight unter den Berggebieten der Ostalpen. Vorrangig sind es die herrlichen Seen, fleißige Zähler kommen auf knappe 80, die sich zumeist auf prächtigen Uferwegen umwandern lassen, sofern man es an heißen Tagen nicht vorzieht, ein erfrischendes Bad in ihren bekannt kühlen Fluten zu versuchen. Mit den steilen Uferlandschaften und flankierenden Bergen erinnern manche eher an norwegische Fjorde als an mitteleuropäische Seen. Nicht jede Wasserwanderung ist hier auch ein Ufer-Spaziergang: Man kann auch Berge erklimmen, um aus der Höhe, aus der nötigen Distanz und Perspektive auf diese »blauen Augen der Berge«, herabzublicken. Und daneben gibt es Unternehmungen an tosenden Wasserfällen, Flüssen, Bächen und anderen Rinnsalen, vorbei an malerischen Ortschaften, alten Mühlen und Höfen, durch Klammen und wildromantische Schluchten, von denen es im Wanderparadies Salzkammergut gar nicht wenige gibt.

Wer im Salzkammergut am Wasser wandern will, hat das ganze Jahr Gelegenheit dazu. Liebt einer aber das große Spektakel, die Natur in ihrer Vollkraft, dann muss man im Frühling unterwegs sein, wenn Unmengen an Schmelzwässern talwärts donnern, intensive Regengüsse und vorsommerliche Gewitter die Flüsse anschwellen lassen, ja sogar Seen aus den Ufern treten, wenn brausende Bäche und tosende Wasserfälle unsere Sinne betören und die Luft von der Gischt der niederstürzenden Wassermassen erfüllt ist. Nicht nur deshalb, auch wegen der Blütenpracht und der noch nicht zu heißen Tage ist das die beste Jahreszeit, vor allem in Begleitung gehfreudiger Kinder, die im Zuge ausgiebiger Rasten an den verlockenden Gewässern spielen und herumtollen können. In den Kurzinformationen zu den vorgestellten Touren finden sich deshalb ausführliche Angaben über Kindereignung und Bademöglichkeiten. Klar, dass von der Erwachsenenseite hier stets ein waches Auge auf den Sprössling geworfen werden muss.

Das vorliegende Wanderbuch enthält wassernahe Touren aus dem Gesamtbereich des Salzkammerguts und seinen Randgebieten, also im Dachsteingebiet und im Toten Gebirge, in der Osterhorngruppe, im Bereich der Höllkar-, Schafberg- und Gamsfeldgruppe sowie im Bereich der Seehügel und der Oberösterreichischen Voralpen.

Die vorgestellten Unternehmungen sind für alle Wanderer geeignet, wobei auf Eltern mit Kindern besondere Rücksicht genommen wird. Eine genussreiche Zeit an den Flüssen, Bächen und Seen des Salzkammerguts wünscht der Autor allen Wanderbegeisterten und den Leserinnen und Lesern dieses Wanderbuchs!

Frühjahr 2023 — Dr. Franz Hauleitner

Am Altausseer See (Tour 35).

Inhalt

Ausseer Land

Almtal

Pyhrn-Priel-Region

Top-Touren

Von St. Gilgen nach St. Wolfgang
Einer der spektakulärsten Uferwege des Salzkammerguts, eine mittelalterliche Pilgerroute und eine Rückkehr per Schiff über den Wolfgangsee (Tour 9, 3.00 Std.).

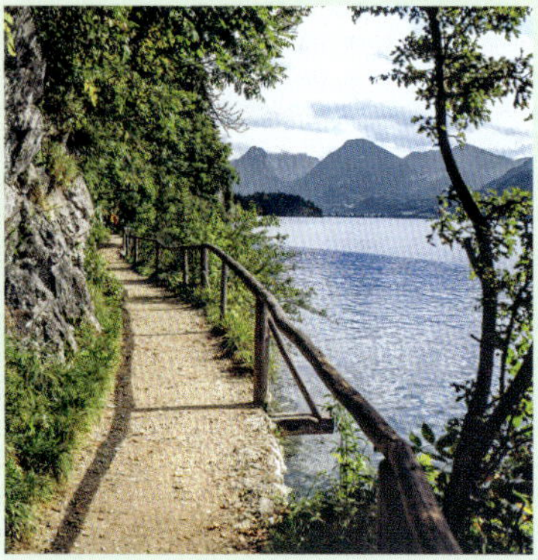

Schafberg: Dreiseenweg
Eine zwar anspruchsvolle, aber wunderschöne Wanderung bergab (1350 m Abstieg!), an drei reizvollen Seen vorbei, in langer Rechtsspirale durch alle vier Flanken des Schafbergs (Tour 10, 4.00 Std.).

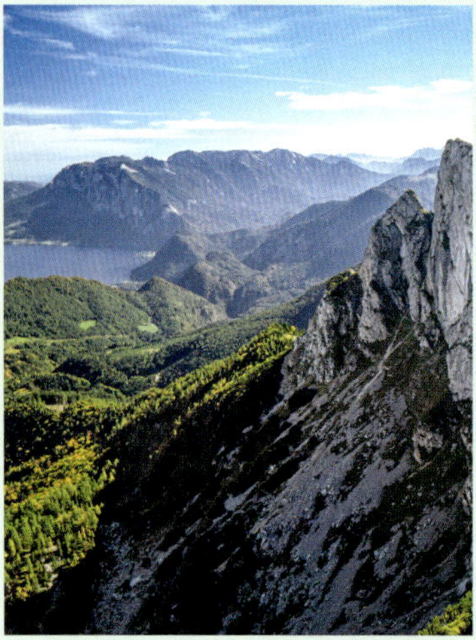

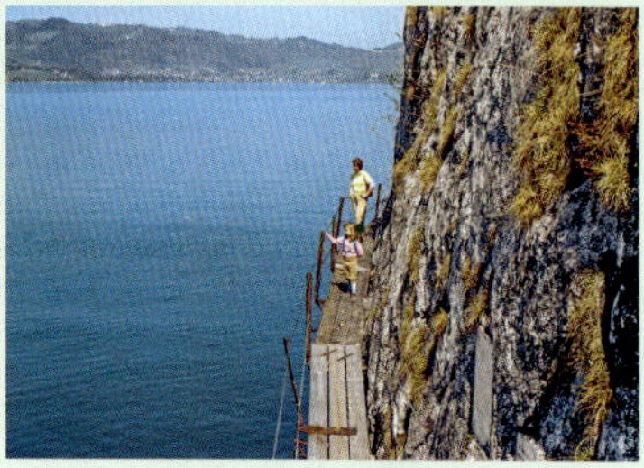

Traunsee: Miesweg
Mit den an senkrechter Wand über dem Traunsee montierten Holzstegen gilt der Miesweg als der vielleicht originellste Uferweg des Salzkammerguts (Tour 23, 1.15 Std.).

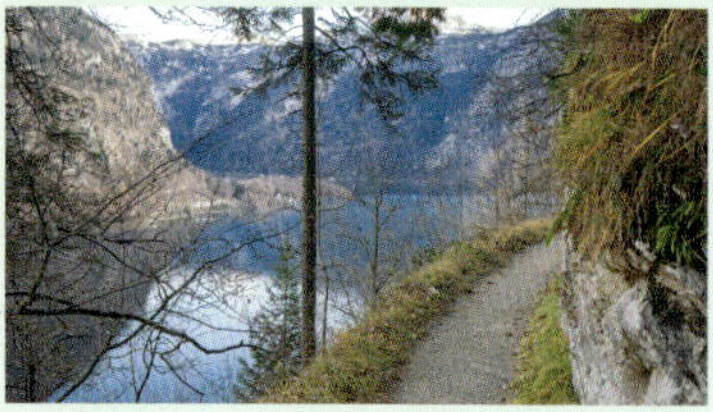

Soleleitungsweg
Schauweg entlang der ältesten Pipeline der Welt hoch über dem Hallstätter See sowie ein Skywalk mit atemberaubendem Tiefblick auf Hallstatt und See. Nur für Schwindelfreie! (Tour 29, 3.15 Std.)

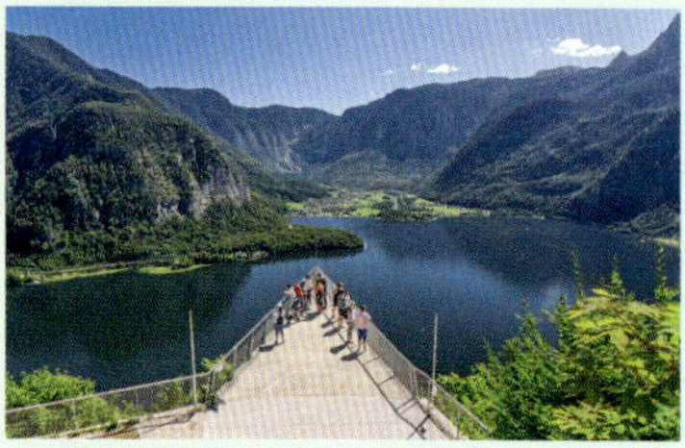

Hallstätter Salzberg
Für Leute mit Geh-Ambitionen, aber wenig Zeit, gerade das Richtige! Ein Muss ist der Besuch des berühmten Hallstätter Salzbergwerks (Tour 30, 2.15 Std.).

Vorderer und Hinterer Gosausee
Der über dem Vorderen Gosausee in gleißender Gletscherpracht dastehende Dachstein gilt als ein Glanzpunkt des Salzkammerguts. (Tour 32, 4.00 Std.).

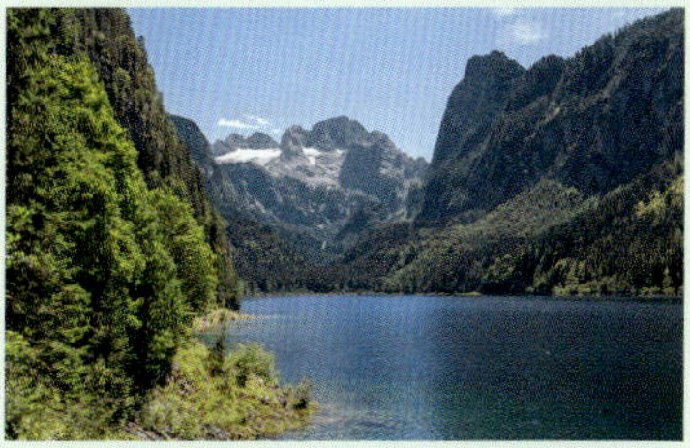

Um den Altausseer See
Der in die wuchtigen Felsabstürze des Toten Gebirges eingebettete Altausseer See kann auf herrlichen Uferwegen von jedermann umrundet werden (Tour 35, 2.00 Std.).

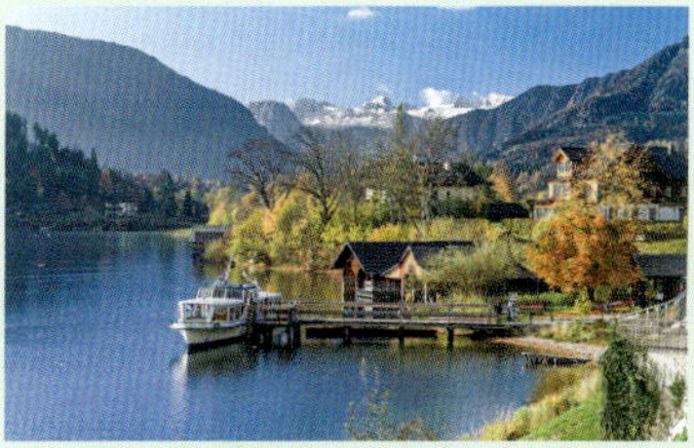

Vorderer Lahngangsee
Der Prototyp eines malerischen Bergsees! Wegen der zu bewältigenden 800 Höhenmeter sollte man nicht ganz untrainiert sein (Tour 38, 4.45 Std.).

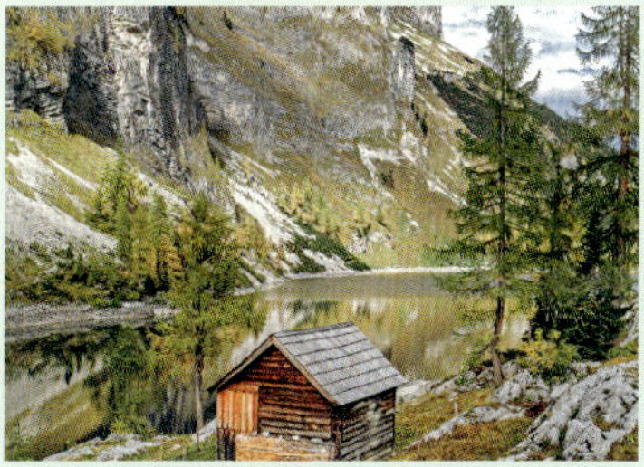

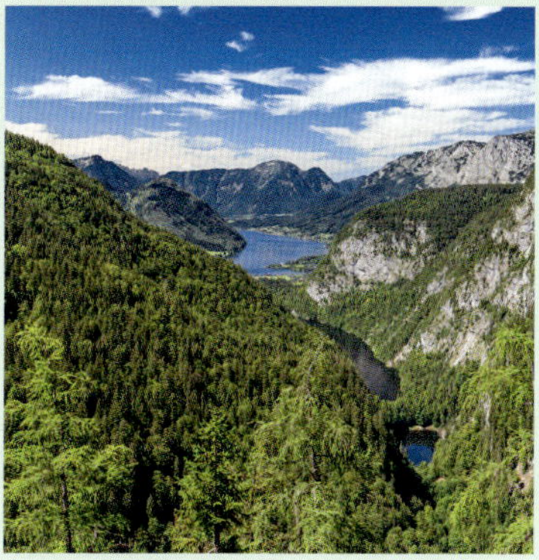

Gößler Dreiseenblick
Der 800-Meter Anstieg zu ihm verlangt etwas Muskeleinsatz, dafür wird ein Schauerlebnis der besonderen Art geboten – Grundlsee, Toplitzsee und Kammersee wie am Schnürl aneinandergereiht! (Tour 41, 4.30 Std.).

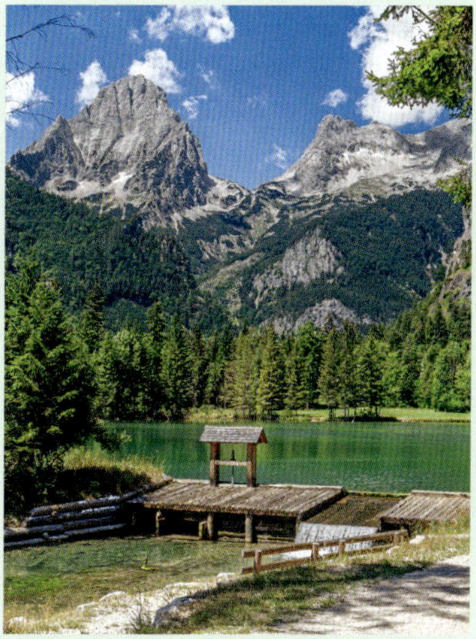

Schiederweiher
2018 durch eine TV-Sendung des ORF berühmt gemacht, spiegeln sich in dieser »Perle des Stodertales« die Glanzlichter des Toten Gebirges, Spitzmauer und Großer Priel. Ein lohnendes Ausflugsziel für Jung und Alt! (Tour 50, 2.30 Std.)

Allgemeine Hinweise

Anforderungen

Die meisten Wanderungen verlaufen auf gut instand gehaltenen, markierten Steigen und Wegen, sind also im alpinistischen Sinn leichte Unternehmungen. Um die jeweiligen Anforderungen besser einschätzen und vergleichen zu können, wurden die Nummern der Tourenvorschläge mit verschiedenen Farben versehen:

■ **Leicht**
Wanderungen auf markierten, meist gut trassierten Wegen und Pfaden. Einfach und in der Regel nur wenig anstrengend. Auch für Kinder und Senioren geeignet, teilweise auch bei Schlechtwetter begehbar.

■ **Mittel**
Wanderungen auf meist ausreichend markierten Pfaden und Steigen, die häufig schmal und steil angelegt sind und abschnittsweise etwas ausgesetzt sein können. Trittsicherheit, Schwindelfreiheit und Orientierungsvermögen nötig.

■ **Schwierig**
Anspruchsvolle Bergtouren mit unmarkierten, zum Teil auch weglosen Passagen. Stellenweise können die Steige ausgesetzt sein, manchmal wird die Zuhilfenahme der Hände notwendig (leichte Kletterei im Schwierigkeitsgrad I bis I+), an gesicherten Passagen ist mitunter ein Klettersteigset nötig. Nur für trittsichere, schwindelfreie, konditionsstarke und alpin erfahrene Geher.

Gehzeiten

Man beachte, dass sich die Zeitangaben (Gesamtgehzeit in der Kurzinfo, detailliert in den Höhenprofilen) nur auf die reine (durchschnittliche) Gehzeit beziehen. Beachten Sie auch, dass mit (kleineren) Kindern deutlich langsamer gegangen wird (ca. ⅓ längere Gehzeit). Pausen können in Summe die Gehzeit wesentlich verlängern. Zeitangaben sind natürlich auch subjektiv. Die entsprechende Korrektur zur angeführten Gehzeit kann durch einen anfänglichen Zeitvergleich ermittelt werden (zum Beispiel: 1 Stunde im Buch entspricht 1¼ Stunden persönlicher Gehzeit).

Der überwiegende Teil unserer Touren ist leicht (blau) wie hier am Toplitzsee (Tour 40).

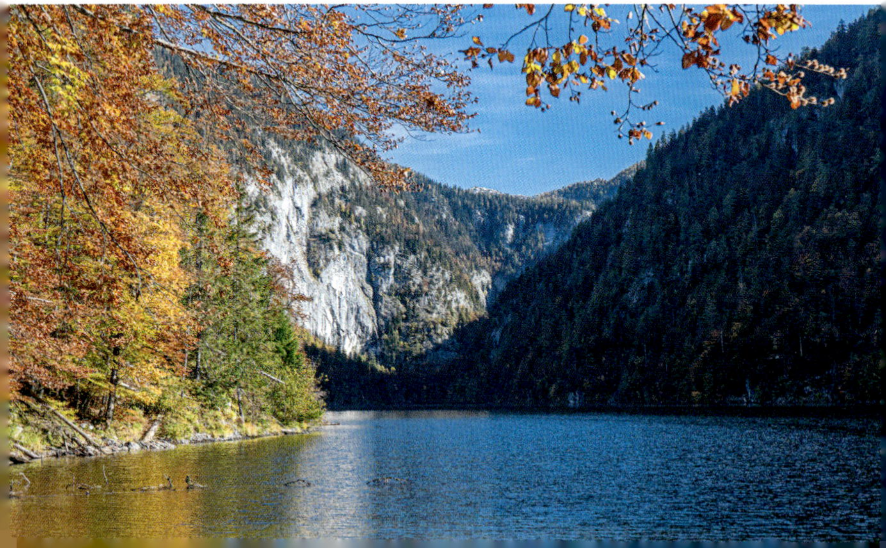

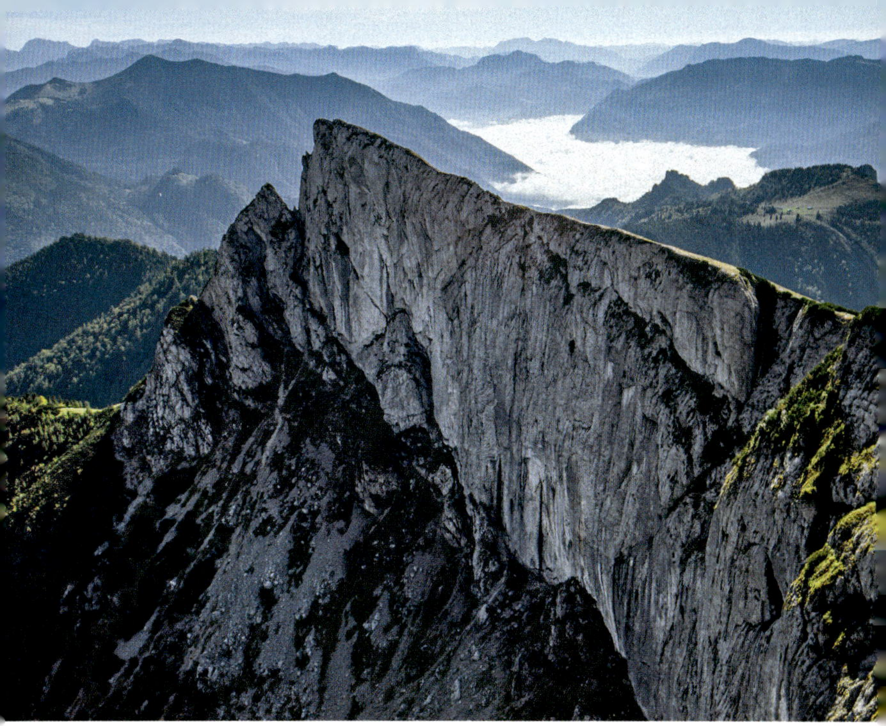

Die einzige schwarze Tour (10) in diesem Wanderbuch: Schafberg-Südabstieg.

Gefahren

Trotz vorhandener Weg- und Steigtrassen ist an abrutschgefährdeten Stellen, bei Querung steiler Flanken oder hart gefrorener Schneefelder Vorsicht angebracht, wobei auch das Gelände oberhalb des Weges (Steinschlag!) zu beachten ist. Bei Schlechtwetter steigern sich die Gefahren. Durch Drahtseile, Eisenleitern oder -klammern gesicherte Steiganlagen sollten bei Gewittern unbedingt gemieden werden. Besonders heikel erweisen sich Querungen regennasser, steiler Grashänge. An sich leichtes Felsgelände kann bei Schneelage oder Vereisung auch für Geübte zu einem Problem werden.

GPS-Tracks und Koordinaten der Ausgangspunkte

Auf **gps.rother.de** stehen zu diesem Wanderbuch GPS-Tracks und die Koordinaten der Ausgangspunkte zum kostenlosen Download bereit. Dieser QR-Code führt direkt zum Download.
1. Auflage, Passwort: 338101bsf
Die GPS-Tracks können in die **Rother App** importiert werden. In der App kann man unterwegs stets sehen, wo man gerade ist und wo es langgeht. **Anleitungen dazu: rother.de/gps**
Trotz sorgfältiger Prüfung können wir Fehler und zwischenzeitliche Veränderungen nicht ausschließen. Verlassen Sie sich für die Orientierung niemals einzig und allein auf die GPS-Daten, sondern beurteilen Sie die Verhältnisse vor Ort.

Der Umwelt zuliebe …

Auch beim Wandern hinterlassen wir einen ökologischen Fußabdruck, aber im Einklang mit der Natur unterwegs zu sein, ist gar nicht so schwer!

VORBEREITUNG UND ANFAHRT

- Sich vorab informieren, worauf in Bezug auf Natur und Umwelt in der jeweiligen Wanderregion besonders zu achten ist.
- Soweit möglich mit Bahn und Bus anreisen, Wander- und Rufbusse nutzen.
- Ist eine Anfahrt mit dem Auto nötig, Fahrgemeinschaften bilden.
- Bei weiten Anfahrten Mehrtagestouren planen oder von einem Quartier vor Ort aus mehrere Touren absolvieren.
- Flugreisen möglichst reduzieren und durch Beiträge zu Klimaschutzprojekten kompensieren.

KLEIDUNG UND AUSRÜSTUNG

- Beim Kauf von Outdoor-Kleidung auf umweltfreundliche und faire Herstellung achten und Kleidungsstücke möglichst viele Jahre nutzen.
- Ausrüstung kann man eventuell auch gebraucht kaufen oder ausleihen.
- Reparieren statt neu kaufen.

VERPFLEGUNG

- Beim Einkauf Bio-Ware, regionale und saisonale Erzeugnisse bevorzugen.
- Hütten und Gasthäuser auswählen, die regionale Produkte verwenden.
- Auf Einwegflaschen und Plastikverpackungen verzichten, stattdessen wiederverwendbare Trinkflaschen und Brotzeitboxen benutzen.

ÜBERNACHTUNG

- Bei lokalen Anbietern buchen, damit Menschen vor Ort profitieren.
- Auf Hütten und in anderen Unterkünften Strom und Wasser sparen.

UNTERWEGS

- Wege benutzen und Abkürzer vermeiden.
- Sperrungen von Wegen und Schutzgebieten respektieren.
- Keine Blumen pflücken und keine Pflanzen entnehmen.
- Waldbrandgefahr beachten.
- Müll wieder mit nach Hause nehmen und dort entsorgen.
- Toilettengänge in freier Natur möglichst vermeiden.
- Lärm vermeiden.
- Hunde an die Leine nehmen.

ROTHER
BERGVERLAG

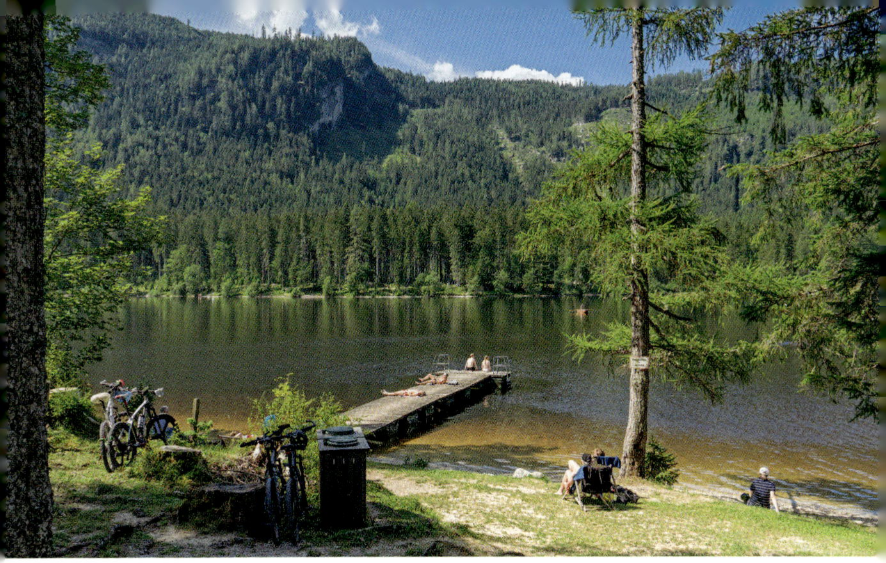

Baden im See ist für Kinder immer ein Wanderhighlight – am Ödensee (Tour 43).

Ausrüstung

Die Ausrüstung richtet sich nach Schwierigkeit, Länge und Höhenlage der Tour sowie nach der Jahreszeit und dem Vorhandensein von Stützpunkten. Feste Schuhe mit Profilgummisohle, zweckmäßige, wetterangepasste Bekleidung samt Rucksack, Kappe, Mütze, Pullover, Regenschutz, Anorak und Reserveunterwäsche, Tourenproviant (Wasserflasche!), bei geplanten Übernachtungen auch Schlafsack sind Voraussetzung. An gesicherten Felspassagen wird die Verwendung einer entsprechenden Klettersteig-Ausrüstung (Set) empfohlen.

Höhenunterschied

Die Angabe des Höhenunterschieds ist in der grün gesetzten Zeile unter der Tourenüberschrift in Form von zwei Pfeilen für den An- und Abstieg zu finden. Unter dieser Angabe ist jeweils die Summe der auf einer Tour im Anstieg bzw. im Abstieg zu bewältigenden Höhenunterschiede zu verstehen. Gegensteigungen werden also berücksichtigt.

Anreise

Viele Ausgangspunkte sind mit öffentlichen Verkehrsmitteln erreichbar. Manchmal jedoch ist die Anfahrt mit dem eigenen Fahrzeug unerlässlich. Hinweise dazu findet man in der Kurzinfo.

Beste Jahreszeit

Der Hochsommer ist für Touren in hochalpinen Lagen die beste Jahreszeit. In allen übrigen Zonen bieten Frühling, Frühsommer, Herbst und Spätherbst, der niedrigen Gipfelfluren und der damit verbundenen sommerlichen Hitze wegen, bessere Bedingungen.

Kinder

Wanderungen, die mit Kindern unternommen werden können, sind in diesem Buch durch ein Symbol gekennzeichnet. Bei Kindern zwischen fünf und 15 Jahren ist weniger die Schwierigkeit einer Tour als die gebotene Abwechslung ausschlaggebend, denn junge Menschen lieben das Abenteuer, die sportliche Betätigung und das Spiel in freier Natur.

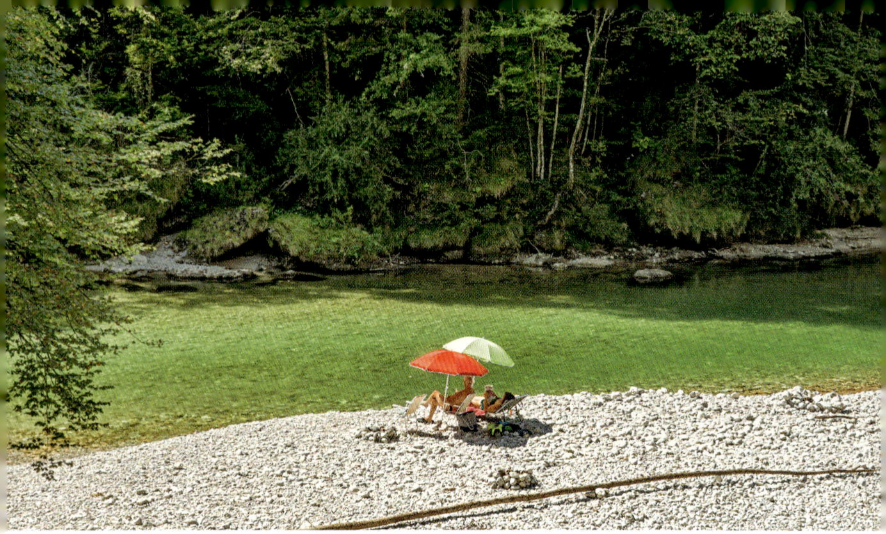

Bademöglichkeiten gibt es nicht nur an den Seen, sondern auch an Flüssen wie zum Beispiel an der Steyr (Tour 47).

Man bedenke: Ein einziger fader Waldhatscher kann für den heranreifenden Sprössling das vorläufige Ende seiner bergsteigerischen »Karriere« sein. Auf einer längeren Tour sind Einkehrmöglichkeiten unterwegs ein wichtiges Kriterium für eine Kindertauglichkeit. Dort können die Kinder, losgelöst vom »Zwang« der Leistung, ausreichend spielen, sich unterhalten, mit Freunden herumtollen. Und sollte das zumutbare Tagespensum schon erreicht sein, besteht immer noch die Möglichkeit zur Übernachtung (lustige Hüttenabende, spektakuläre Nachtgewitter usw. bleiben in dauerhafter Erinnerung), um das Unternehmen anderntags ausgeruht und gut gelaunt fortzusetzen. Gerade Wanderungen in der hier beschriebenen Form, durch Klammen, zu stäubenden Wasserfällen, an tosenden Bächen oder an Seen entlang, sind für Kindern besonders attraktiv und ein sicheres Erfolgsrezept. Weniger beliebt sind monotone Forststraßen, dafür erregen steile und den Eltern manchmal gefährlich erscheinende Felsabschnitte oder durch Drahtseile, Eisenleitern usw. gesicherte Wegpassagen helle Begeisterung.

Bademöglichkeit

An heißen Sommertagen kann ein Sprung ins kühle Nass, in einen klaren Bergsee oder Bachtümpel zur Wonne werden, wenngleich das Baden nicht an jedem See oder Teich gestattet ist (auf Verbote achten!). In der Kurzinfo zu jeder Tour wird auf solche Möglichkeiten verwiesen. Gefährlich können Badeversuche in reißenden Gebirgsbächen sein, ein vorheriges Abschätzen der Gefahren ist in jedem Fall vonnöten.

Telefon

Für Telefonate von und nach Österreich gelten folgende Landesvorwahlen:

- aus Deutschland, Italien, Ungarn, Tschechien, Slowakei und der Schweiz nach Österreich: 0043.
- aus Österreich nach Deutschland 0049, Italien 0039, Ungarn 0036, Tschechien 00421, Slowakei 00420

und in die Schweiz 0041. Achtung! Außer bei Italien entfällt die erste Null der darauffolgenden Ortsnummer!

Notruf

Neben den kostenlosen Notrufnummern 112 und 144 (siehe unten) lassen sich per Handy SOS-Meldungen an Notfallkontakte absetzen. Über das Smartphone kann man einen Ortungsdienst aktivieren, um den eigenen Standort mitzuteilen.

Alpines Notsignal

Das Notsignal in den Bergen besteht aus einem sechsmal in der Minute (alle 10 Sekunden ein Signal) abgegebenen optischen oder akustischen Zeichen. Nach einem Intervall von einer Minute wird die Signalfolge so lange wiederholt, bis Antwort erfolgt. Die Fremdantwort (»Ich habe verstanden.«) besteht aus einem dreimal in der Minute (alle 20 Sek. ein Signal) abgegebenen Zeichen.

Schutzhütten, Gaststätten, Restaurants, Jausenstationen

Die in der Kurzinfo bei den Einkehrmöglichkeiten angegebenen Bewirtschaftungszeiten sind Richtzeiten. Sie können vor allem an Wochenenden etwas schwanken (Ruhetage werden etwa in den Monaten Juli und August oft nicht eingehalten). Gleiches gilt auch für die Betriebszeiten von Beförderungsmitteln.

Karten

Neben den beigegebenen mehrfarbigen Karten im Maßstab 1:35.000/1:50.000/1:75.000 mit Routeneintragungen werden als ergänzende Orientierungshilfe die Karten von Freytag & Berndt (Blätter WK 062, 081, 082, 281, 282, 391, 392) empfohlen.

Wichtige Informationen und Telefonnummern

Notruf

- Bergrettung, Tel. 140 (kostenlos)
- Europäische Notrufnummer, Tel. 112 (kostenlos)

Alpine Auskunft

- Österreichischer Alpenverein (ÖAV), Tel. 0512/587828, www.alpenverein.at

Alpine Wetterberichte

- Zentralanstalt für Meteorologie in Wien ZAMG der GeoSphere Austria (Tel. 0900 566 5661), Dienststelle Salzburg/Oberösterreich (Tel. 0900 566 5665), Steiermark (Tel. 0900 566 5668). Diese und die folgenden 0900-Nummern (Tonbanddienste) mit erhöhtem Tarif sind nur innerhalb von Österreich zu erreichen: Oberösterreich: Tel. 0900/911566-04, Salzburg 0900/911566-05, Steiermark: Tel. 0900/911566-07, 5-Tages-Prognose für Gesamtösterreich: Tel. 0900/911566-10.

Öffentliche Verkehrsmittel

- ÖBB Bahn und Bus (inklusive Postbus), Tel. 05/1717 (rund um die Uhr), www.oebb.at
- Verkehrsverbund Ost-Region (VOR), Tel. 0810/222324 (Mo. bis Fr. 7–20 Uhr, Sa. 7–14 Uhr), www.vor.at

Fremdenverkehrsvereine

- Urlaubsservice der Österreich Werbung, Tel. 00800/400200-00 (kostenfrei aus D, AT, CH), www.austria.info
- Wien-Tourismus, Tel. 01/211140, www.wien.info
- Niederösterreich-Werbung GmbH, Tel. 02742/90009000, www.niederoesterreich.at
- Oberösterreich Tourismus, Tel. 0732/7277-100, www.oberoesterreich-tourismus.at
- Steirische Tourismus GmbH, Tel. 0316/4003-0, www.steiermark.com

Wandern am Wasser

Das Wasser als Verkörperung von Bewegung und Leben

Die gemäßigten Breiten – und zu diesen gehört der Alpenraum – verdanken ihr im Sommer grünes Erscheinungsbild dem Wasser, der zumindest temporären Zufuhr feuchter maritimer oder atlantischer Luftmassen. Das so verpönte »Schlechtwetter«, der Regen, erweist sich hier als wichtiger Regulator und »Lebensspender«. Und das »Element« Wasser ist auch Ursache dafür, dass uns nach Trockenzeiten das wie Balsam empfundene Rauschen des Regens beruhigt und beglückt, dass es Reservoirs wie Seen gibt, dass Wasserfälle talwärts donnern und Bäche dahinplätschern, dass der winterliche Schnee die Natur um gänzliche neue Farben und Töne bereichert.

Somit ist das Wasser ein dem Wanderer sehr vertrauter Begleiter. Erweist es sich einerseits für das Leben notwendig, so zeigt es auf der anderen Seite sein Janusgesicht, wirkt abbauend, ja mitunter höchst zerstörerisch. Mit seinen drei Aggregatzuständen flüssig, fest und gasförmig ist es auch ein Zeichen für die nie ganz durchschaubare Gestalt der Natur, die von ihm durchdrungen wird wie kaum ein anderes Element. Aufgrund seiner Fließbewegung vom höheren zum tieferen Niveau stellt Wasser in flüssiger Form mechanisch ein ausgleichendes nivellierendes Element dar. Verglichen mit dem festen Boden besitzt es eine höhere Wärmekapazität (kühl im Sommer, warm im Winter), was klimatisch zu einem Temperaturausgleich zwischen Meer, See, Fluss und Land führt. Im festen und gasförmigen Aggregatzustand verstärken sich hingegen die Phänomene: In der Luft gelöstes Wasser (Wasserdampf) erhöht im Sommer das Schwüle-Empfinden, Eis- und Schneebedeckung im Winter lassen die Lufttemperaturen sinken.

Gerade der weiße Schnee erweist

Saftig grüne Wiesen dank der häufigen Niederschläge (Attersee, Tour 18).

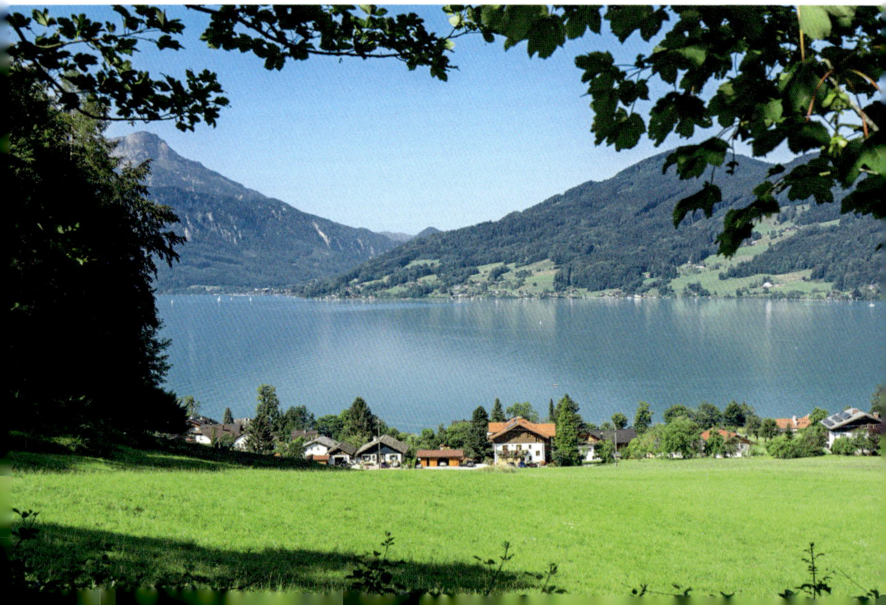

Wasserfälle wie der Rindbachfall sind einfach faszinierend (Tour 24).

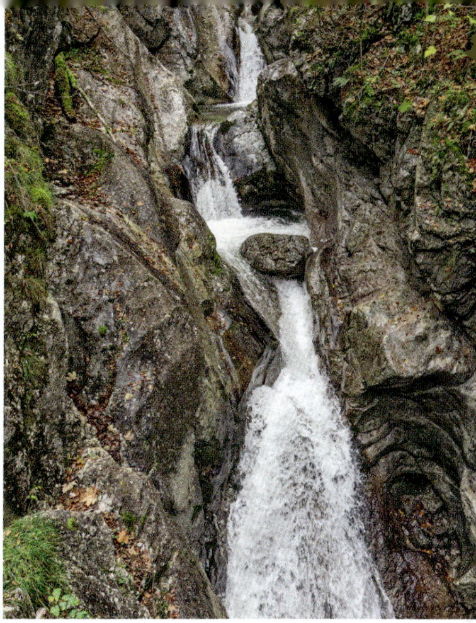

sich als eine Besonderheit: Wird das kurzwellige Licht an seiner Oberfläche fast zur Gänze reflektiert – das reinweiße Erscheinungsbild ist die Folge – so erweist er sich im langwelligen Bereich (Infrarot) als »schwarzer Strahler« und damit als ein Temperaturregulator besonderer Güte. Betrachtet man Schnee durch einen Infrarotfilter, erscheint er vollkommen schwarz, was bedeutet, dass er sowohl Wärme absorbieren als auch abgeben kann – eine Erscheinung, die den Hohlräumen an der Schneeoberfläche zu verdanken ist und die besonders bei lockerem, reinem, also frisch gefallenem Pulverschnee zu beobachten ist. Das aber wiederum ist die Ursache dafür, dass die Temperaturen bei Schneelage und hier besonders nach Neuschneefällen stark sinken. Eine umgekehrte Wirkung zeigt sich an der Unterseite der Schneedecke, wo infolge von Absorbierung und Rückstrahlung die Bodenwärme nicht entweichen kann und damit dem Erdboden keine Energie verloren geht. So erweist sich die Schneedecke, und sei sie noch so dünn, als idealer Isolator, denn sie verhindert ein Durchfrieren des darunter liegenden Erdbodens, schont damit Pflanzen und Tiere.

Das Wasser ist fraglos das formende Element des Salzkammerguts. Die zum Teil erheblichen Niederschläge mit über 2500 Litern pro Quadratmeter im Jahr sind verantwortlich für das in tiefen und mittelhohen Lagen reiche, üppige Grün des Gebiets. Europaweit betrachtet gilt Bergen (Norwegen) mit 2250 Liter pro Quadratmeter Jahresniederschlag als regenhäufigste Stadt Europas, die dalmatinische Bucht Kotor kommt aufgrund der intensiven winterlichen Niederschläge sogar auf 4600 Liter Jahresniederschlag. Ursache für die erheblichen Niederschlagsmengen sind im Salzkammergut die manchmal über Wochen anhaltenden Nordwestlagen mit kräftigem Wolkenstau am Nordrand der Gebirge, Auslöser des hier fast sprichwörtlichen »Schnürlregens« (Dauerregen). Saftig grüne Wiesen, dichte Wälder und eine reiche Vegetation bis über die 2000-Meter-Marke hinaus, zahllose Seen, rauschende Bäche und in die Tiefe stürzenden Wasserfälle, sie vermitteln im Salzkammergut den Eindruck einer kerngesunden, intakten Natur.

Die unbändige Kraft des Wassers zeigt sich jedoch nicht nur in der belebten Natur, sie wird auch an den seit Jahrmillionen anhaltenden Spreng-, Schleif- und Schürfprozessen – eine landschaftsbildende, das aktuelle Alpenantlitz (eigentlich eine Momentaufnahme!) formende Kraft als Resultat unaufhaltsamer Abbauprozesse – sichtbar. Und der Mensch

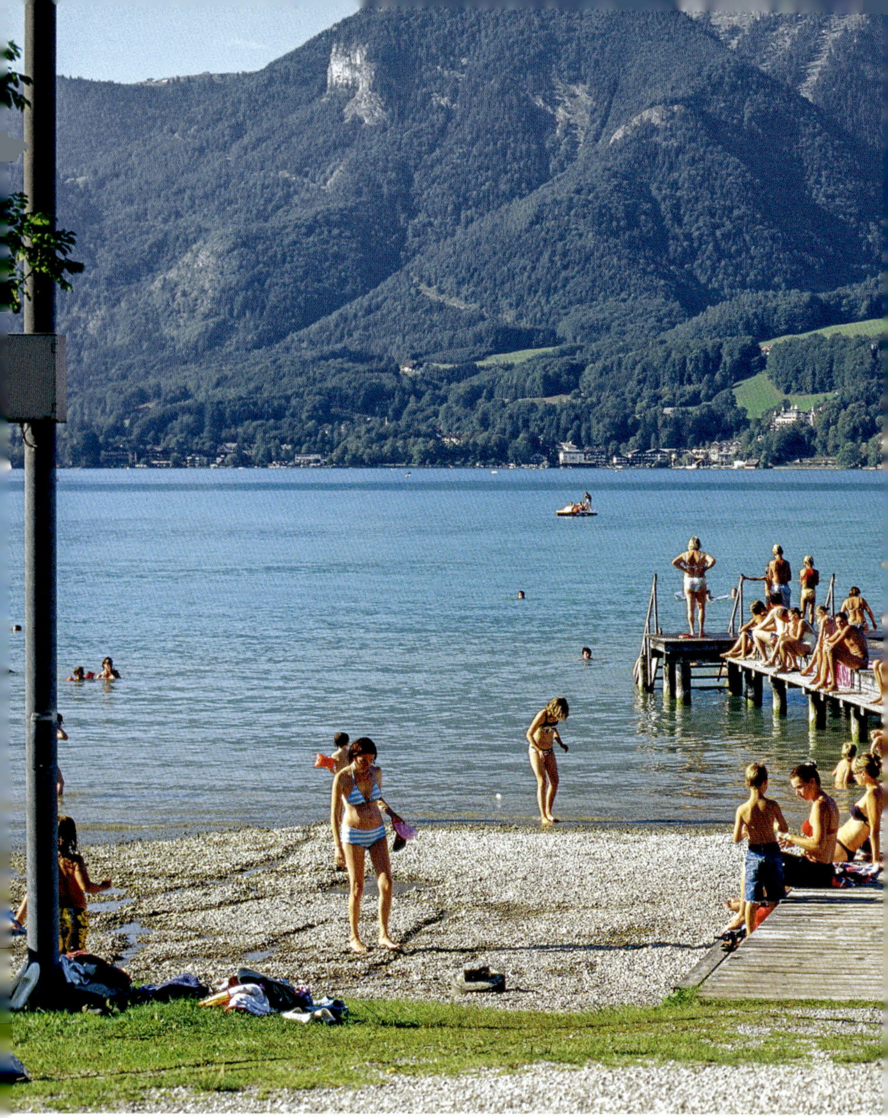

Badevergnügen am Wolfgangsee.

hat sich die Wasserkraft nutzbar gemacht, in der Flößerei, in Kraftwerken, Mühlen und Energiebetrieben.

Aber das Wasser und die in ihm enthaltenen Kräfte haben auch ihre Schattenseiten: Intensive Schneefälle, aber auch Tauwetter, Starkregenfälle bei hohen Temperaturen (Schneefallgrenze im Gebirge oberhalb des Gipfelniveaus), wie wir sie im Zuge der globalen Erwärmung immer häufiger erleben, führen rasch zu Überschwemmungen, da der Boden die Wassermassen nicht mehr aufnehmen kann. Intensivniederschläge nach extremen Hitzeperioden, Hagelunwetter mit faust-

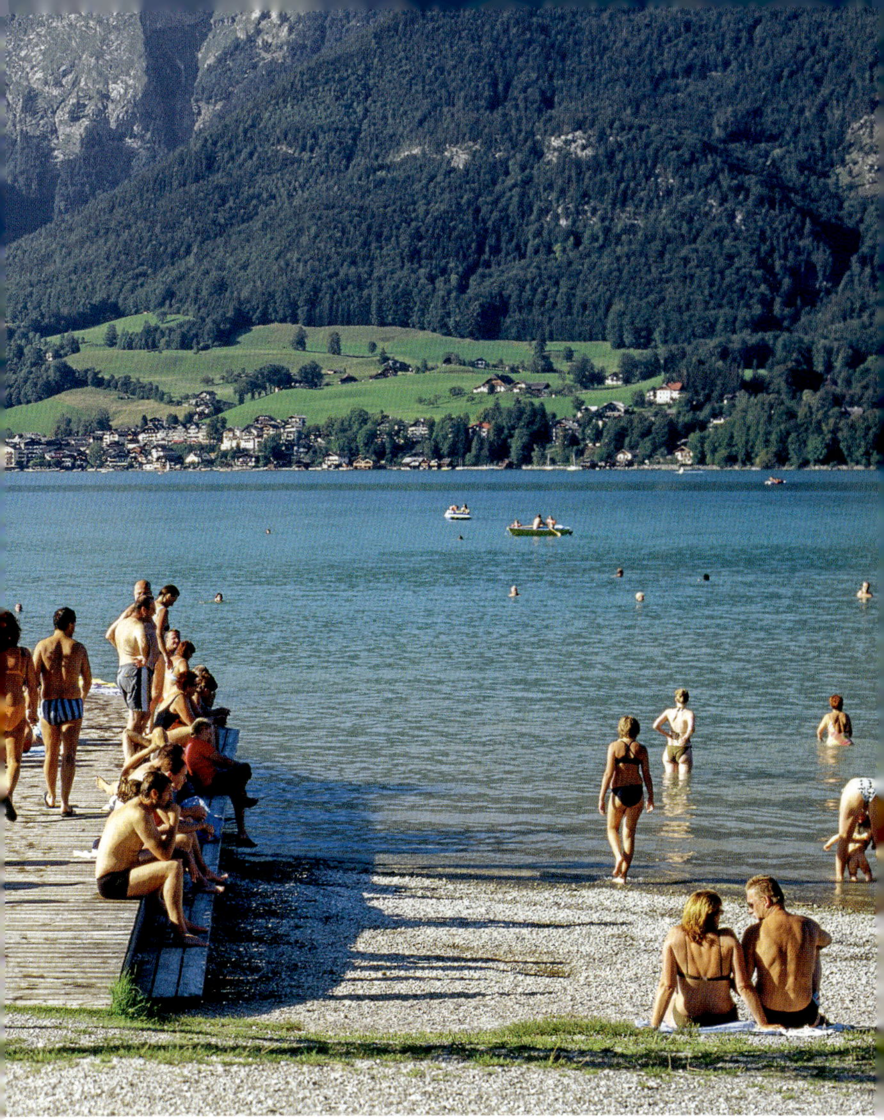

großen Schloßen, immer häufiger auftretende sommerliche Wirbelstürme, verheerende landschaftsverändernde Windbrüche und Hochwasser belegen das.
Das Wasser als Verkörperung von Bewegung und Leben steht in enger Beziehung zum Wandern, das von der Bewegung lebt, uns Daseinsfreude und Wohlbefinden beschert. Was gibt es Schöneres als auf ausgedehnten Streifzügen den Reichtum an natürlichen Wasserlandschaften – Flüsse, Seen, Bergbäche, Schluchten, Klammen, Wasserfälle – aufzuspüren, wozu in diesem Buch eine Anleitung anhand von 52 ausgewählten Tourenvorschlägen geliefert wird.

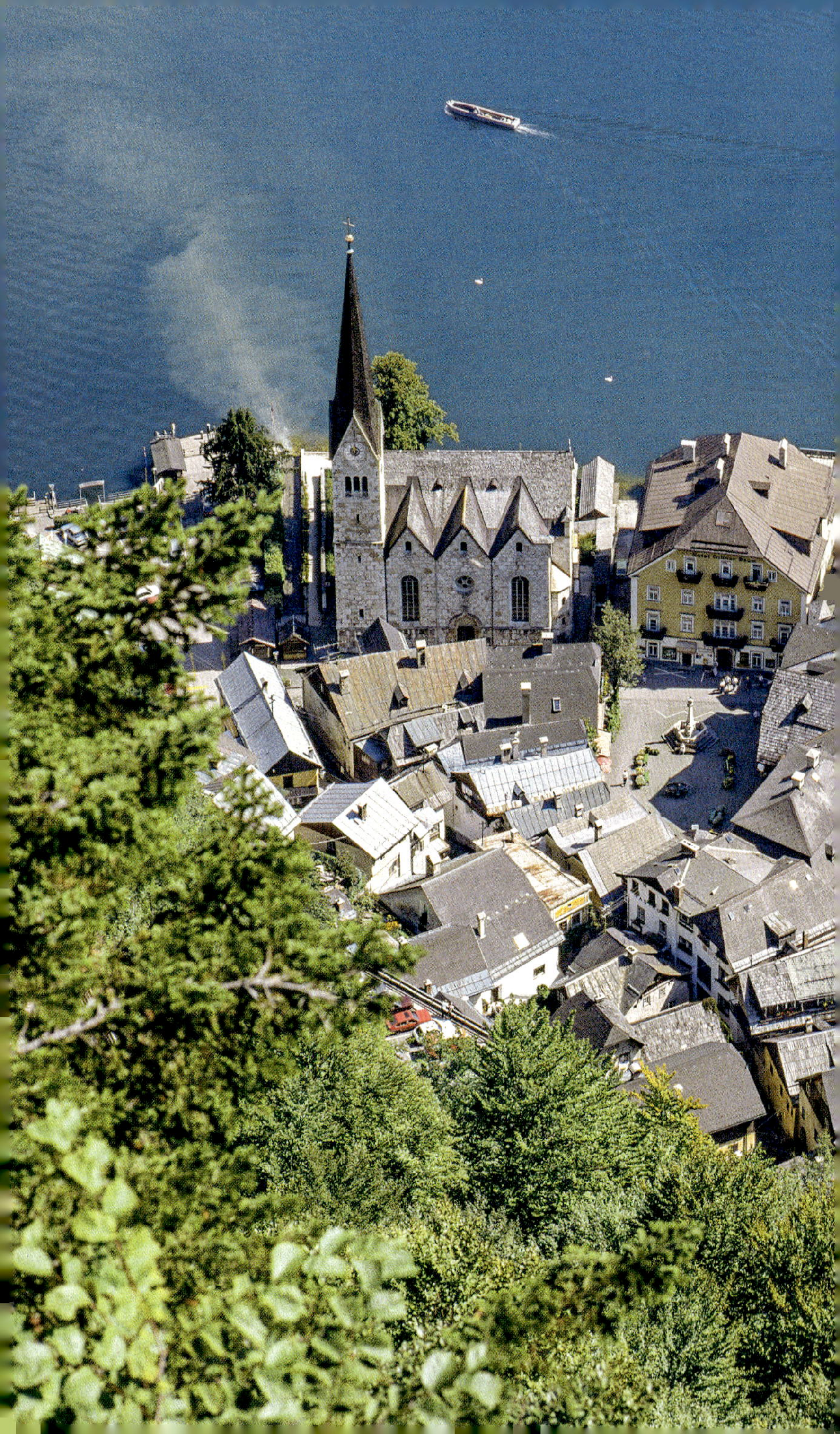

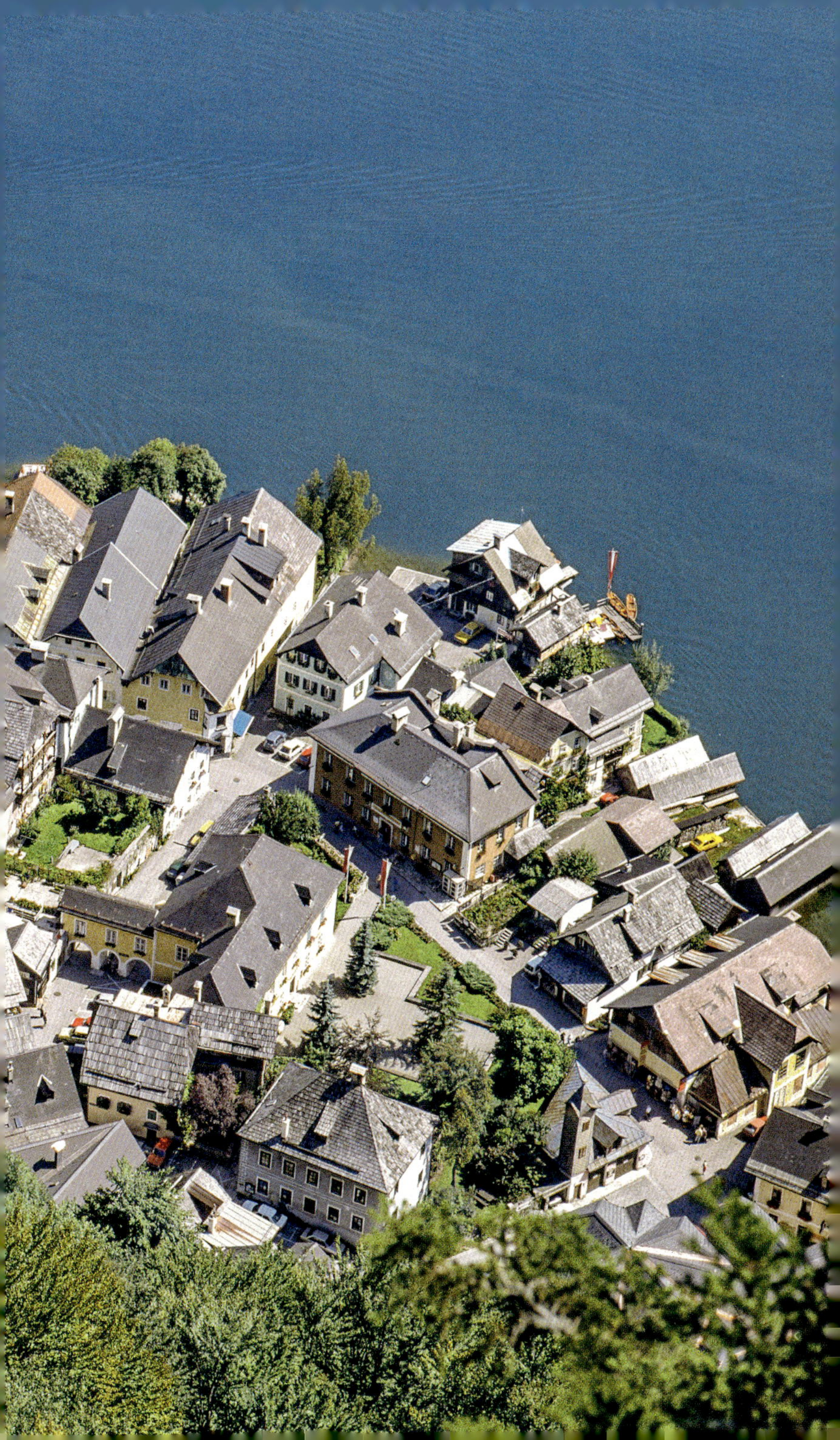

1 Um den Mattsee

Seen-Umwanderung mit kulturellem Anstrich

3.15 Std. | 12,6 km | ↗130 m | ↘130 m

Im Frühling und Herbst am schönsten …

Die rund 30 Kilometer nördlich der Stadt Salzburg gelegenen Trumer Seen – Obertrumer See, Mattsee, Grabensee – sind ein Eldorado für Wanderer und Wassersportler jeder Fraktion. Die anspruchslose Umrundung des Mattsees (auch »Niedertrumer See«) muss da an vorderster Stelle genannt werden. Sie startet an der Seepromenade der Flachgauer Marktgemeinde Mattsee zwischen Schloss und Strandbad. Am entferntesten und zugleich höchsten Punkt der Runde kommt man an der Filialkirche Hl. Kreuz (15. Jh.) von Gebertsham vorbei, eines der seltenen, ganzheitlich erhaltenen gotischen Kulturdenkmäler Österreichs mit herrlichen Wandmalereien.

Ausgangspunkt: Parkplatz Strandbad (506 m, Tagesgebühr 4 Euro) am Seeufer nördlich des Ortszentrums von Mattsee.
Anforderungen: Einfache Wanderung auf zwar gut beschilderten (M1= »Wanderung um den Mattsee«), aber nicht markierten Fahr- und Fußwegen.
Kinder: Die Umwanderung des Mattsees ist auch mit Kindern möglich und ein Erlebnis, wenn man allzu heiße Tage meidet und im Strandbad Lochen eine Badepause einlegt.
Einkehr: Mehrere Gastbetriebe in Mattsee. Unterwegs keine Einkehr.
Bademöglichkeit: Es bestehen Bademöglichkeiten in den beiden Strandbädern Lochen und Mattsee. Wegen der starken Verbauung der Seeufer leider nur begrenzte Möglichkeit zum Freibaden.
Hinweis: Unbedingt zu empfehlen ist ein Besuch der über dem östlichen Seeufer aussichtsreich gelegenen Filialkirche Hl. Kreuz (15. Jh.; von April bis Okt. tägl. 9 bis 19 Uhr geöffnet) in Gebertsham mit berühmten spätgotischen Wandermalereien.

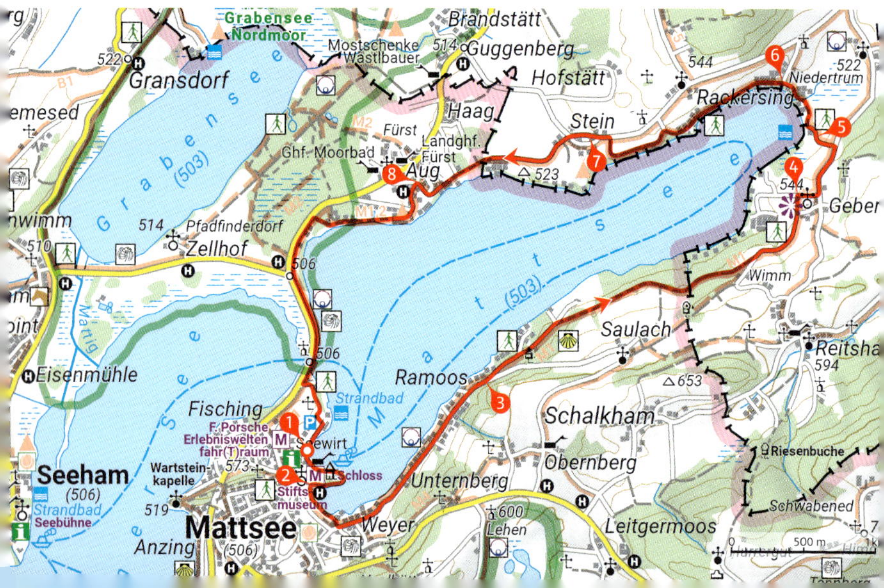

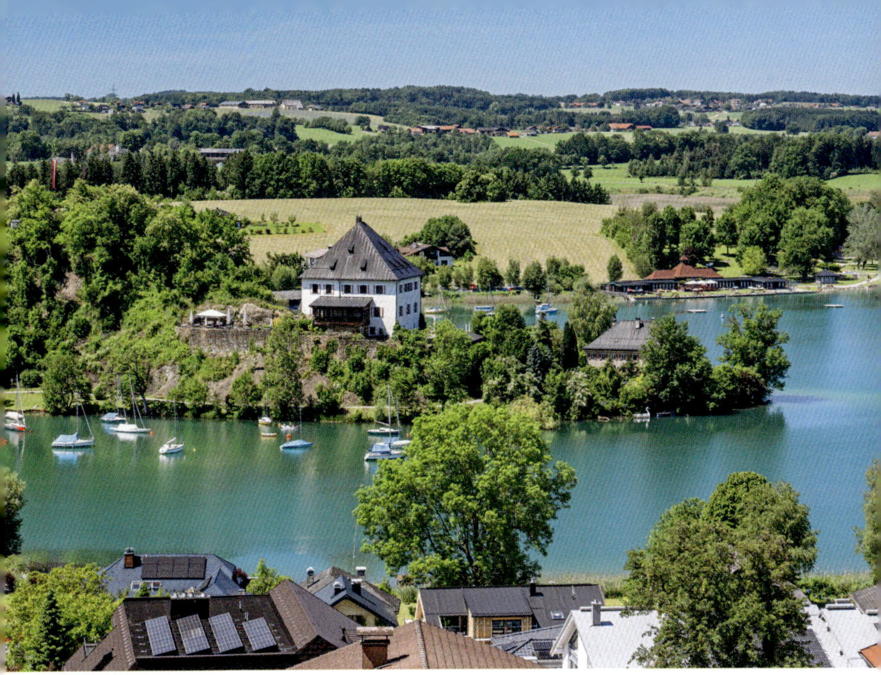

Blick von Süden auf Schloss Mattsee.

Vom **Parkplatz Strandbad ❶** starten wir auf der Seepromenade, gehen am Yachthafen vorbei nach Süden, dann den Uferweg im Rechtsbogen um die Halbinsel des Schlossbergs herum zur Verzweigung in der **Weyerbucht ❷**. Wir halten uns links, nach einem Parkplatz folgen wir dem Fußweg über mehrere kleine Brücken hinweg zur Freizeitanlage und dort zur Ramooser Straße. Auf ihr halten wir uns erneut links und erreichen nordostwärts, am großteils verbauten Ufer entlang, sanft aufwärts die Fraktion Ramoos und dort die Ortsendetafel von Mattsee. Die Straße führt nun durch Wald bergauf zur Verzweigung beim **Berndlergut ❸**. Wir biegen halb rechts ab, folgen zunächst einem Fußweg, später einem Fahrweg, mehrere wasserführende Gräben traversierend, durch Wald in Ostrichtung aufwärts zu einer Asphaltstraße (Bank). Diese leitet uns links durch Wiesen in den Ort **Gebertsham ❹**, 544 m, mit sehenswerter gotischer Kirche.

Der Ortsstraße folgen wir 50 m nach Osten zu einer querenden Autostraße. Nun halten wir uns links, gehen durch Wiesen abwärts zu einer Verzweigung und nochmals nach links hinab zum **Strandbad Lochen ❺** am Ostende des Mattsees. Beim Badehaus wandern wir durch ein Gatter (Durchgang) nach rechts, dann auf

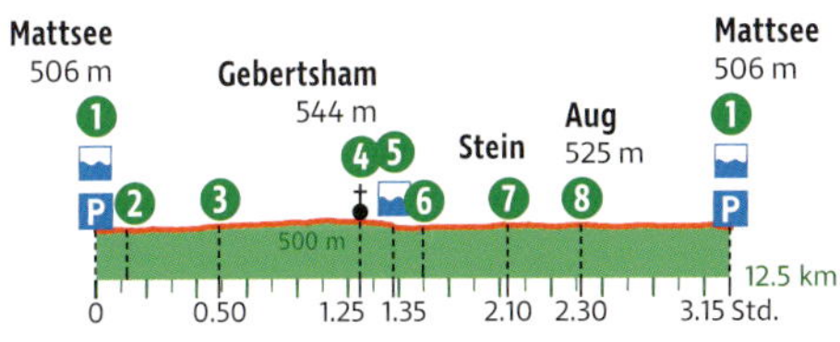

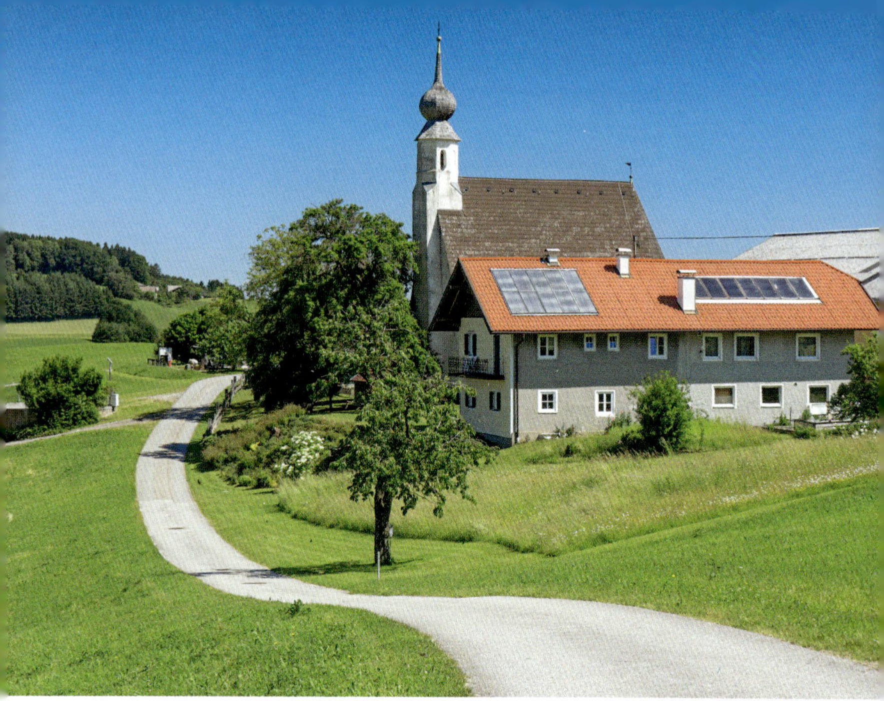

Der Ort Gebertsham mit der sehenswerten gotischen Kirche.

einem Fußweg nordwestwärts durch ein Moorgebiet (Naturschutzgebiet »Nordmoor am Mattsee«) und wieder durch ein Gatter zu den Häusern von **Niedertrum 6**, 513 m. Der asphaltierte Fahrweg leitet uns links durch den Ort, danach gelangen wir auf einem Naturfahrweg nahe dem Seeufer durch Wiesen und Auwald zu einer Verzweigung, wo wir erneut auf einen asphaltierten Fahrweg treffen. Dieser führt uns rechts kurz nach Norden hinauf zu einer Autostraße, welcher wir uns links haltend folgen, um in das Dorf **Stein 7**, 525 m, zu gelangen. Wir gehen auf der Straße westwärts durch den Ort und 200 m danach zu einer scharfen Rechtskurve. Dort folgen wir einer schmalen Asphaltstraße geradeaus weiter und über eine Anhöhe (Sitzgarnitur mit Bank, Rundtisch und Marterl; herrlicher Alpenblick!) hinweg in das Hüttendorf Stein.

Nun zweigen wir rechts ab und erreichen auf einem Fußweg durch Wiesen und Wald nach Südwesten die Häuser von **Aug 8**. Dort nach rechts zu einer Querstraße. Hier halten wir uns links, im Zickzack durch den Ort in eine Sackgasse. Am Gassenende folgen wir dem Fußweg nach links zu dem mit Schilf bewachsenen Seeufer. Dort führt uns westwärts ein schöner Wanderweg durch den Auwald, bis es scharf nach rechts zur Autostraße Mattighofen – Mattsee geht. Auf ihr (asphaltierter Fuß- und Radweg links der Straße) halten wir uns links und kommen über den Damm zwischen Mattsee und Obertrumer See zum Mattsee-Seeparkplatz Nord.

Wir biegen links ab und gelangen auf der Strandbad-Promenade südwärts im Auf und Ab über eine Anhöhe hinweg zum Strandbad-Eingang und zum Parkplatz Strandbad **1** in **Mattsee**.

Glasenbachklamm

Durch die »Fischsaurierschlucht«

2.15 Std. | 7,0 km | ↗ 250 m | ↘ 250 m

Eine Empfehlung für heiße Sommertage

Sie ist eigentlich keine Klamm, eher ein schluchtartiges Waldtal, die Glasenbachklamm, fünf Kilometer südlich von Salzburg und durch die Stadtnähe ein naturgemäß begehrtes Ausflugsziel, vor allem an heißen Tagen. Dem rauschenden Klausbach (nach den wegen der Holztrift angelegten Klausen benannt) folgend, durchwandern wir die Klamm entlang eines drei Kilometer langen geologischen Lehrpfads (»Geo-Schauweg«), der auch mit dem Kinderwagen befahren werden kann. Zu erwähnen ist, dass in der Glasenbachklamm Wirbelknochen und Zähne eines vor 200 Millionen Jahren lebenden Ichthyosauriers (Fischechse) gefunden wurden, die heute im Haus der Natur in Salzburg ausgestellt sind.

Ausgangspunkt: Parkplatz (452 m) an der Mündung der Glasenbachklamm in das Salzachtal beim Ort Glasenbach, 5 km südlich des Stadtzentrums von Salzburg, von dort mit Buslinie 160, O-Bus 7 oder eigenem Kfz zu erreichen.
Anforderungen: Problemlose kurze Wanderung auf markierten Fahrwegen, fast das ganze Jahr über möglich.
Kinder: Auch mit Kindern zu empfehlende Tour mit Einkehrmöglichkeit und Kinderspielplatz am Zielpunkt.
Einkehr: Gasthaus Ramsau (keine Nächtigung, ganzjährig 11 bis 22 Uhr, So. 10 bis 22 Uhr geöffnet, Mo. und Di. Ruhetag, Tel. +43/664/8474366, www.die-ramsau.at). Erentrudisalm (keine Nächtigung, ganzj. geöffnet, Mo. und Di. Ruhetag, Tel. +43/699/108 82200, www.erentrudisalm.at), Alpengasthof Fageralm (keine Nächtigung, ganzj. geöffnet, Fr. Ruhetag, Tel. +43/662/622093).
Kinderwagen: Entlang des vorhandenen Naturfahrwegs (nicht immer im besten Zustand!) kann die Glasenbachklamm auch mit geländegängigem Kinderwagen befahren werden.

Ichthyosaurierfund in der Glasenbachklamm.

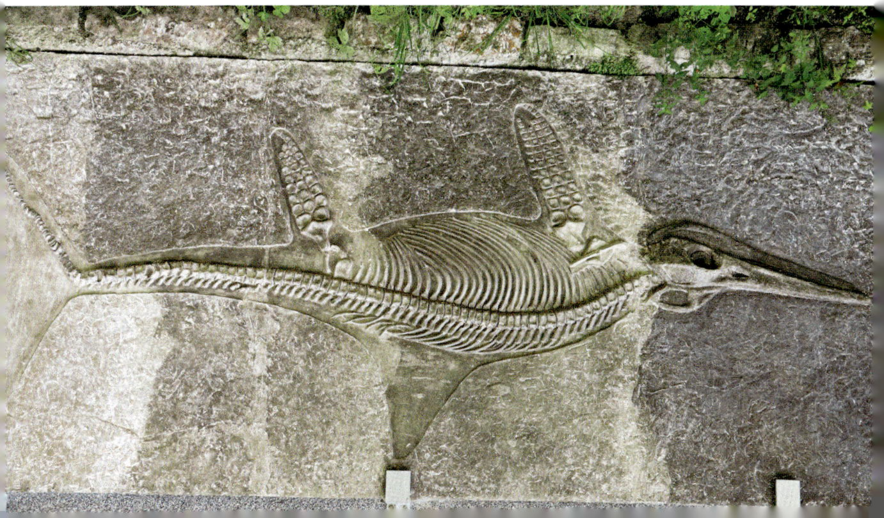

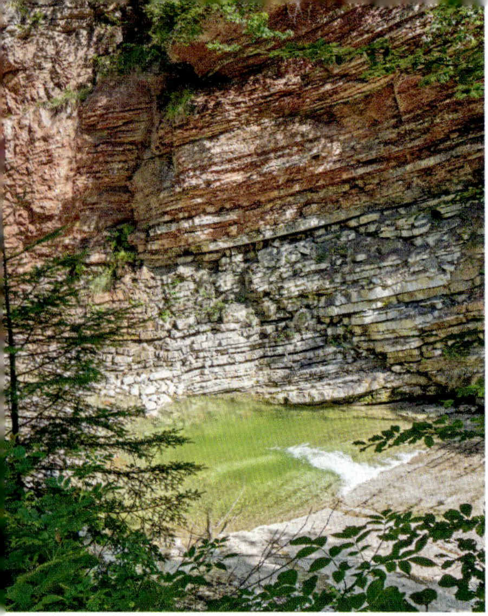

Links: Badetümpel am Klausbach.
Rechts: In der Glasenbachklamm.

Mountainbike: Der Fahrweg durch die Glasenbachklamm ist auch für Mountainbikes geeignet, allerdings ist Vorsicht an den oft rutschigen Brücken geboten.
Varianten: Aus der Glasenbachklamm kann auf markierten Wegen in etwa einer Stunde zu den auch mit dem Auto erreichbaren Gastbetrieben auf der Fager- und Erentrudisalm angestiegen werden.
Hinweis: Die Glasenbachklamm wird von entsprechend ausgerüsteten Gehern auf dem meist gespurten Fahrweg auch im Winter (Langlaufloipen im Bereich Elsbethen/Ramsau) besucht.

Vom Parkplatz **Glasenbachklamm ❶** folgen wir den Fahrwegen Nr. 8 und 9 (»Urzeit- und Geo-Schauweg«) die felsig-bewaldete Schlucht rechts des Klausbachs in Ostrichtung aufwärts zur **Verzweigung ❷** (Brunnen, Sitzgarnituren) an der Rechtseinmündung des Lettenbachs. Der Fahrweg Nr. 9 führt uns durch die Waldschlucht geradeaus weiter, später durch eine Verengung mit Wasserfällen steiler empor zur Talverflachung. Dort überqueren wir, nachdem wir uns links gehalten haben, den Bach (Schranke) und gelangen jenseits kurz nach rechts zu einer **Weggabelung ❸** bei einem großem Holzkruzifix (610 m; Bänke). Nun halten wir uns rechts und treffen sogleich auf die nächste Verzweigung. Nun folgen wir rechts dem Weg Nr. 9 zur Fager- und Erentrudisalm und halten uns dort links auf dem Fußweg Nr. 9b neben dem oft ausgetrockneten Bachbett durch einen schattigen Waldgraben nach Nordosten. Wir steigen empor zur Wiesenterrasse Ramsau und dort zu unserem Ziel, dem **Gasthaus Ramsau ❹**, 655 m, mit einem schönen Untersberg-Blick! Der Abstieg erfolgt entlang der Anstiegsroute.

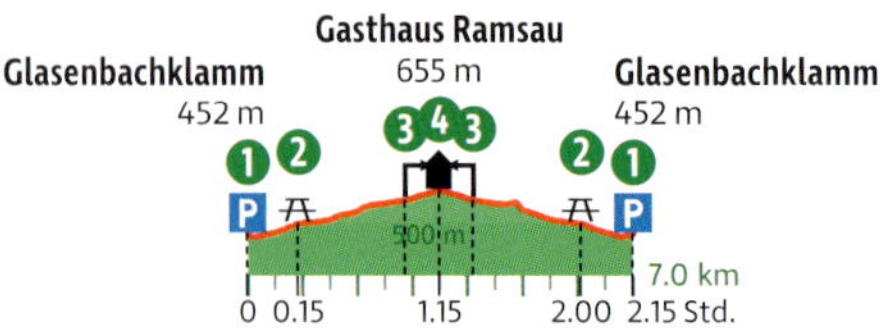

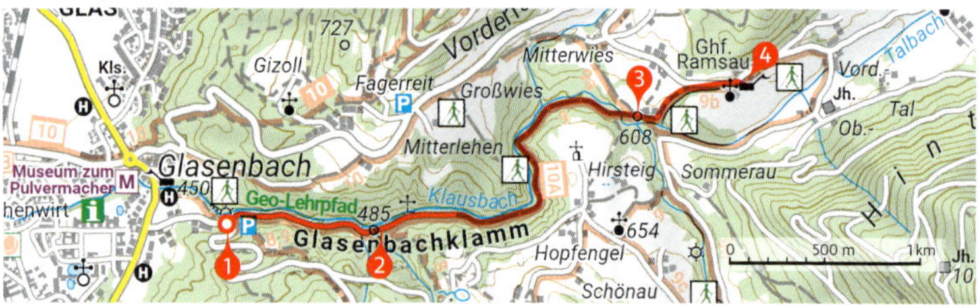

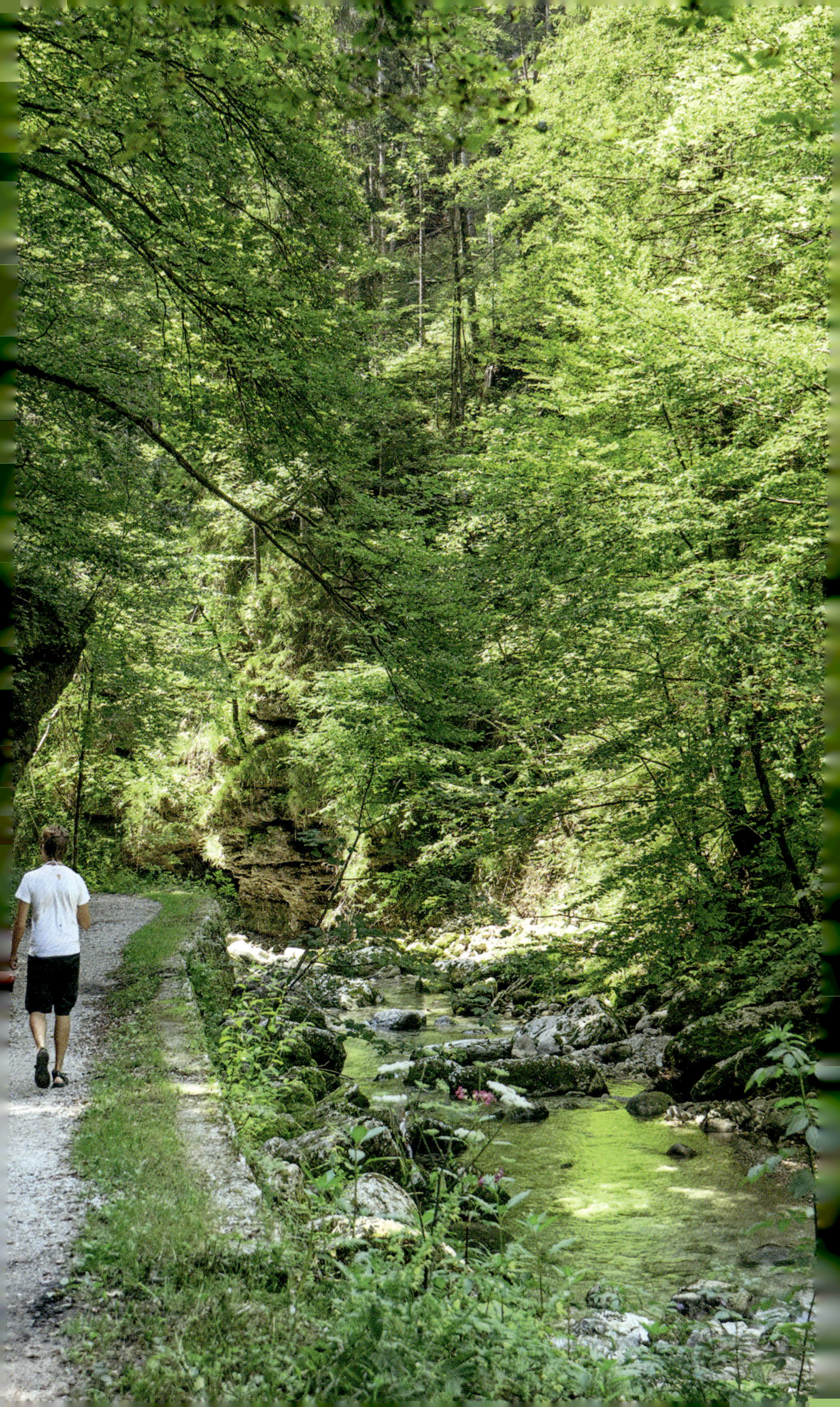

3 Ebenauer Mühlenwanderung

Kurzausflug in die Miniaturklamm der »Plötz«

2.00 Std. | 6,3 km | ↗200 m | ↘200 m

Von Wasserfällen und uralten Bauernmühlen

Mit dem Auto unterwegs von Hof nach Ebenau fährt man unweigerlich an ihr vorbei, denn die »Plötz« versteckt sich zur Gänze hinter dichtem Waldgelände – eine steile Felsschlucht mit schäumenden Wasserfällen, Tümpeln und einer Kette uralter Bauernmühlen aus dem 16. und 17. Jahrhundert. Im Urlaubsort Ebenau startend, durchwandern wir die Klamm im Zuge einer zweistündigen Runde, die etwas Trittsicherheit und trockenes Wetter voraussetzt.

Ausgangspunkt: Ortszentrum von Ebenau (621 m; Parkplätze, Bushalt), ruhige Sommerfrische im Salzburger Flachgau.

Anforderungen: Unschwierige Wanderung, jedoch Trittsicherheit und Schwindelfreiheit nötig. Vorsicht mit Kindern (Absturzgefahr!). Nicht überall gut beschildert bzw. markiert.

Kinder: Als Kindertour prädestiniert, zumal, was Abwechslungsreichtum und Unterhaltung anlangt, keine Wünsche offenbleiben: Wald- und Schluchtenromantik pur, ein sehenswertes Wald- und Naturbad, tosende Wasserfälle und dazu eine ganze Serie nach- und übereinander angeordneter uralter geheimnisvoller Mühlen. Eine Wanderung, so recht geeignet, Kinderfantasien anzuregen, die Herzen der Sprösslinge höherschlagen zu lassen.

Einkehr: Mehrere Gasthöfe in Ebenau, unterwegs keine Einkehr.

Varianten: Von Ebenau kommend zweigt 50 m vor dem Plötz-Parkplatz in Vorder-Schroffenau links ein begrünter Fußweg ab. Dieser führt bei gleichem Zeitaufwand durch den unteren Klammbereich, an der Hofbauer- und der Schindlau-Mühle vorbei, zur Pertiller Mühle.

Hinweis: Sehenswert ist die Schwarzaubach-Klamm im Ortsgebiet von Ebenau.

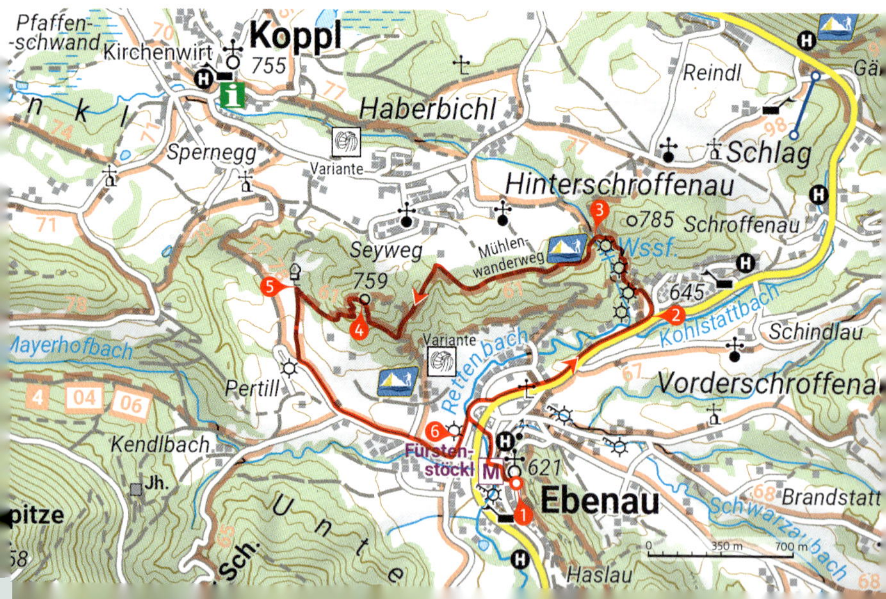

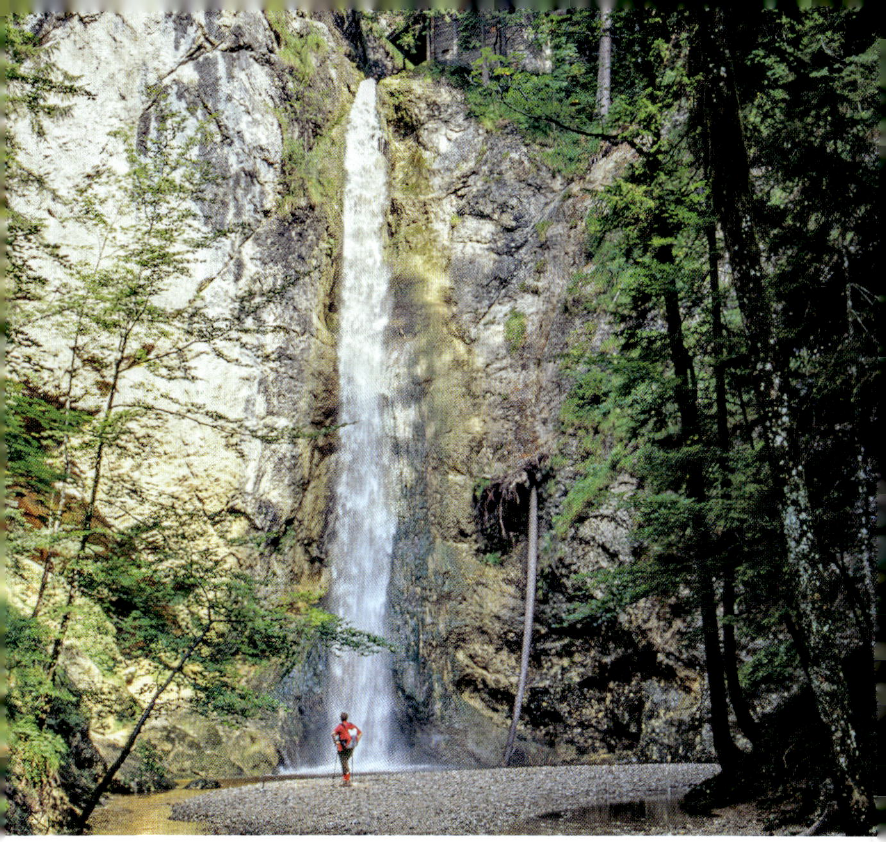

Der Plötz-Wasserfall.

Wir verlassen das Ortszentrum von **Ebenau** ❶ auf der Straße nordwärts unter der Ortsumfahrung hindurch bis zur Teilung vor dem Rettenbach. Dort wenden wir uns nach rechts zur Umfahrungsstraße. Auf dem asphaltierten Wander- und Radweg halten wir uns links der Straße in Richtung Hof nach Vorderschroffenau und erreichen den **Plötz-Parkplatz** ❷, 630 m; Bushalt) an der Linksabzweigung der Straße kommen wir zur Plötzsiedlung. Vom Parkplatz folgen wir dem rot und grün markiertem Kiesweg nach Nordwesten aufwärts in die Waldschlucht der Rettenbachklamm und dort zur Pertiller Mühle mit Linksabzweigung zum nahen Stausee »Naturbad Plötz«.

Erst geht es durch die Klamm, dann wandern wir hinauf zur Eder-Mühle. Von der Wegteilung danach geradeaus in den Felskessel beim 25 m hohen Plötz-Wasserfall, dem Schaustück der Klamm. Wir steigen an der zuletzt erwähnten Wegteilung den rot bez. Steig durch Wald in Kehren nach Norden hinauf zu einer Gabelung und gelangen links zu der an der Wasserfall-Oberkante kühn postierten Schroffenau-Mühle (Vorsicht!).

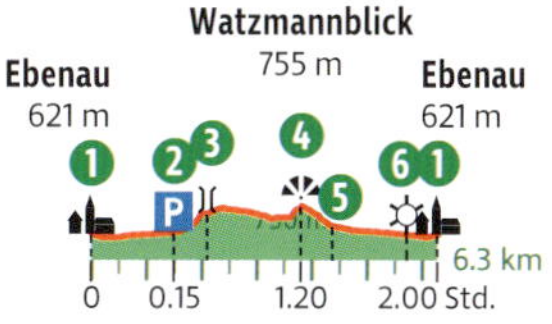

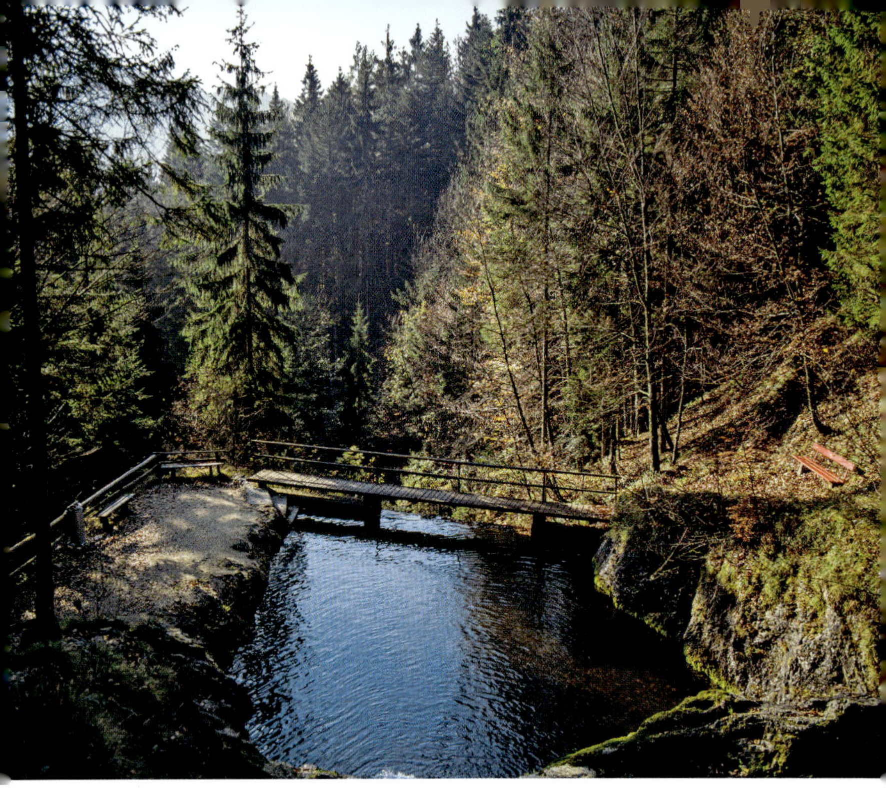

Stauwerk nahe der Schroffenau-Mühle.

Ein Stück weiter, dann geht es nach links über die **Rettenbachbrücke ❸**, 720 m. Am anderen Ufer folgen wir dem rot, grün und gelb bezeichneten Fußweg in Kehren nach Südwesten aufwärts an einen Waldrücken (jenseits die Koppler Wiesen) und kommen zu einer Verzweigung. Unser Weg führt geradeaus weiter und hinab in einen Abflussgraben am Wiesenrand (Gaisbergblick!). Den Waldrücken auf und ab nach Westen in den nächsten Abflussgraben. Jenseits des Grabens steigen wir entlang eines Zaunes hinauf, danach in der Südseite des Rückens hinab zur Linkseinmündung eines direkten Weges von Ebenau. Wir folgen dem bezeichneten Weg eben nach rechts in einen Graben und aus diesem über einen steilen Hang in Kehren empor zum Aussichtspunkt **»Watzmannblick« ❹**, 755 m, knapp westlich unter dem Wieselberg.

Nun wandern wir auf dem markierten Weg teils in Kehren nach Südwesten bergab, später in Nordwestrichtung zu den Wiesen von Pertill (**»Schwabengartl« ❺** mit Bank und Bildstock) unweit der sehenswerten Pertill-Mühle. Auf einem Fahrweg geht es über ebene Wiesen nach Süden zur Betonstraße, diese leitet uns ostwärts in den Ortsbereich von Ebenau mit querender Asphaltstraße. Ihr folgen wir am Gemeindezentrum vorbei nach links (Norden) zur **Waschlmühle ❻** (Schaumühle), schließlich nach rechts unter der Umfahrung durch in das Ortszentrum von **Ebenau ❶** zu unserem Ausgangspunkt.

Filblingsee, 1064 m

Stiller Waldsee über Fuschl

2.30 Std. | 8,4 km | ↗ 400 m | ↘ 400 m

Ein Tipp für Raritätensammler

Als Aussichtsbalkon hinlänglich bekannt, ist der Filbling ein vom Badeort Fuschl ziemlich häufig aufgesuchter Gipfel. Weniger bekannt ist hingegen der in einem Bergkessel unterhalb des Gipfels schlummernde Filblingsee, ein abgeschiedener kleiner Waldteich, der auch für sich den Besuch lohnt. An seinen Ufern lässt sich's nämlich vorzüglich rasten, ungestört baden oder Wildenten beobachten. Dass wir im Anschluss daran noch den 150 Meter höheren Filblinggipfel besuchen – mit seinem 360-Grad-Rundblick ein Panoramaberg vom Feinsten – ist doch Ehrensache, oder?

Blick auf den Filblingsee, im Nordosten dahinter der felsige Schober.

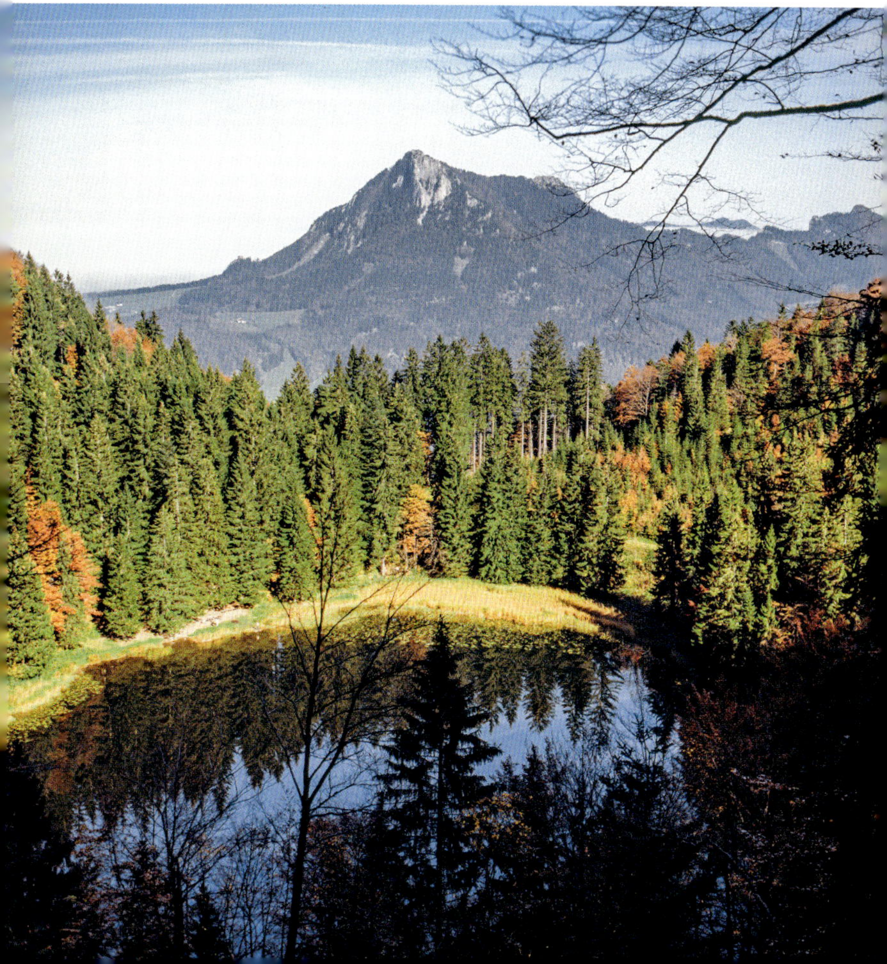

Ausgangspunkt: Das Ortszentrum von Fuschl (670 m; Parkplätze, Bushalt) am Ostende des gleichnamigen Sees.
Anforderungen: Einfacher, zum Teil aber steiler Waldanstieg auf Forststraßen und markierten Fußwegen.
Kinder: Ideale Wanderung in Begleitung gehfreudiger Kinder bei abwechslungsreichem, nicht allzu langem Zugang. Die bewaldeten Ufer des Filblingsees eignen sich zum Baden, Herumtollen, für Naturbeobachtungen und andere Abenteuer. Ausreichend Proviant und Wasservorrat nicht vergessen!
Einkehr: Mehrere Gaststätten in Fuschl. Unterwegs keine Einkehr.
Variante: Vom Filblingsee empfiehlt sich die rasche und unkomplizierte Besteigung des aussichtsreichen Filbling. Dabei folgt man einem Karrenweg rechts oberhalb des Sees in Südwestrichtung steil bergauf und gelangt zuletzt im Linksbogen in den Filblingsattel, 1150 m. Dort hält man sich rechts auf zum Teil felsigem Steig (Weg Nr. 40) über den bewaldeten, nach oben hin schmäler werdenden Südostrücken auf den baumfreien Gipfelkamm. Über ihn wandert man fast eben hinüber zum höchsten Punkt des Filbling (1307 m; Kreuz, Buch) mit großartigem Rundblick, 1 Std. vom Filblingsee, 1¾ Std. gesamter Zeitaufwand.
Hinweis: Der inmitten eines Landschaftschutzgebiets gelegene Filblingsee ist ein herrliches Badegewässer mit naturbelassenen Ufern, eine entlegene stille Alternative zu dem im Hochsommer übervölkerten Fuschlsee.

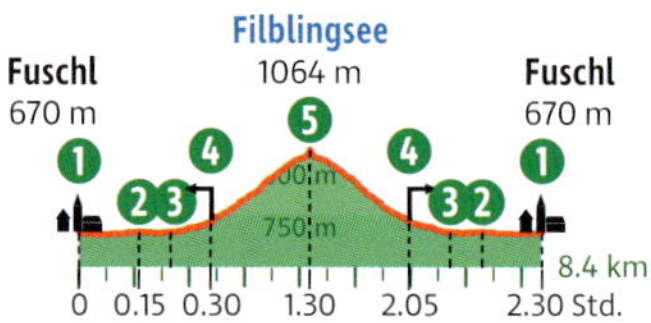

Vom Ortszentrum **Fuschl ❶** folgen wir der Straße nach Westen zum Seeufer. Dort halten wir uns links in Südrichtung und gehen am Strandbad vorbei zur Wolfgangseestraße (B 158). Diese führt uns 200 m nach rechts zum **Brunnwirt ❷**, danach zweigen wir auf der Asphaltstraße rechts ab und gelangen nahe dem Seeufer über Wiesen nach Westen zu den Häusern von **Wesenau ❸**. Gleich nach dem Wesenauer Hof leitet uns eine Naturstraße nach links (Süden) hinauf und wieder zur B 158. Auf ihr halten wir uns rechts, gehen über eine Brücke, dann folgen wir der Straße nach links Richtung Süden zu einer Schottergrube mit **Verzweigung ❹**.
Nun führt uns links die Waldstraße mit Weg Nr. 40 und 804 in weiten Kehren nach Südwesten hinauf zu dem in einem bewaldeten Bergkessel idyllisch gelegenen **Filblingsee ❺** (1064 m, Bänke).
Der Abstieg erfolgt entlang der Anstiegsroute.

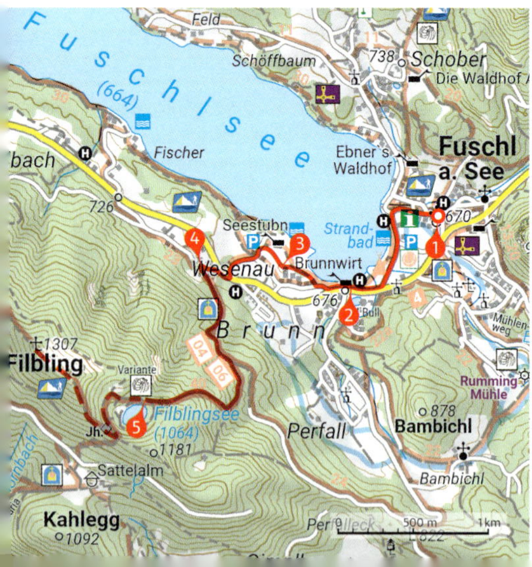

Tiefblick auf den Fuschlsee. Darüber der Schober links und die Drachenwand rechts.

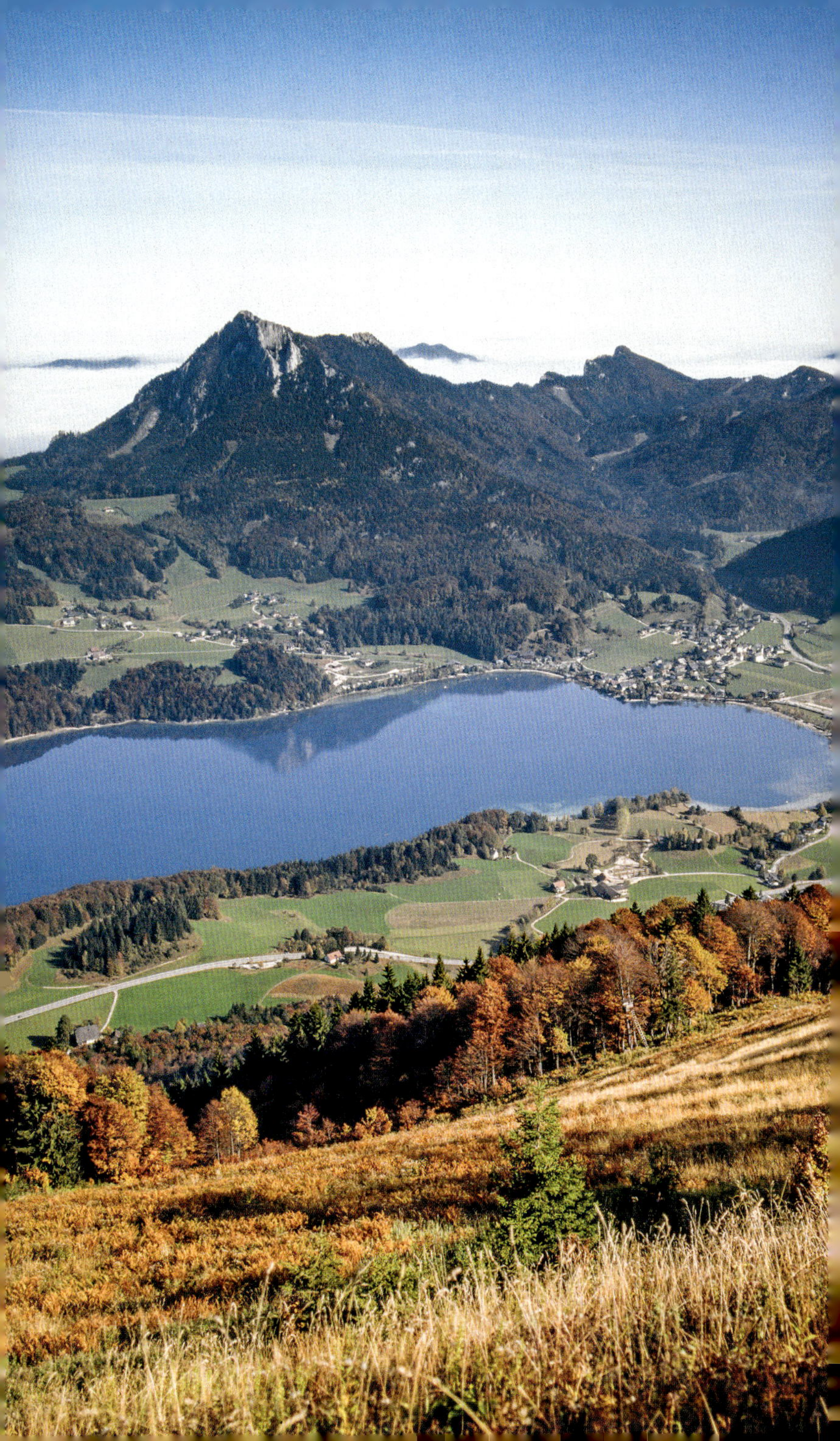

5 Um den Hintersee

Naturbelassener Badesee bei Faistenau

3.00 Std. | 10,0 km | ↗160 m | ↘160 m

Eine See-Umrundung mit Abstecher zur »Eiskapelle«

Im Reigen der Salzkammergutseen gehört der Hintersee sicher nicht zu den populärsten, wenngleich er im Sommer von den Einheimischen als Badesee geschätzt wird. Eingebettet in das reizvolle Gebiet der Osterhorngruppe gilt der Hintersee, des reinen Wassers, der großteils unverbauten Ufer und der vergleichsweise geringen Gästefrequenz wegen als idealer Naturbadesee mit malerischen Buchten und Freibadestränden. Auf unserer Spazierwanderung rund um den See dürfen wir am Südende die Abzweigung zur »Eiskapelle« im Griesbachtal nicht verpassen, wo die bis in den Sommer hinein lagernden Schnee- und Lawinenreste in der Art eines Gletschermauls Formen bilden. Aufgrund des Klimawandels ist diese Sehenswürdigkeit allerdings in den letzten Jahren nur nach schneereichen Wintern und darauf folgenden nicht allzu heißen Sommern zu bewundern.

Ausgangspunkt: Parkplatz Rosenlehen, 690 m, am Nordende des Hintersees, 3 ½ km von Faistenau.

Anforderungen: Einfache mittellange Wanderung auf guten Fahr- und Fußwegen.

Einkehr: Büfett Badeplatz Hirschpoint und Asi's Seestüberl (beide keine Nächtigung, im Sommer geöffnet).

Bademöglichkeit: Freies Baden ist rings um den See möglich. Öffentliche Badeeinrichtungen mit Gastbetrieben Trampolin, Streichelzoo, Schaukel, Volleyball usw. gibt es am Badestrand Hirschpoint am mittleren Ostufer sowie am Badestrand Faistenau-Vordersee am Nordende des Hintersees.

Kinder: Mit freien und öffentlichen Badeplätzen rings um den See und einem Kurzausflug zur sehenswerten »Eiskapelle« im inneren Griesbachgraben ist dieses Unternehmen auch mit Kindern zu empfehlen.

Kinderwagen: Der Rundweg um den Hintersee kann auch mit dem Kinderwagen befahren werden.

Varianten: Begnügt man sich mit der See-Umrundung (kein Besuch der Eiskapelle), verkürzt sich das Unternehmen um 1 ¾ Std.

Warnung: Im Bereich der einem Gletschermaul ähnlichen (temporären) »Eiskapelle« besteht im Hochsommer akute Einsturzgefahr. Deshalb erhöhte Vorsicht beim Betreten der Altschneehöhle (bereits mehrere schwere Unfälle!).

Tipp: Unbedingt einen Besuch verdient das Faistenauer Felsenbad beim Strüblweiher (Almbach) nordwestlich des Hintersees mit Liegewiesen, Liegesteinen und zahllosen Gumpen. Von Faistenau mit dem Auto zu erreichen (Parkplätze).

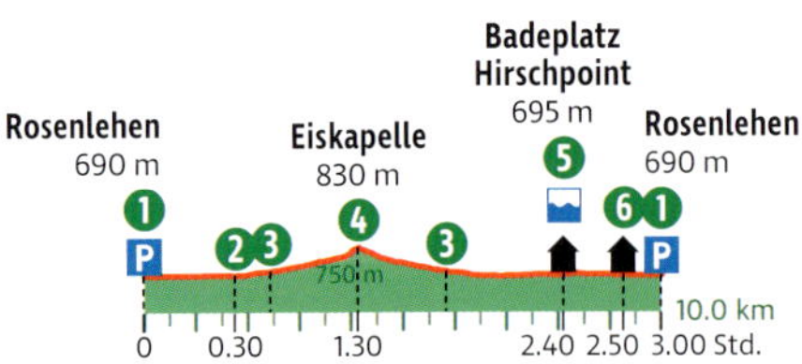

Hinweis: Aufgrund des gesunkenen Wasserspiegels (das Wasser wird durch einen Druckstollen zum Speicherkraftwerk Wiestal abgeleitet) besitzt der Hintersee heute keinen Oberflächenabfluss mehr. Die Oberalm – der frühere Abfluss – ist seit 2010 zu einem Zufluss geworden.

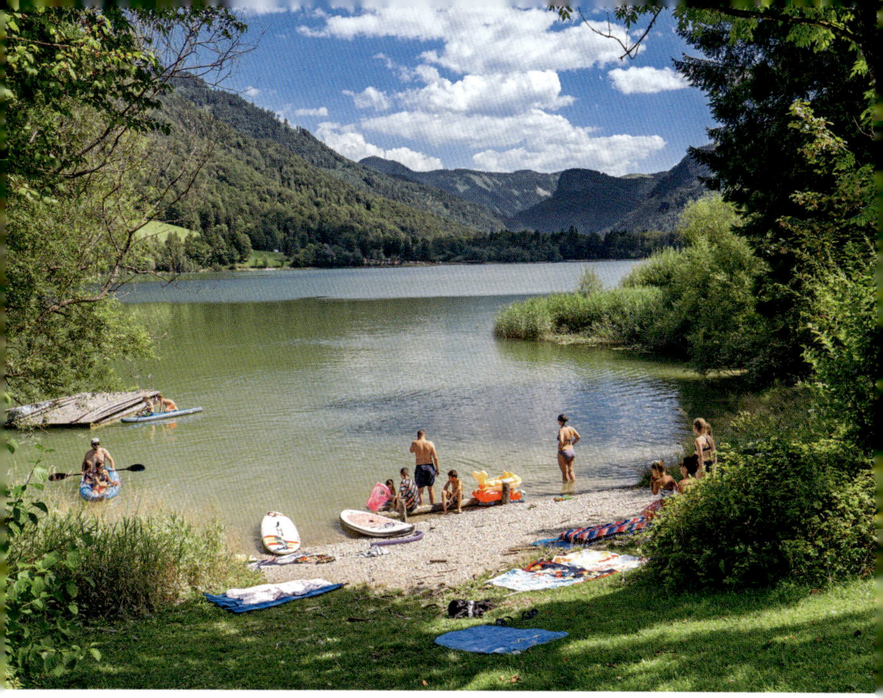

Badefreuden am Hintersee.

Vom Parkplatz **Rosenlehen ❶** führt uns der breite Kiesweg mit Nr. 46 (»Hintersee-Rundweg«) südwestwärts über zwei Brücken (die zweite führt über den Almbach) an das bewaldete steile Westufer. Dort erwartet uns ein schöner Wanderweg, der uns knapp über dem See eben nach Südosten zu einer **ersten Gabelung ❷** bringt. Geradeaus (Rundweg Nr. 46 zweigt halb links ab) geht es auf dem breiten Schotterweg Nr. 51 a eben weiter zu den freien Wiesen am südlichen Seeende und dort zu einer Verzweigung. Auch hier gehen wir geradeaus fort und am Oberrand der Wiesen, an einem großen Geräteschuppen vorbei, zur **zweiten Weggabelung ❸** beim Jagdhaus Langreith.

Nun folgen wir rechts dem Naturfahrweg Nr. 51a bzw. dem Griesbachgraben durch den Wald und über Lichtungen sanft nach Westen aufwärts zu einer Verzweigung. Hier halten wir uns links und wandern nun auf dem Fußweg rechts des Griesbachs durch den von begrünten Steilhängen flankierten Graben

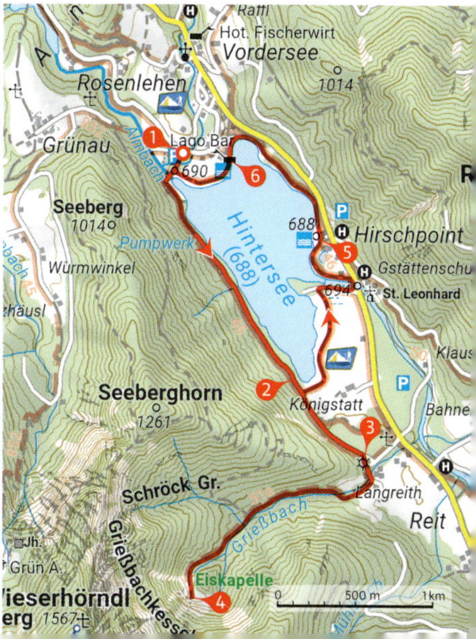

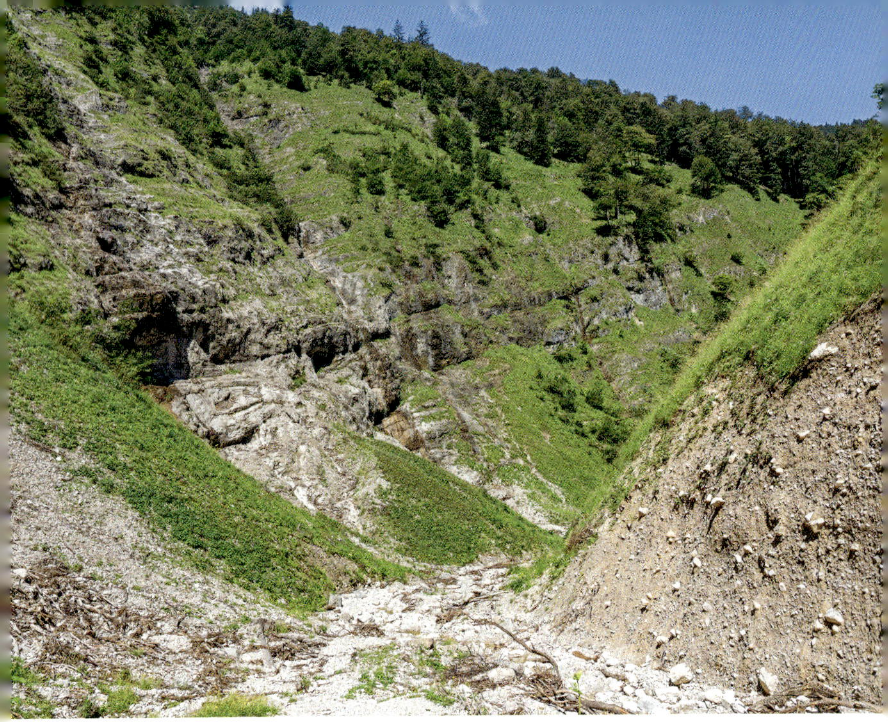

Das Naturdenkmal Eiskapelle nach sommerlicher Abschmelzung.

in den Talschluss. Dort geht es im Linksbogen über das Schotterbett aufwärts zum Naturdenkmal **»Eiskapelle« ❹**, 830 m zu Füßen des Wieserhörndl.

Anschließend gehen wir zurück zur Verzweigung am Südostende des Hintersees, wo wir halb rechts zum breiten Querweg Nr. 46 abbiegen. Auf diesem halten wir uns rechts, gehen etwas abseits des Sees durch Moorwiesen und Schilf nach Norden in den idyllischen Waldbereich an der Mündung des Tauglbaches in den Hintersee nahe dem Naturbadeplatz »Tauglspitz«.

Hier folgen wir dem Fahrweg nach rechts (Osten) zur Hintersee-Landesstraße und überqueren auf ihr nach links den Tauglbach. Jenseits biegen wir gleich wieder links ab und kommen auf dem breitem Kiesweg in Westrichtung retour zum Seeufer. Dort halten wir uns rechts durch Wald und Wiesen zum **Badeplatz Hirschpoint ❺** (695 m; Büfett, Spielplatz, Streichelzoo). Der Fahrweg leitet uns ein kurzes Stück weiter Richtung Hintersee-Straße, vor dieser zweigen wir jedoch links ab. Auf dem breiten Uferweg wandern wir an den Waldhängen oberhalb des Sees entlang, nach Norden, später eine Bucht im Linksbogen ausgehend, zum Freibadeplatz beim **Asi's Seestüberl ❻**, 691 m, am Nordufer.

Nun geht es nicht entlang der Straße, sondern auf dem breiten Weg am Seeufer entlang durch Wiesen nach Südwesten, anschließend im Rechtsbogen um eine Halbinsel herum zum bekannten Weg, der vor der Almbach-Brücke erreicht wird. Auf diesem kurz nach rechts und wir gelangen zum Ausgangspunkt, dem Parkplatz **Rosenlehen ❶**.

Fuschlsee-Umrundung

Halbtagestour mit Schau-Einlagen

3.00 Std. | 11,6 km | ↗ 100 m | ↘ 100 m

Anspruchsloser Ringweg um ein Salzkammergut-Juwel

Auf einer Halbinsel vor Schober, Höllkar, Ellmaustein und Schafberg gelegen, bietet das malerisch gelegene Schloss Fuschl am Westende des gleichnamigen Sees ein viel bewundertes Bild. Wen würde es da nicht nach einer Umrundung des Gewässers gelüsten, eine Salzkammergut-TOP-Tour, die bei jedem Wetter, zu jeder Tages- und Jahreszeit neue Eindrücke vermittelt. Dazu genügt ein halber Tag, doch mit Rastpause, Einkehr und Sprung ins kühle Nass ist man wohl von früh bis spät unterwegs.

Am Fuschlsee, darüber der felsige Schober.

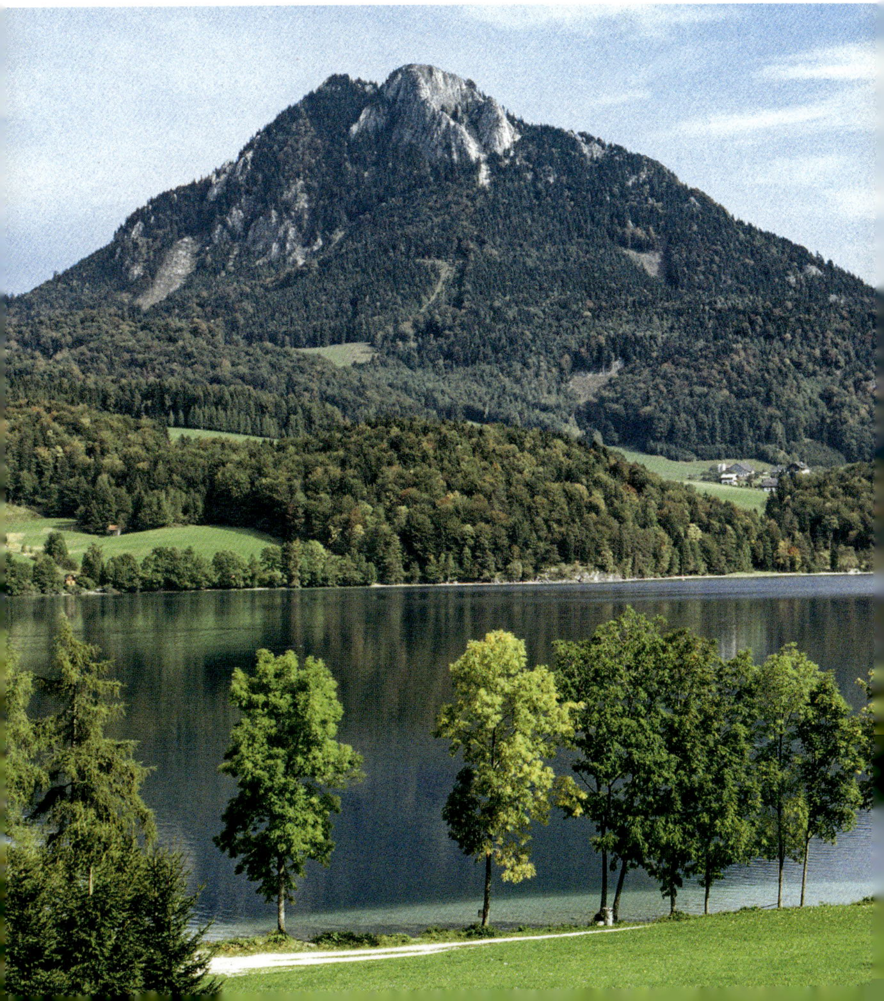

Ausgangspunkt: Ortszentrum von Fuschl (670 m; Parkplätze, Bushalt) am Ostende des gleichnamigen Sees.
Anforderungen: Bequeme mittellange Wanderung auf guten, zur sommerlichen Hochsaison stark frequentierten Wegen.
Einkehr: Jst. Berger »Ledermoar« (keine Nächtigung, ganzjährig ab 11–21 Uhr geöffnet, im Juli und August kein, sonst Mittwoch und Donnerstag Ruhetag, Tel. +43/6235/7495, www.jausenstation-berger.at). Mehrere Gastbetriebe im Ortsbereich von Fuschl.
Kinder: Mit Einkehrmöglichkeit gerade am entferntesten Punkt des Rundwegs und einigen Freibadeplätzen – empfohlen wird der nahe dem westlichen Seeabfluss gelegene Hofer Naturbadestrand – besitzt die Runde alle Voraussetzungen für eine gelungene Kindertour.
Kinderwagen: Der Weg um den Fuschlsee ist nicht kinderwagentauglich!
Bademöglichkeit: An den Ufern des Fuschlsees besteht mehrfach Bademöglichkeit. Zu erwähnen sind der Hofer-Naturbadestrand am Westende, der Badeplatz Stollinger und das Strandbad Wesenau am Südufer sowie das Fuschlseebad in Fuschl.
Hinweis: Knapp vor der Zufahrt zum Schloss Fuschl zweigt scharf rechts ein rot bez. Stiegenweg ab. Auf diesem erreicht man in fünfminütigem Anstieg eine Aussichtsplattform mit herrlichem Blick auf See, Schloss Fuschl, Schober und Schafberg.
Varianten: Ab Fuschl lohnt die unschwierige Besteigung des Filbling (siehe Tour 4) mit schönem Überblick über das westliche Salzkammergut. Gesamter zusätzlicher Zeitaufwand: 4¼ Std. Ähnliches gilt auch für die Besteigung des Schober (3½ Std. hin und retour ab Fuschl), dessen Gipfelanstieg gesicherte Felspassagen aufweist, die bergsteigerische Übung erfordern.

Malerisch gelegen: das Luxushotel Schloss Fuschl – darüber der Schober, ganz rechts der Schafberg.

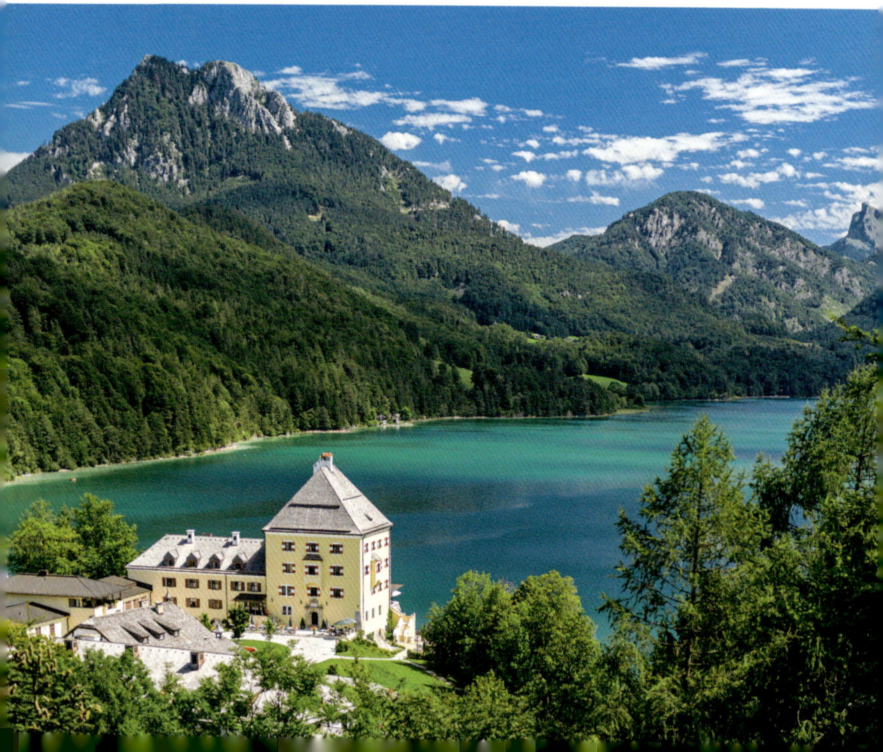

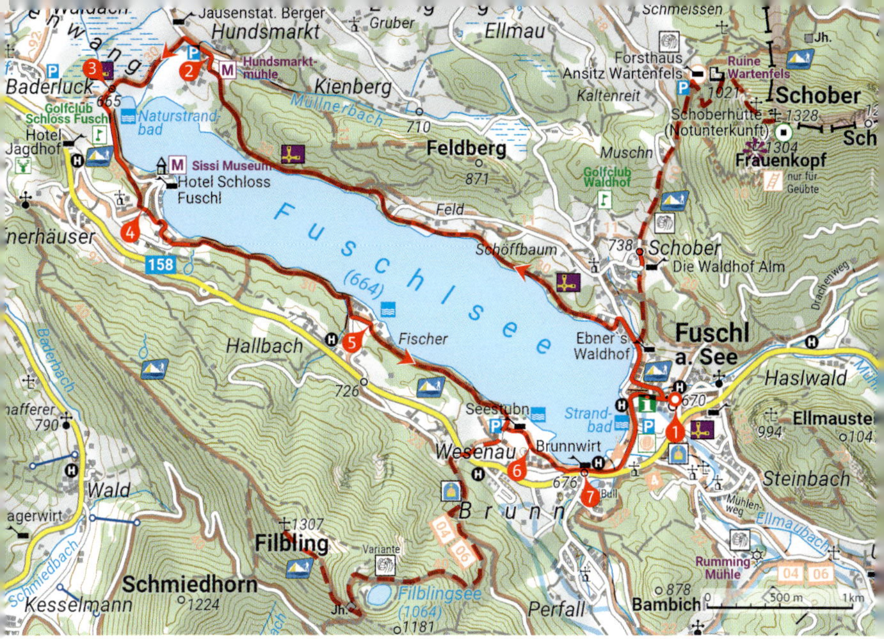

Wir verlassen das Ortszentrum von **Fuschl ❶** auf der Straße in Richtung See zur Rechtsabzweigung der Thalgauer Straße. Auf ihr gelangen wir zum Seeufer, wo wir nach rechts zum Hotel Seewinkel gehen. Gleich danach führt uns der Norduferweg (Nr. 1) links ab in Nordwestrichtung am steilen, bewaldeten Ufer zu den Feldbauer-Wiesen. Wir wandern geradeaus weiter, dann wieder am bewaldeten Steilufer entlang, bis wir den See verlassen und zu den freien Wiesen um Thalgauegg gelangen. Wir folgen dem Fahrweg zu einer Verzweigung und nach rechts zu den Häusern von **Hundsmarkt ❷**, 675 m, mit der Jausenstation Berger. Auf der Asphaltstraße Richtung Hof erreichen wir 200 m westwärts eine Linksabzweigung des Uferweges. Dieser leitet uns durch sumpfige Wiesen nach Südwesten zum **Westende des Sees ❸**. Nun geht es auf einem breiten Weg weiter, am Rand des Golfplatzes vorbei, zu einer Wegteilung. Wir steigen halb rechts im Wald steil nach Südosten empor zur querenden Zufahrt zum **Schloss Fuschl ❹**, 681 m, die traversiert wird. Wir wandern wieder hinab zum See und dort auf dem Promenadenweg Nr. 4 am bewaldeten Südufer zu den Wiesen von **Fischer ❺**, danach zu einer Asphaltstraße. Dieser folgen wir nach links Richtung Südosten, später nimmt uns ein Waldweg auf, führt an einer düsteren Klamm vorbei, oberhalb des Sees entlang, schließlich hinaus zu den Wiesen und Häusern von **Wesenau ❻**. Wir wandern ostwärts weiter, dann hinauf zur B 158, die beim **Brunnwirt ❼** erreicht wird. Die Straße führt uns kurz geradeaus, dann die Ortseinfahrtsstraße nach links (Norden), am Strandbad vorbei, zurück in das Zentrum von **Fuschl ❶**.

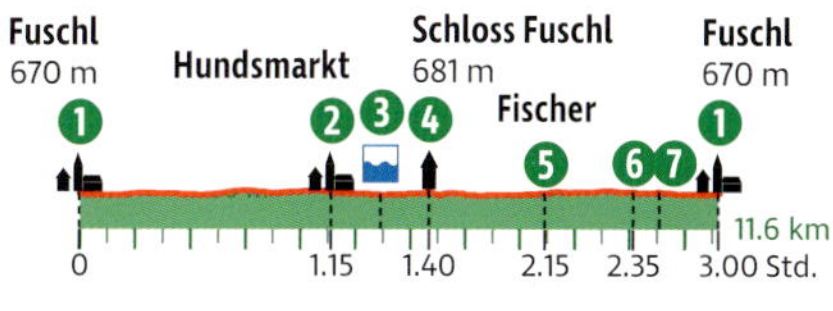

7 Eibensee

Verborgene Seeperle in der Höllkargruppe

2.30 Std. | 5,8 km | ↗ 460 m | ↘ 460 m

Die perfekte Tour für heiße Hochsommertage!

Die Höllkargruppe zwischen St. Gilgen und Fuschl im westlichen Salzkammergut birgt ein noch weitgehend unberührtes Naturjuwel, den Eibensee. In einem stillen Waldkessel südlich des Plombergs gelegen und überragt vom kleinen Felsgipfel des Marienköpfls, wird der smaragdgrüne See in erster Linie von Gästen aus Fuschl besucht, die ihn über eine Forststraße, an der Moorhochfläche Wildmoos vorbei, bequem erreichen. Wir aber nähern uns dem verborgenen Schmuckstück auf direkter steiler Route von Süden, von der Kleiner Kapelle an der Wolfgangsee Straße beim Gimsenwirt. Und natürlich schließen wir den Seebesuch in eine Runde ein, die uns im Abstieg zur Walleralm bringt, wo uns ein unvergesslicher Schafbergblick zuteil wird.

Ausgangspunkt: Kleiner Kapelle (735 m; Bank, Tafel) an der Wolfgangsee Straße B 158 zwischen St. Gilgen und Fuschl je 3 km von beiden Orten, 500 m unterhalb des Gimsenwirts (Bushaltestelle »Pöllach«). Begrenzte Parkmöglichkeit entlang der Autostraße 50 m unterhalb der Kleiner Kapelle.
Anforderungen: Einfache Wanderung auf markierten Fuß- und Fahrwegen. Trittsicherheit ist an einigen felsigen Wegabschnitten nötig. Im oberen Teil des Anstiegs zur Eibenseealm (Sattel) nach längeren Regenfällen ziemlich rutschig.
Kinder: Trotz fehlender Einkehrmöglichkeit eignet sich die Runde hervorragend in Begleitung von Kindern, wobei an den naturbelassenen Ufern des Eibensee Bademöglichkeit besteht.
Einkehr: Keine.
Hinweis: Besuchenswert ist das nördlich des Eibensees, am Zugang von Fuschl gelegene Naturschutzgebiet Wildmoos, ein Hochmoor mit üppiger Fauna und Flora.

Herbststimmung am Eibensee.

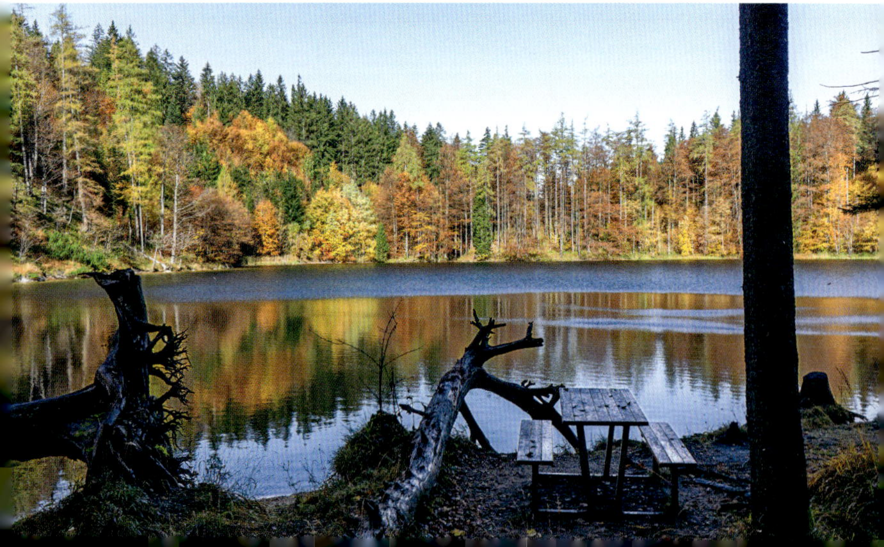

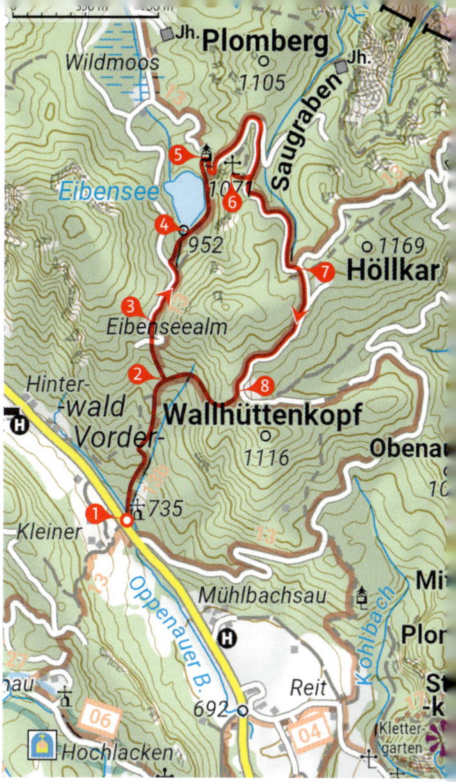

Von der **Kleiner Kapelle ❶** folgen wir dem rot bezeichneten Fußweg Nr. 13 b stets im Wald durch einen Wasser führenden Graben nach Norden aufwärts, später steigen wir den Waldrücken links vom Graben steiler hinauf zu einer **Verzweigung ❷**, 934 m. Links leitet uns der Weg Nr. 13 b (nach Regenfällen rutschig!) durch lichten Jungwald steil nach Norden empor in den Sattel der **Eibenseealm ❸**, 1020 m. Jenseits der Eibenseealm wandern wir kurz auf einem Fahrweg hinab zu einer Verzweigung, an der wir rechts abbiegen und auf dem rot markierten Fußweg durch Buschwerk und Wald steil hinunter zum Südufer des **Eibensees ❹**, 952 m, gelangen.

Rechts folgen wir dem markierten Fußweg am bewaldeten Ostufer entlang zur querenden **Forststraße ❺** nördlich des Sees (auf ihr geht es geradeaus zum Naturschutzgebiet Wildmoos und nach Fuschl). Die Straße mit Weg Nr. 13 führt uns im Wald nach rechts aufwärts zu einer Linkskehre, danach gehen wir in Nordostrichtung empor zur Straßengabelung am Waldsattel zwischen Plomberg und Marienköpfl.

Die Straße (Weg Nr. 13) nach rechts leitet uns in die Ostseite des Marienköpfls hinein und dort zu einer Verzweigung (Tafel etwas rechts oberhalb der Straße). Wir zweigen rechts ab und nehmen den Fußweg im lichten Wald, dann geht es kurz über Felsstufen empor zum **Marienköpfl ❻** (1071 m; eisernes Gipfelkreuz mit Buch). Imposant sind der Tiefblick zum Eibensee und der Prachtblick auf Drachenwand, Schober und Faistenauer Schafberg.

Wir kehren zurück zur Forststraße und halten uns auf dieser rechts in längerer Querung der Waldhänge nach Südosten aufwärts – an den **Höhenrücken ❼** südwestlich des Höllkars. Jenseits wandern wir nun in Südwestrichtung sanft bergab zur **Walleralm ❽**, 1050 m, am Sattel vor dem Wallhüttenkopf.

Wir gehen rechts von der Straße ab und folgen dem mit Nr. 13 markierten Fußweg an den Waldhängen nach Westen hinab zur **Verzweigung ❷**, 934 m, und gelangen auf bekanntem Weg weiter zur **Kleiner Kapelle ❶**.

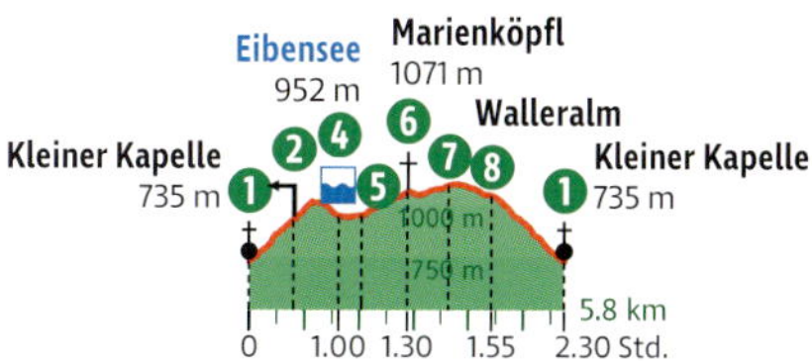

8 Vom Mondsee zum Irrsee

Entlang der Zeller Ache

2.30 Std. | 9,6 km | ↗120 m | ↘40 m

Beschaulicher Zwei-Stunden-Trip ohne große Höhenunterschiede

Diese Tour verdient das Prädikat »Wandern am Wasser« weniger der Start- und Endpunkte – Mondsee und Irrsee – als der Zeller Ache wegen, deren romantischem Waldgraben die ganze erste Weghälfte folgt. Einkehrmöglichkeiten gibt es zu Beginn und am Ende der Tour, in Mondsee und in Zell am Moos sowie unterwegs unter anderem an der idyllisch gelegenen Jausenstation Erlachmühle. Zurück nehmen wir natürlich den Linienbus, der allerdings nur werktags verkehrt, was man bei der Tourenplanung berücksichtigen sollte.

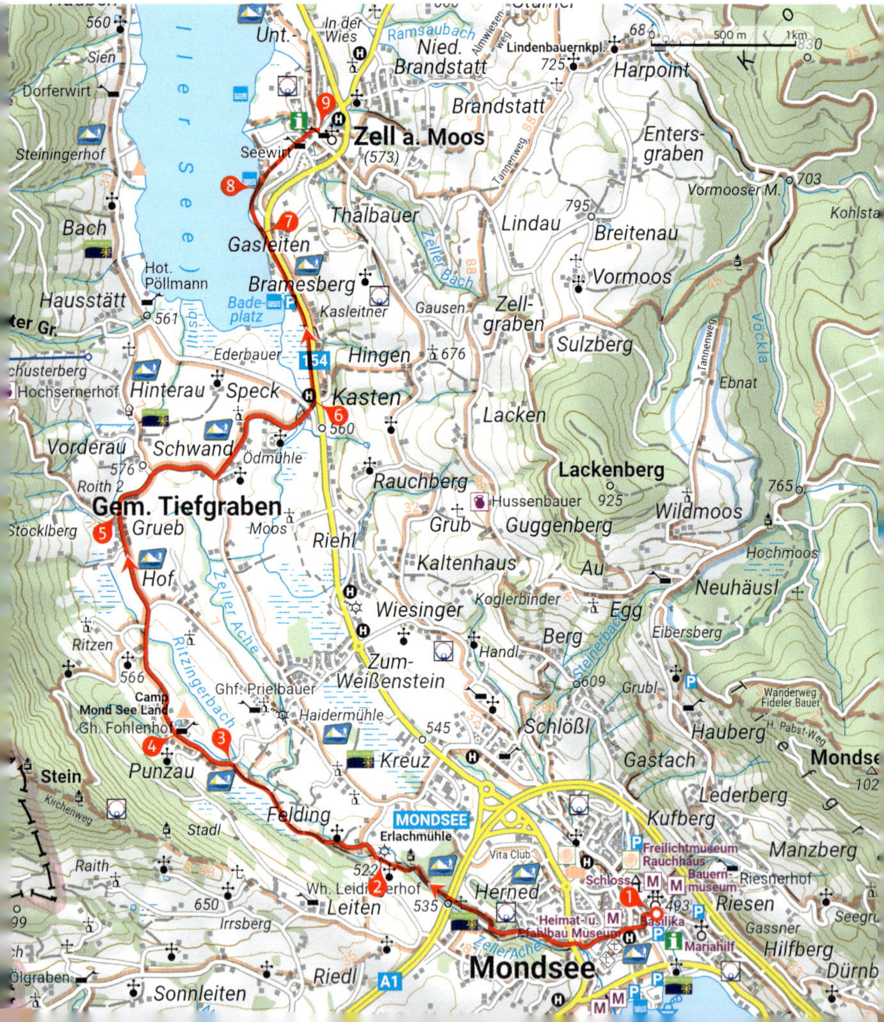

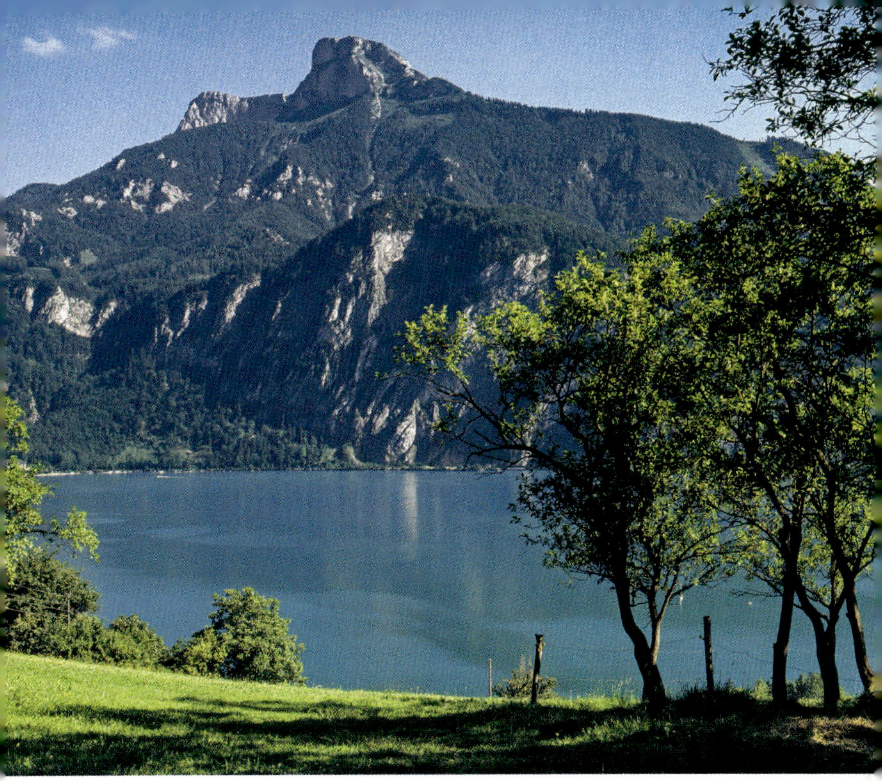

Der Schafberg vom Ostufer des Mondsees.

Ausgangspunkt: Marktplatz im Zentrum von Mondsee, 493 m. Teils kostenpflichtige Parkplätze im Ortsbereich, Bushaltestelle.
Zielort: Zell am Moos, 573 m, am Ostufer des Irrsees. Busrückfahrt mit den Linien 594 und 595 nach Mondsee (nur Montag bis Freitag!).
Anforderungen: Einfache Tour auf bezeichneten Wegen und Straßen.
Kinder: Wegen der langen Gehstrecken auf Fahrwegen und des vorwiegend freien Geländes (im Hochsommer heiß, kein Schatten) ist diese Wanderung für Kinder nicht optimal.
Einkehr: Jausenstation Erlachmühle (16 B., 15. Mai–30. Sept. ab 14 Uhr geöffnet, Mi. Ruhetag, Tel. +43/6232/2578, www.erlachmuehle.at), Gasthof Fohlenhof (keine Nächtigung, ganzj. geöffnet, Mi. Ruhetag; Tel. +43/676/3931361, www.gasthof-fohlenhof.at). Gastbetriebe jeder Art in Mondsee und Zell am Moos. An den berührten Badeanstalten bei Schönwetter Büfettbetrieb.
Bademöglichkeit: In Mondsee lädt das gepflegte Alpenseebad Mondsee von Mitte Mai bis Mitte September zum Verweilen. Im Ortsbereich von Zell am Moos am Irrsee-Ostufer gibt es mehrere öffentliche Badeanstalten.
Tipp: An der Jausenstation Erlachmühle Di. 16 Uhr Führungen durch die Schaumühle (Dauer 45 Min.).
Hinweis: Die Ufer des Irrsees stehen unter Naturschutz und sind somit großteils noch unverbaut.

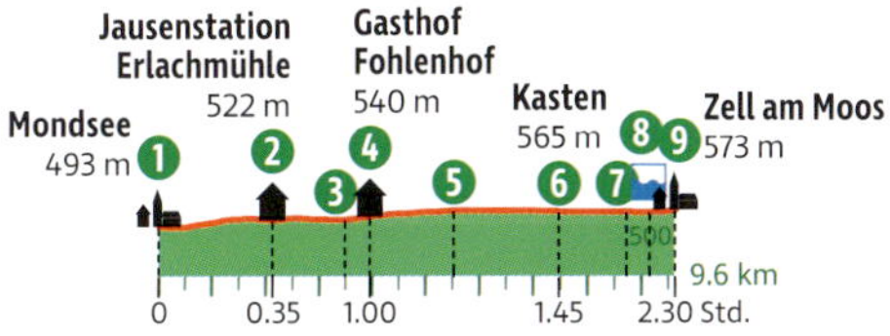

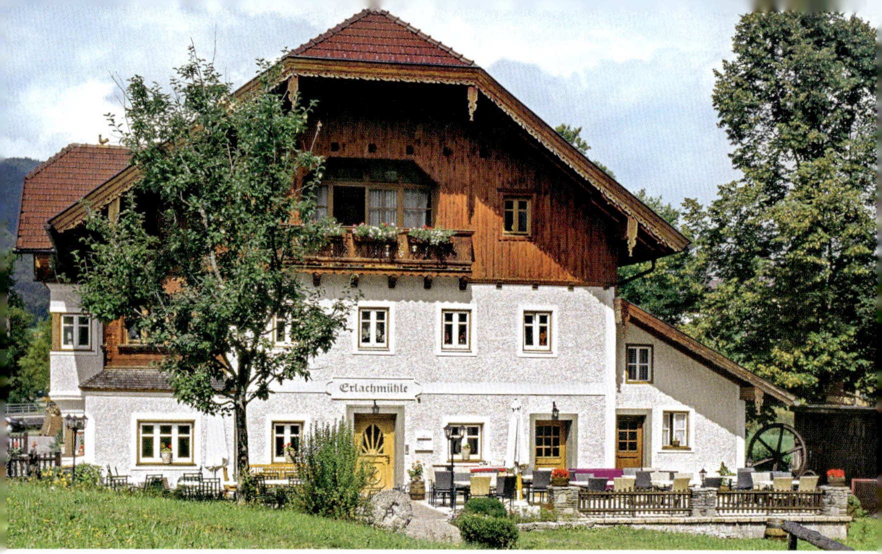

Jausenstation Erlachmühle.

Vom Marktplatz in **Mondsee** ❶ führt uns die Rainerstraße nach Westen zum Friedhof, dort gehen wir halb rechts durch die Ludwig-Angerer-Gasse eben in die Hierzenbergerstraße an der Zeller Ache. Auf dieser halten wir uns mit Weg Nr. 7 (»Helenenweg«) rechts unter der Umfahrungsstraße durch zur Automatendreherei Wieser. Im Fabrikgelände biegen wir rechts ab und gehen hinter dem Gebäude weiter in den romantischen Waldgraben des Helenentals. Dort unterqueren wir auf dem Weg Nr. 7 die Autobahnbrücke und erreichen im seichter werdenden Graben eine Verzweigung. Hier halten wir uns links über die Zeller Ache, um in Westrichtung zur **Jausenstation Erlachmühle** ❷, 522 m, zu gelangen. Hinter der Mühle folgen wir der Asphaltstraße nach rechts über die Zeller Ache zur Linksabzweigung des Fahrwegs Nr. 7. Dieser führt, an der Pension Frischling vorbei, eben nach Nordwesten zur Frischling-Kapelle, dort wieder über die Ache, danach durch Wiesen zu einer **Asphaltstraße** ❸. Auf ihr geht es durch eine Wiesenmulde nach links aufwärts zu einer Querstraße, auf der wir uns links halten, um zum **Gasthof Fohlenhof** ❹, 540 m, zu gelangen. Auf der Straße mit Weg Nr. 7 wandern wir geradeaus, links am Campingplatz »Mond-SeeLand« vorbei, nordwärts durch Wiesen sanft bergauf nach Gruebdorf und zu einer **Gabelung** ❺. Rechts leitet die Asphaltstraße ostwärts zu den Häusern von Schwand, durch eine Allee, danach abwärts zu einer Querstraße, dort rechts zur Verzweigung in **Kasten**. Nun folgen wir links dem Radwanderweg (»Irrseeweg«) kurz hinauf zur Mondsee-Straße ❻ (B 154) und gelangen links neben ihr nach 500 m zur Badeanstalt »Tiefgraben« am Südende des Irrsees. Auf dem Radwanderweg geht es weiter zur links abzweigenden **Ortseinfahrt Zell** ❼. Auf ihr 200 m nach Norden, dann leitet eine Zufahrt nach links hinab zur **Badeanstalt »Irrseehafen«** ❽ am Ostufer des Irrsees. Rechts folgen wir dem »Irrseeweg« durch Wiesen nach Norden aufwärts zum Gasthof Seewirt und durch den Ort zum Kirchenplatz in **Zell am Moos** ❾, 573 m.

Von St. Gilgen nach St. Wolfgang

Wallfahrerweg am Nordufer des Wolfgangsees

3.00 Std. | 8,7 km | ↗280 m | ↘280 m

TOP

Ein Schauweg durch die schönste Salzkammergut-Landschaft

Das ist nicht nur einer der spektakulärsten Uferwege des Salzkammerguts, zumindest was den ersten Teil von St. Gilgen zum Hotel Fürberg betrifft. Er folgt auch jener alten Pilgerroute, die schon im Mittelalter Gläubige aus dem Salzburger Raum nach St. Wolfgang brachte. Die zahlreichen Andachtsstätten in der Falkenschlucht gehen auf den Regensburger Bischof Wolfgang zurück, der hier im 10. Jahrhundert gegen Teufelsanbetung und Aberglauben kämpfte und eine Kapelle erbauen ließ.

Ausgangspunkt: Pfarrkirche im Ortszentrum von St. Gilgen (545 m; Parkplätze, Bushalt),.
Zielpunkt: St. Wolfgang, (549 m; Schiffsanlegestelle, Bushalt), Ferienort am Nordufer des gleichnamigen Sees. Rückfahrt mit dem Linienschiff der ÖBB nach St. Gilgen von 20./25. April bis 1. Nov. täglich ein- bis zweistündlich; Info unter Tel. +43/662/8884 9700, www.schafbergbahn.at).
Anforderungen: Leichte Wanderung auf Straßen und markierten Fußwegen.
Kinder: Das ist eine schöne und abwechslungsreiche Uferwanderung für Kinder, wobei sich als willkommene Unterbrechung eine Einkehr im Hotel Fürberg anbietet.
Einkehr: Hotel Fürberg (60 B., von 1. April bis 20. Okt. geöffnet, Juli und August kein, sonst Dienstag Ruhetag, Tel. +43/6227/23850, www.fuerberg.at). Zahlreiche Gastbetriebe in St. Gilgen, Ried und St. Wolfgang.
Bademöglichkeit: An heißen Sommertagen lohnt sich ein Besuch des Waldbads beim Hotel Fürberg (kostenpflichtiges Naturbad mit Umkleidekabinen).
Kinderwagen: Der Wegabschnitt von St. Gilgen über Brunnwinkl bis zum Hotel Fürberg ist wie geschaffen für Leute, die mit Kindern oder mit dem Kinderwagen unterwegs sind. Nach entsprechender Stärkung im herrlichen Gastgarten des Hotels wird die Rückfahrt mit dem regelmäßig verkehrenden Linienschiff angetreten.
Mountainbike: Der hier gewürdigte Uferweg ist in erster Linie für Wanderer bestimmt. Wegen des Steilstücks über den Falkensteinsattel eignet er sich weniger für Radfahrer. Über Winkl ausweichend und in Kombination mit dem Linienschiff kann man aber den Wolfgangsee auch mit dem Rad umrunden.
Varianten: Vom Hotel Fürberg Abstecher zum Ochsenkreuz (im See) und zum Hochzeitskreuz (am Ufer). Ab Falkenschlucht lohnende Variante zum »Scheffelblick« und auf den Falkenstein-Gipfel (»Aberseeblick«, 795 m).

Der Wanderweg von Brunnwinkl zum Hotel Fürberg.

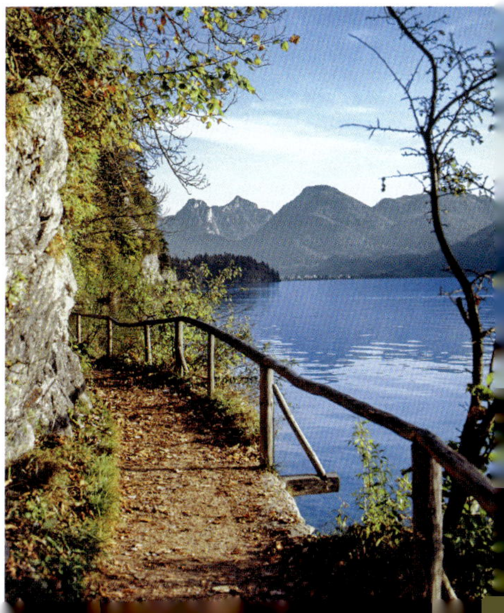

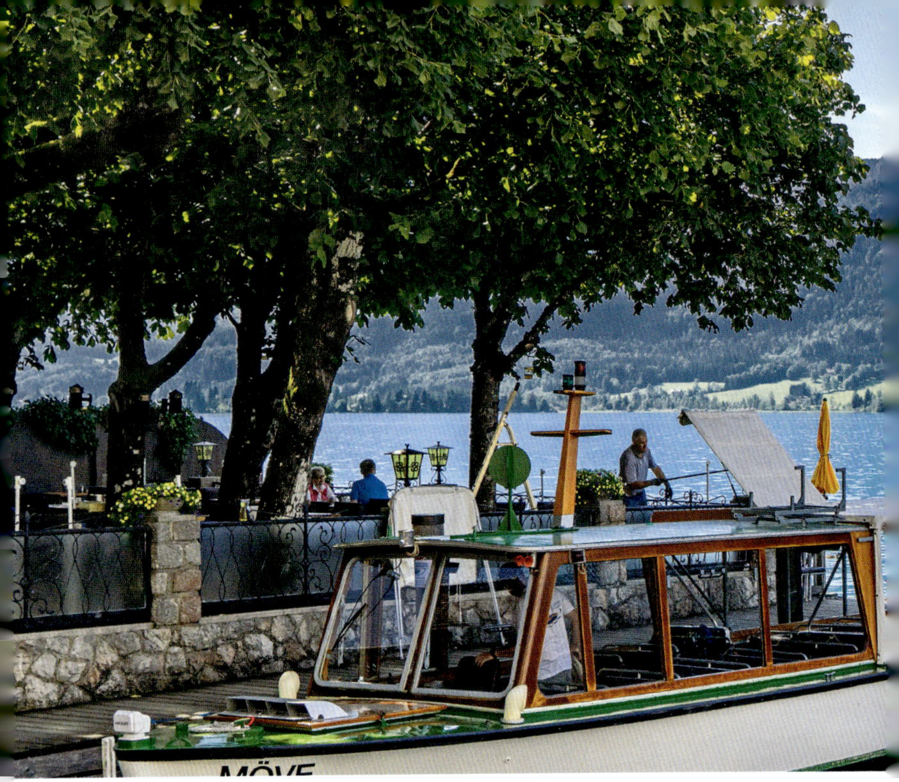

Die Schiffsanlegestelle beim Hotel Im Weißen Rössl am Wolfgangsee.

Wir starten von der Pfarrkirche in **St. Gilgen ❶** und überqueren den Streicher Platz nach Norden zu einer Teilung. Hier durchqueren wir rechts die Mondseer Straße nahe dem Seeufer zur Rechtsabzweigung von Weg Nr. 28 und folgen diesem hinab zu den Häusern von **Brunnwinkl ❷**, 544 m. Nun erwartet uns eine herrliche Wanderung entlang der Uferpromenade in die Bucht beim **Hotel Fürberg ❸** (545 m, Schiffsstation), wo sich eine Rast anbietet.

Anschließend gehen wir die Uferstraße weiter in eine Badebucht. Hier biegen wir links ab und wandern auf dem Weg Nr. 28 den Waldgraben der Falkenschlucht steil empor zur Abzweigung **»Scheffelblick« ❹**, um danach zur Verflachung bei der **Wolfgang-Kapelle ❺** (717 m; Kriechhöhle, Wunderglocke) rechts oben in der Felswand zu gelangen.

Im Graben geht es weiter zur Wunderwasser-Kapelle (gegen Augenleiden) und hinauf zum **Falkensteinsattel ❻**, 760 m. Jenseits steigen wir an den bewaldeten Abhängen

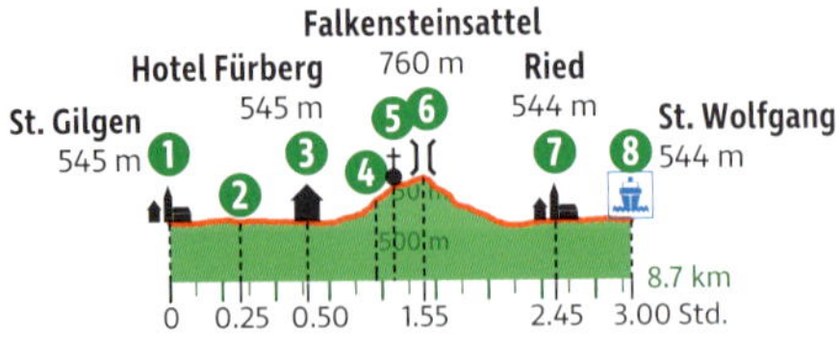

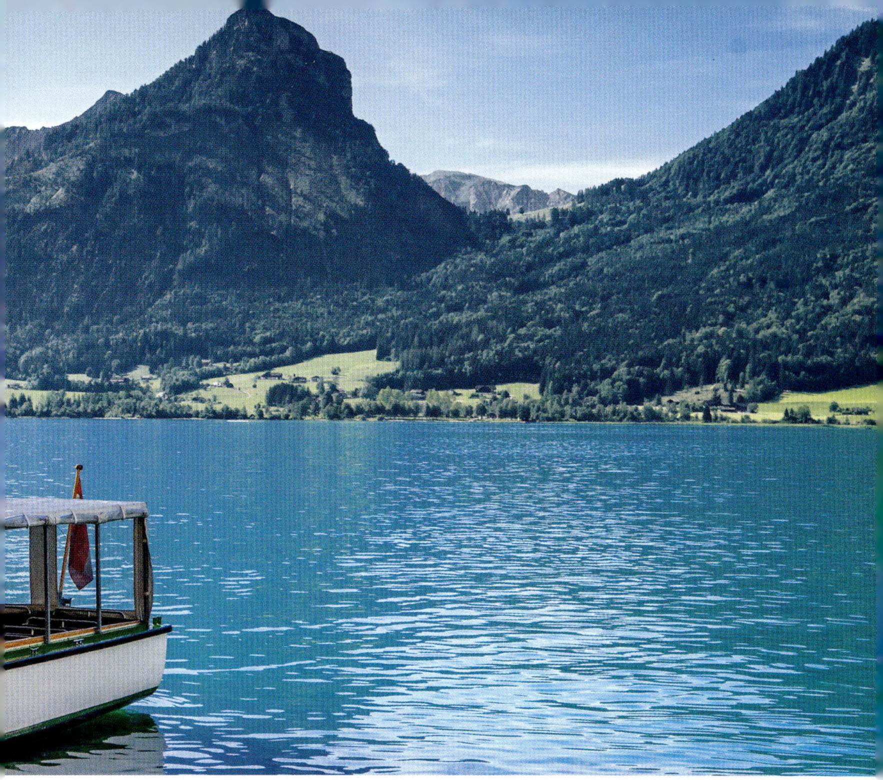

des Schafberges nach Südosten abwärts, später leitet uns ein Güterweg nach links, bis wir über Wiesen nach **Ried 7**, 544 m, zur Uferstraße hinuntersteigen. Im Ortsbereich zweigt nach links die Obere Rieder Straße ab. Auf ihr erreichen wir oberhalb des Sees die Schiffsanlegestelle **St. Wolfgang 8**, 544 m, bei der Schafbergbahn-Talstation.

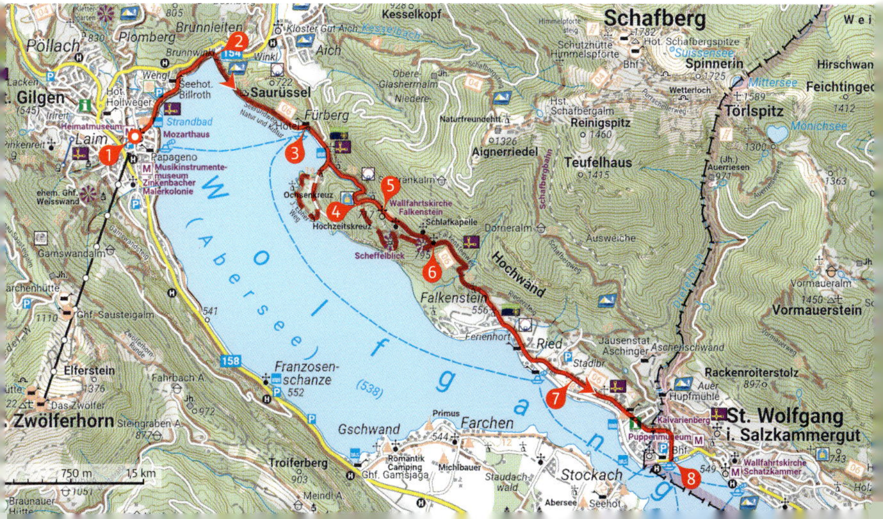

10 Schafberg, 1782 m: Dreiseenweg

»Verborgene« Seen an der Schafberg-Nordseite

TOP | 4.00 Std. | 15,8 km | ↗160 m | ↘1330 m

Grandioser Panoramaberg mit langem Talabstieg

Hunderttausende bringt jährlich die Zahnradbahn auf den »Rigi der Ostalpen«, den Wolfganger Schafberg (es gibt nämlich auch einen Schafberg bei Faistenau!), der mit unvergleichlichem 360-Grad-Panorama und Tiefblick auf insgesamt 14 Seen aufwartet. Der am Felsportal Himmelspforte startende lange Abstieg über die Vormauer Alm nach St. Wolfgang führt an drei reizvollen, zu Füßen der Nordwände ruhenden Karseen – Suissensee, Mittersee und Mönichsee – vorbei, von denen jeder sein eigenes Flair, seinen eigenen Charakter besitzt. Aufgrund der Länge der Tour und des im oberen Abschnitt steilen felsigen Geländes sind bergsteigerische Übung und Ausdauer vonnöten, zudem ist im Frühjahr an Altschneeresten Vorsicht geboten.

Ausgangspunkt: Talstation (545 m; Großparkplatz) der Schafberg-Zahnradbahn in der Robert-Stolz-Straße im westlichen Ortsteil von St. Wolfgang (549 m; Bushaltestelle) Bergstation, 1732 m, südlich unter dem Gipfel des Schafbergs. Auffahrt vom 25. April/1. Mai bis 26./30. Oktober um 9.20 Uhr und 11.10 Uhr, bei Schönwetter weitere Züge alle 20 Minuten. Zwischen 5./10. Juli und 1./5. September jeden Sonntag Nostalgie-Erlebnisfahrten (nur bei einer Mindestanzahl von 20 Personen; Bergfahrt 9.30 Uhr, Talfahrt: 13.25 Uhr). Infos: Tel. +43/6138/22320, www.schafbergbahn.at.

Anforderungen: Lange anspruchsvolle Wanderung bergab. Im teils felsigen Gelände der Schafberg-Nordseite (Drahtseilsicherungen) sind Trittsicherheit und Schwindelfreiheit nötig. Vorsicht bei Nässe, Schnee oder Vereisung!

Kinder: Wegen der Länge und des anspruchsvollen einleitenden Abschnitts sollte von einer Begehung des Dreiseenwegs mit kleineren Kindern Abstand genommen werden.

Einkehr: Am Schafberg-Gipfel: Schutzhaus Himmelspforte (privat, 15 L., 1. Mai–26. Okt., Tel. +43/6138/2232-0), Berghotel Schafbergspitze (Salzkammergutbahn GmbH, 70 B., 1. Mai – 26. Okt., Tel. +43/6138/3542, www.schafberg.net), an beiden ist bei Übernachtungsabsicht eine Voranmeldung nötig.

Gipfelbesteigung: Von der Vormaueralm kann der aussichtsreiche nahe Vormauerstein, 1450 m, über Wiesen und Felsstufen bestiegen werden, sehr lohnend. Gesamter zusätzlicher Zeitaufwand: 45 Minuten.

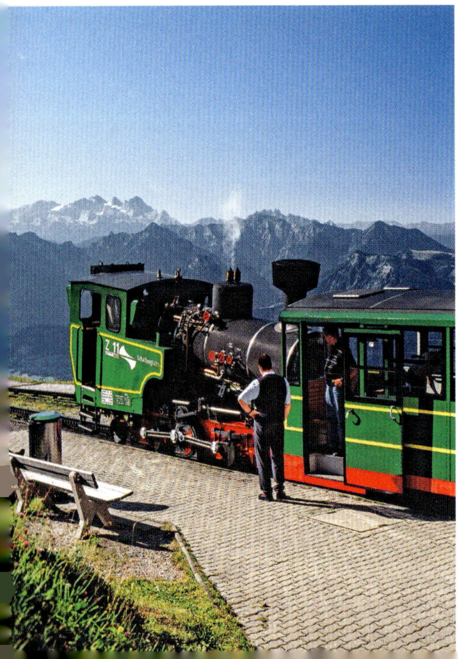

Die Schafberg-Zahnradbahn.

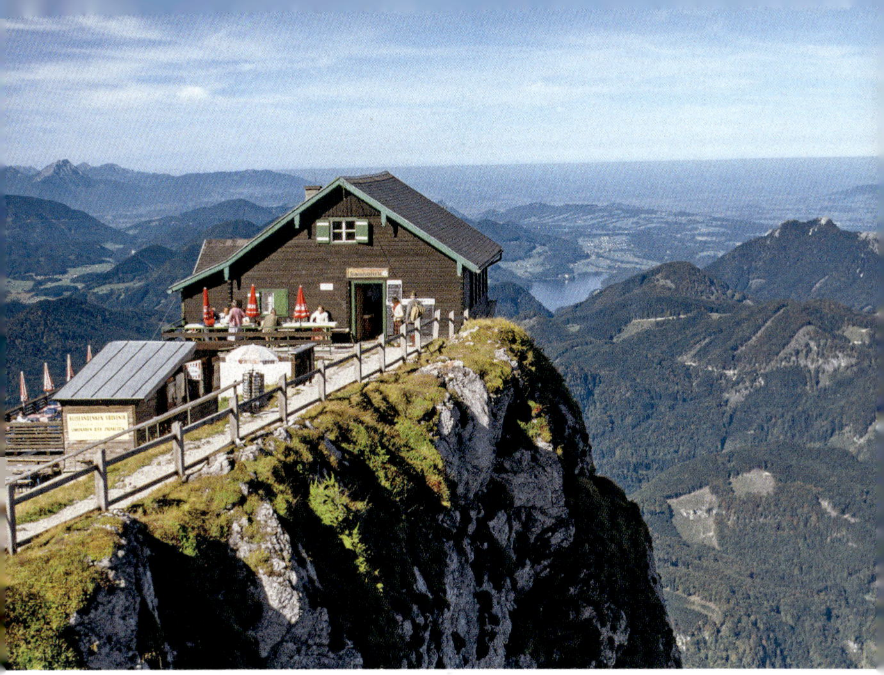

Atemberaubende Sicht vom Schutzhaus Himmelspforte.
Bild S. 50: Am schönen Mittersee.

Nach der Auffahrt mit der Zahnradbahn von der **Talstation ❶** folgen wir bei der **Zahnradbahn-Bergstation ❷** dem breiten Weg, am Berghotel Schafbergspitze vorbei, in einer Kehre nach Norden empor auf den Gipfel des **Schafbergs ❸**, 1782 m, mit grandiosem 360-Grad-Panorama (14-Seen-Blick!).

Auf dem Kammweg wandern wir anschließend nach Westen zum Schutzhaus Himmelspforte und gelangen auf den Wegen Nr. 18 und 804 geradeaus hinab zur Scharte der »Himmelspforte« (Torbogen mit Aufschrift). Wir gehen durch die Pforte nach rechts in die Nordseite. Nun erwartet uns felsiges Gelände (Drahtseile), später steigen wir durch eine steile Mulde hinunter, schließlich geht es unter den Schafberg-Wänden eben nach rechts (Osten) zu einer **Schulter ❹**.

Nun wandern wir kurz gegen den Suissensee abwärts, dann erreichen wir am linken Rand der Karmulde eine Verzweigung. Wir halten uns rechts auf dem Weg Nr. 17 durch bewaldetes Gelände nach Osten und um eine Bergkante herum zum malerischen **Mittersee ❺**, 1400 m.

Nun geht es zunächst über Wiesen, dann steigen wir steil nach Süden hinauf in eine Scharte und wandern unter den Wänden des Törlspitz, an Geröllhängen entlang, hinab in den Wald und weiter zum **Mönichsee ❻** (1300 m; Badegelegenheit).

Der Weg Nr. 27 leitet kurz nach Osten aufwärts, dann quer durch die grasigen Westhänge des P. 1363 m nach Süden, zuletzt gehen wir durch den Wald zur **Vormaueralm ❼**, 1350 m.

Nun folgen wir dem Weg C bzw. 26 (Vormauerweg) westwärts steil hinab in den Wald, wo wir uns links halten, eine Quelle passieren, um dann nach Südwesten hinunter zu einem

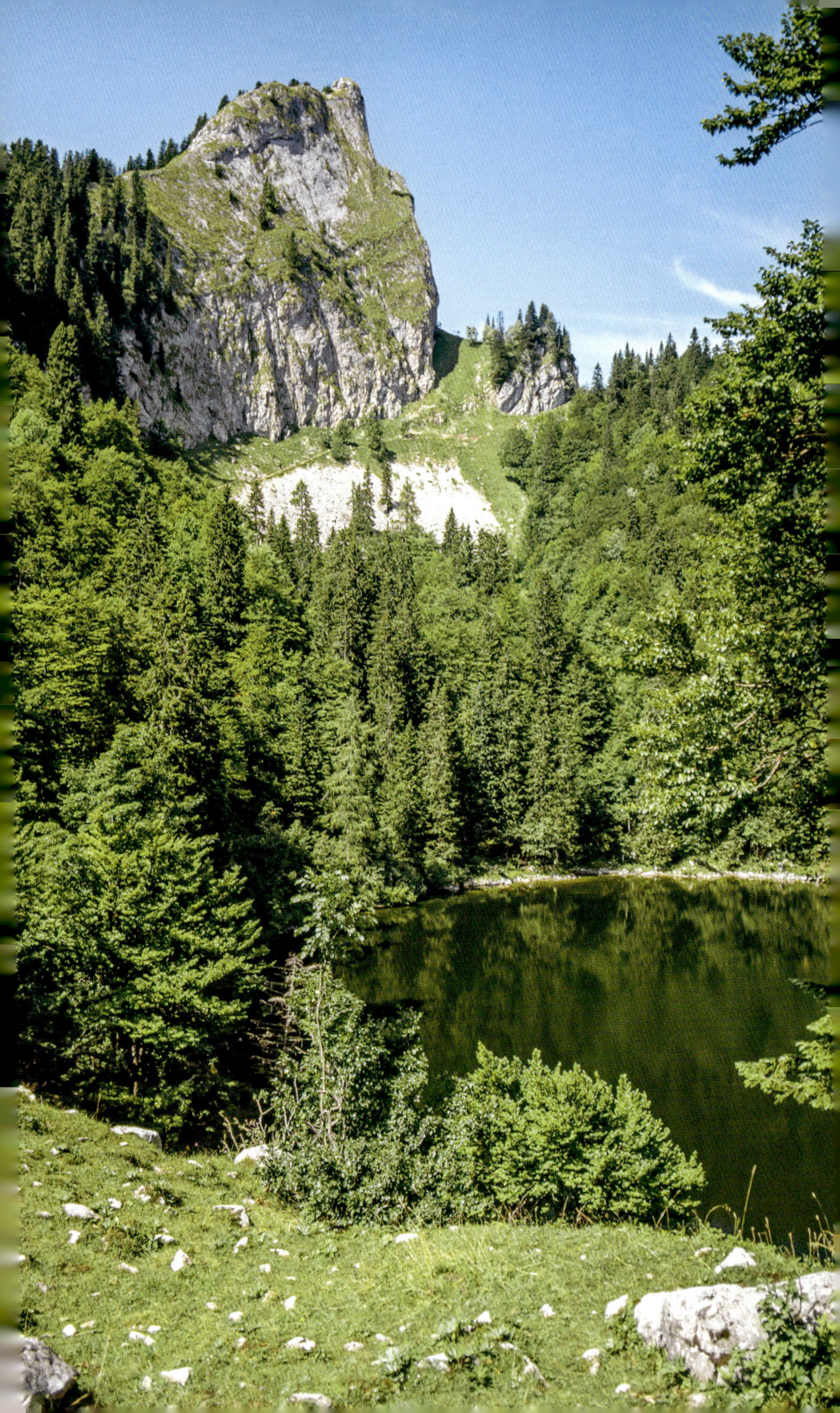

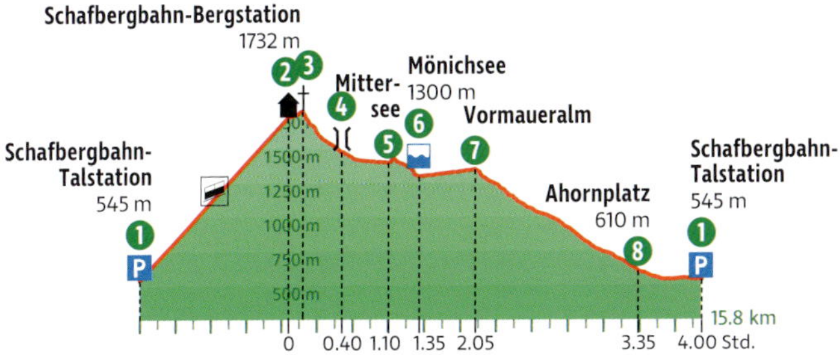

Fahrweg zu gelangen. Auf ihm geht es bald in die Südseite des Vormauersteins hinein und dort in weiten Kehren bergab, zuletzt auf Forststraße zur Kreuzung am **Ahornplatz 8**. Nun bringt uns eine Asphaltstraße durch Wiesen nach Süden abwärts nach St. Wolfgang und dort zum Infobüro »Wolfgangsee-Tourismus« an der Michael-Pacher-Straße. Auf ihr halten wir uns rechts erreichen durch das Ortsgebiet unseren Ausgangspunkt, die **Schafbergbahn-Talstation 1**.

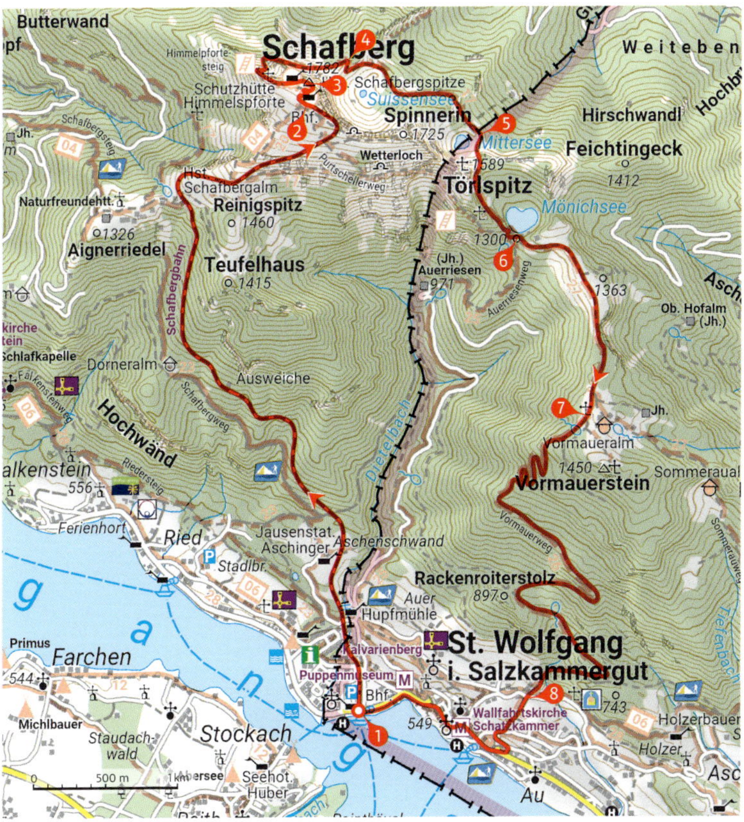

11 Schwarzensee

Eine Umrundung vom Parkplatz am Südufer

2.00 Std. | 8,0 km | ↗75 m | ↘75 m

Ein weniger populärer Salzkammergutsee in der Oberetage

Der in einem Hochtal zwischen Schafberg- und Leonsberg-Massiv gelegene Schwarzensee ist zwar weniger bekannt als die großen Salzkammergut-Badeseen Mondsee, Attersee, Wolfgangsee oder Traunsee. Er ist aber unter den Urlaubsgästen ein beliebtes Ausflugs- und Wanderziel, vor allem wegen der beiden urigen Almgasthäuser am Südufer. Da der Wasserstand des Sees künstlich reguliert wird (er dient als Jahresspeicherkraftwerk), schwankt sein Wasserspiegel, weshalb er als Badesee trotz hervorragender Wasserqualität und eines Freibads am Südufer weniger genutzt wird. Es wird angenommen, dass die auffallend dunkle Färbung (Name) auf den hohen Mangan-Gehalt in tieferen Schichten zurückzuführen ist.

Man erreicht den von dichten Wäldern flankierten See auf markierten Wegen sowohl aus dem Wolfgangseegebiet als auch vom Attersee her. Im vorliegenden Fall aber wählen wir keine der beiden Alternativen, sondern fahren von Rußbach mit dem Auto zum Parkplatz Schwarzensee und starten dort die See-Umrundung entgegen dem Uhrzeigersinn. Wir begnügen uns aber nicht mit dieser, sondern wandern über den See hinaus zur bewirtschafteten Gschwandtnerhütte und weiter zur der im Kessel des Breitenberggrabens gelegenen Moosalm.

Badeplatz am Schwarzensee.

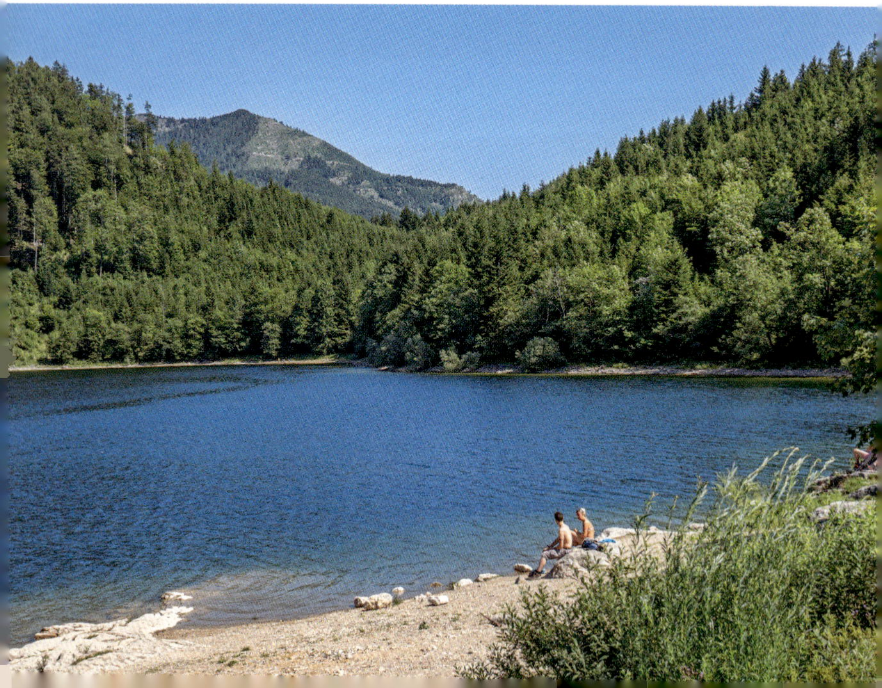

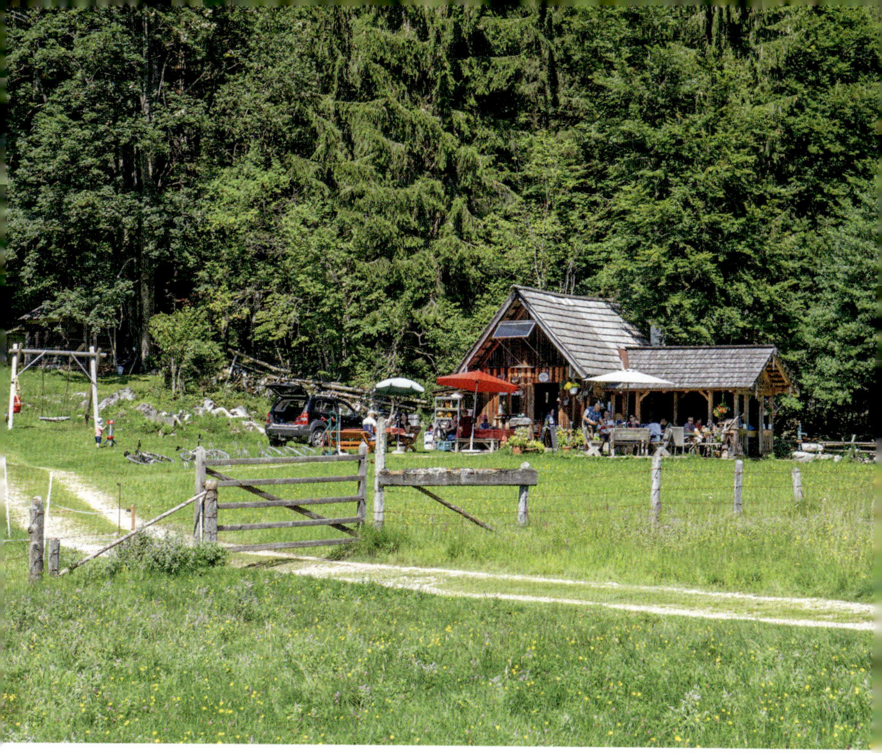

Die Jausenstation Gschwandtnerhütte mit Kinderspielplatz.

Ausgangspunkt: Parkplatz Schwarzensee (745 m, kostenpflichtig mit Ticketautomat) südöstlich über dem Schwarzensee, am Ende der asphaltierten Zufahrtsstraße, 3 km von Rußbach, 7 km von Strobl, 8 km von St. Wolfgang.

Anforderungen: Anspruchslose Wanderung auf Bergstraßen oder Naturfahrwegen.

Kinder: Unterwegs gibt es reichlich Wiesengelände, an den Gastbetrieben sogar Kinderspielplätze, sodass für Abwechslung reichlich gesorgt ist.

Einkehr: Getränke-Kiosk am Parkplatz Schwarzensee, Jausenstation Gschwandtnerhütte (vom 1. Mai bis 31. Oktober ab 12 Uhr geöffnet, Freitag Ruhetag), Wirtshaus »Zur Lore« (vom Palmsonntag bis 26. Okt. 7.30 bis 19.30 Uhr geöffnet, kein Ruhetag, Tel: +43/664/8762515, www.schwarzensee.at), Seegasthaus Almstadl (vom 1. Mai bis 1. Nov. geöffnet, Montag und Dienstag Ruhetag; Tel. +43/676/4770048, www.almstadl-schwarzensee.at/), alle keine Nächtigung.

Bademöglichkeit: Obwohl das Baden möglich ist, wird der Schwarzensee trotz guter Wasserqualität diesbezüglich kaum genutzt. Einen der wenigen empfehlenswerten Badeplätze gibt es im Nahbereich der beiden Gastbetriebe am südlichen Seeufer.

Kinderwagen: Die beschriebene Route kann auch mit Kinderwagen befahren werden.

Mountainbike: Der Schwarzensee kann über die vorhandene asphaltierte Zufahrtsstraße auch mit Bikes erreicht werden. Die Straße vom Schwarzensee-Parkplatz, am Ostufer entlang zur Moosalm, ist für Fahrräder freigegeben.

Hinweis: Der Schwarzensee befindet sich im Privatbesitz. Das Befahren mit Schlauchbooten und Luftmatratzen ist verboten.

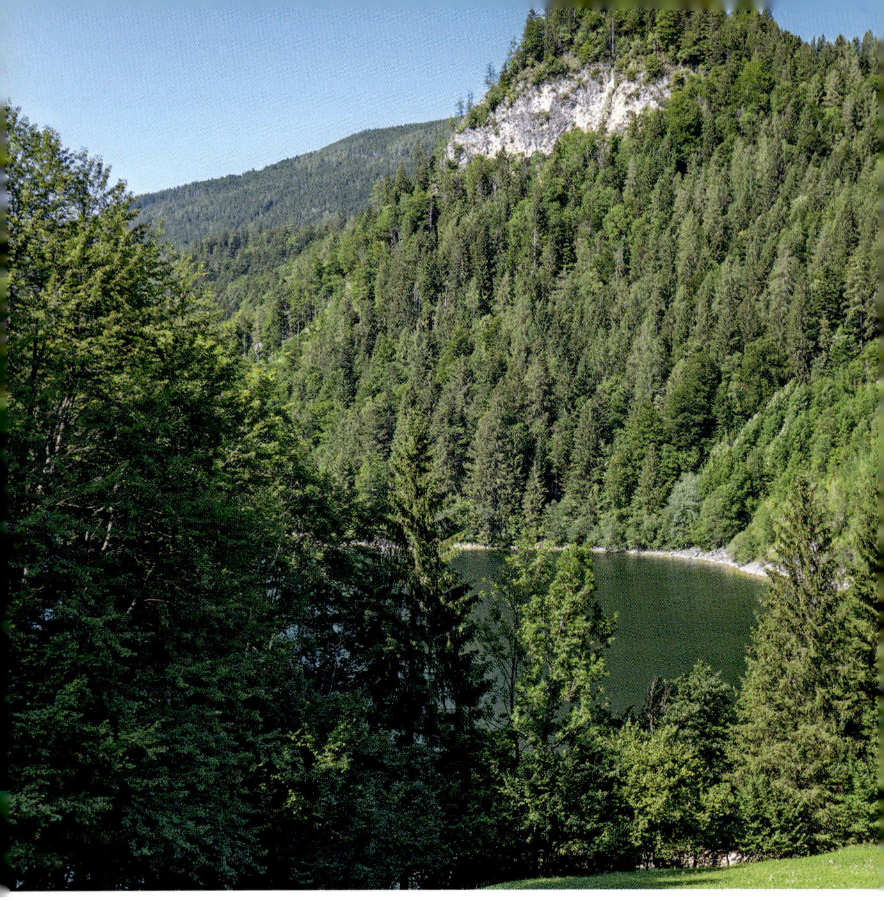

Schwarzensee-Idylle über dem Südufer.

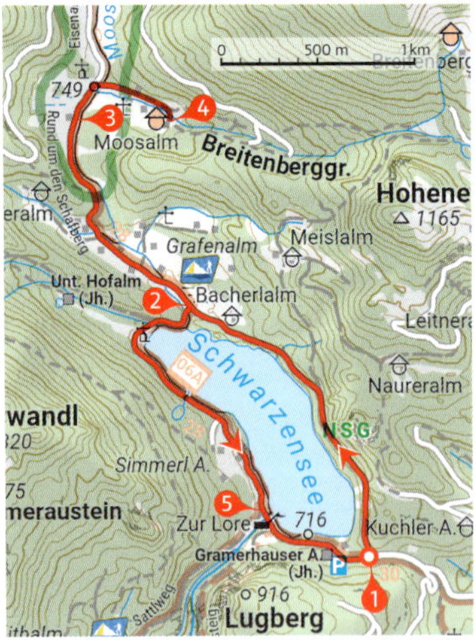

Vom Parkplatz **Schwarzensee 1** folgen wir der für Kfz gesperrten asphaltierten Ostuferstraße und gehen an den steilen Waldhängen oberhalb des Sees entlang. Wir orientieren uns eben nach Nordwesten, bis wir zuletzt über die Wiesen der Bacherlalm zum **Verzweigungspunkt 2** am See-Ende kommen. Geradeaus nimmt uns nun ein Naturfahrweg auf und führt uns über die schönen Wiesen der Ascher Alm durch das Hochtal (Moosgraben) zwischen Schafberg und Breitenberg in Nordwestrichtung sanft aufwärts. Später geht es durch eine Waldzone, dann steigen wir nordwärts

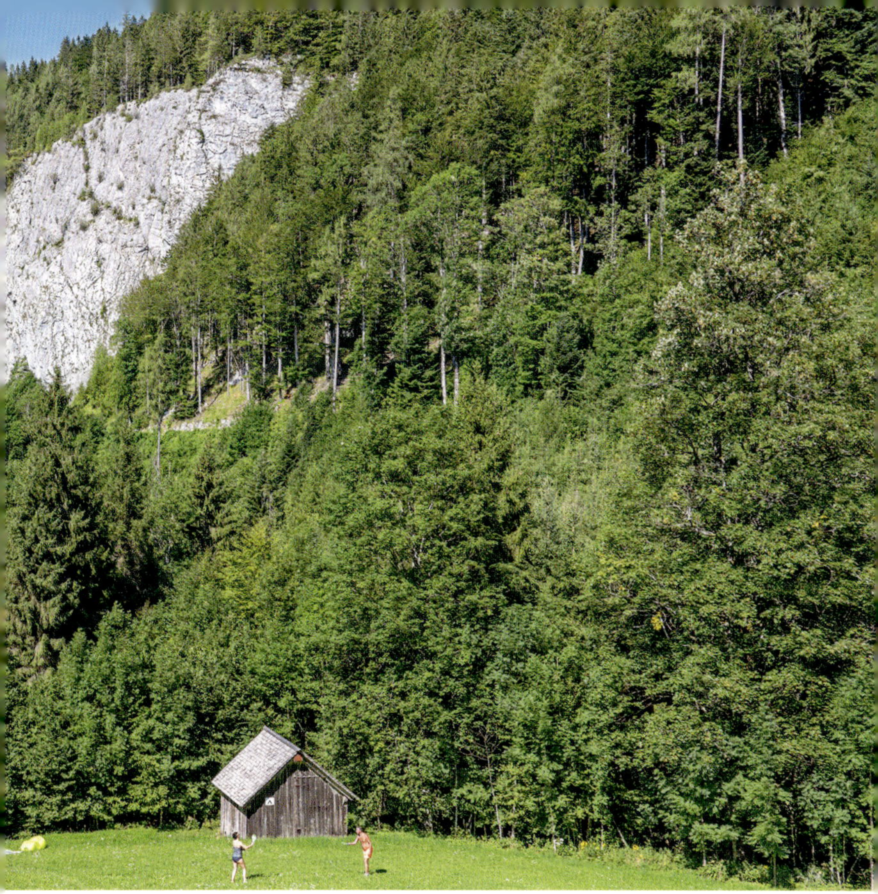

steiler bergauf und gelangen durch ein Gatter (Schranke) in die weite Wiesenmulde bei der **Jausenstation Gschwandtnerhütte** ❸ (748 m) links der Straße. Die Naturstraße leitet uns durch Wiesen in Nordrichtung weiter taleinwärts bis zur Verzweigung an der Rechtseinmündung des Breitenberggrabens. Hier biegen wir rechts ab und folgen dem Naturfahrweg sanft nach Osten aufwärts zu den malerischen Holzhütten der **Moosalm** ❹ (755 m; im Sommer bestoßen, keine Einkehr!). Wir gehen wieder zurück, vorbei an der Gschwandtnerhütte ❸ zurück zum **Verzweigungspunkt** ❷ am Nordwestende des Schwarzensees. Nun zweigen wir rechts ab auf den Naturfahrweg, gehen am bewaldeten Westufer des Schwarzensees entlang, in schöner Wanderung eben zu einem Zeltplatz und weiter zu den Gastbetrieben **»Zur Lore«** und **»Almstadl«** ❺ beim Seeabfluss. Wir folgen der Naturstraße durch Wald über dem südlichen Seeufer sanft nach Osten aufwärts zum Parkplatz **Schwarzensee** ❶.

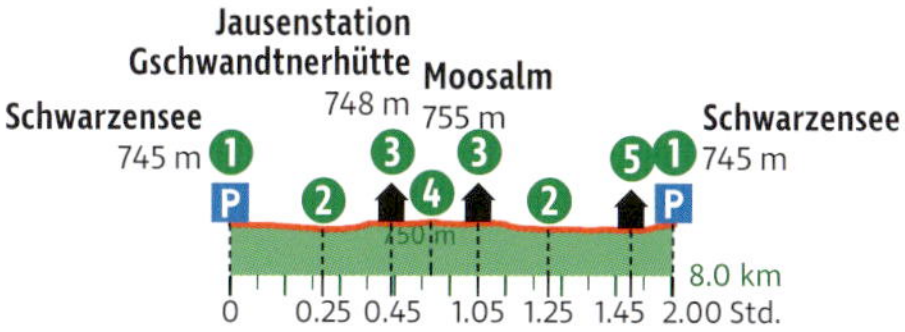

12 Haleswiessee, 790 m

Von Rußbach über die Lippenalm zum See

3.30 Std. | 13,4 km | ↗ 400 m | ↘ 400 m

Ein Karst-Phänomen im westlichen Salzkammergut

Anders als die landschaftlichen Glanzpunkte des Salzkammerguts fristet der Haleswiessee im inneren Rußbachgraben noch ein richtiges Aschenbrödeldasein. Auch die Tatsache, dass es sich hier um eine Rarität, um einen der wenigen echten Karstseen des Gebiets handelt, hat daran nichts geändert. Er bleibt ein Außenseiter, in dessen Umfeld noch seltene Pflanzen wie Gelbe Teichrose, Enziane und mehrere Orchideenarten wachsen. Der hier gewürdigte Zugang von Rußbach auf Fahrwegen und Forststraßen ist einfach und kann bei fast jedem Wetter empfohlen werden, etwas Orientierungsvermögen ist aber dennoch vonnöten.

Ausgangspunkt: Rußbach (555 m; Parkplatz), Dorf 6 km nordöstlich von Strobl (542 m) und von dort per Bus oder eigenem Kfz zu erreichen.

Anforderungen: Einfache Rundwanderung. Teilweise schlecht beschilderte Fahr- und Fußwege, daher Orientierungsvermögen nötig.

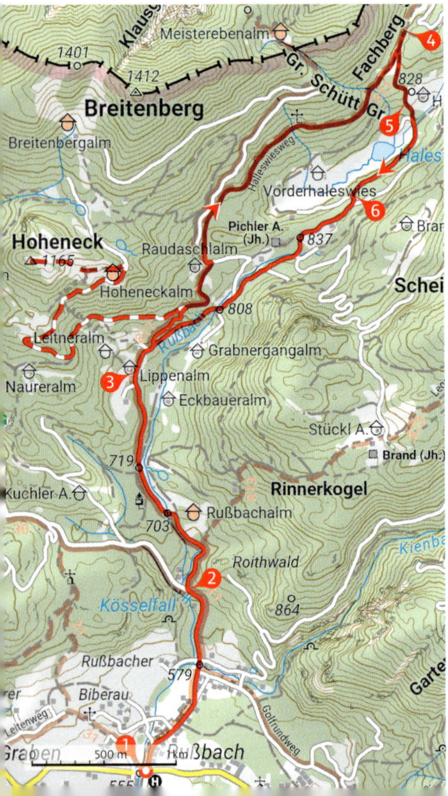

Kinder: Das Wanderziel Haleswiessee ist wegen fehlender Einkehrmöglichkeit zwar nicht der Prototyp einer Kindertour, ist aber der vielen seltenen Pflanzen und möglichen Tierbeobachtungen wegen durchaus auch für daran interessierte Kinder zu empfehlen.

Einkehr: Gastbetriebe in Rußbach. Unterwegs keine Einkehr.

Gipfelmöglichkeiten: Von der Lippenalm kann das aussichtsreiche Hoheneck (1165 m) auf unmarkierten Fahr- und Fußwegen bestiegen werden. Gesamter zusätzlicher Zeitaufwand: 2 ½ Std.

Tipp: Autofahrer können auch an der Straßenverzweigung Schwarzensee/Haleswies (kleiner Parkplatz gleich nach der Rußbachbrücke rechts, 1,3 km von Rußbach) starten, was die Tour um 30 Minuten verkürzt.

Von **Rußbach ❶** folgen wir der Asphaltstraße zum Schwarzensee nach Norden aufwärts zur Rechtsabzweigung der **Haleswies-Forststraße ❷**. Auf ihr (Weg Nr. 811), an der Rußbachalm vorbei, steigen wir im Wald nach Norden empor zur **Lippenalm ❸**, 770 m, und erreichen danach eine Straßenteilung. Halb links führt der Weg Nr. 811 Richtung Attersee/

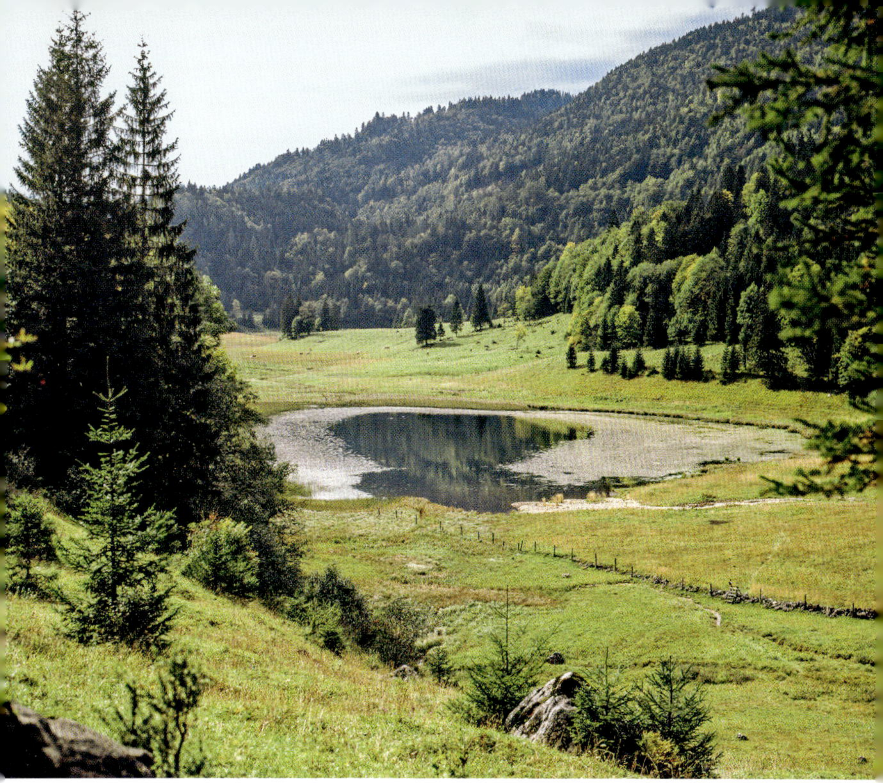

Am Haleswiessee.

Burgau aufwärts zu einer Linkskehre. Dort geht es auf dem breiten Haleswiesweg geradeaus und an den bewaldeten Hängen des Breitenbergs links über dem Rußbachgraben nach Nordosten sanft bergauf zur Wiese am **Fachbergsattel ❹**, 890 m. Am Beginn der Wiese biegen wir scharf rechts ab und gelangen auf unbezeichnetem Weg anfangs im Wald, dann über Wiesen steil nach Südosten hinunter zur **Hinterhaleswiesalm ❺**, 828 m.

Nun leitet uns ein Fahrweg durch den Rußbachgraben in Südwestrichtung talauswärts zu dem in einer weiten Grasmulde gelegenen **Haleswiessee ❻**, 790 m. Wir gehen links am See vorbei, danach auf einem Fahrweg durch einen Wald nach Südwesten aufwärts zu einer Anhöhe und nach links zu einer Forststraße. Auf ihr halten wir uns rechts (bei der ersten Verzweigung links, bei der zweiten rechts!) um zur **Lippenalm ❸** zurückzukehren.

Schließlich geht es auf dem bekannten Weg wieder nach **Rußbach ❶**.

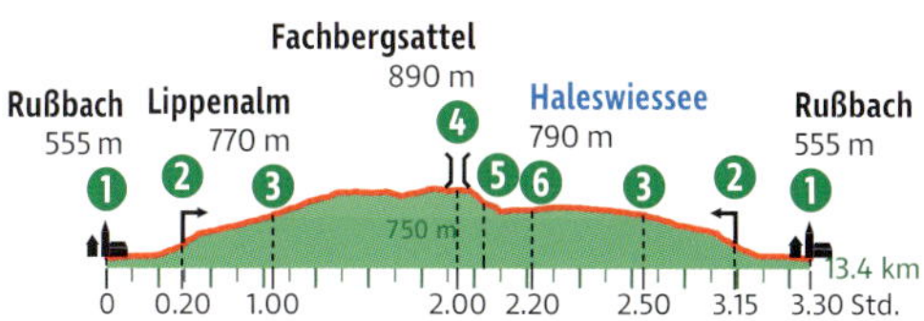

13 Bürglstein-Runde

Ein Spaziergang am Wolfgangsee-Ostufer

1.30 Std. | 5,0 km | ↗ 35 m | ↘ 35 m

Bergumrundung mit spektakulärer Schlussstrecke

Die bis zum Gipfel bewaldete Kuppe des Bürglstein markiert das Ostende des Wolfgangsees bei Strobl – ein »unlogischer Berg«, der wie ein erratischer Block isoliert und frei mitten im Tal der Ischler Ache aufragt. Wir umrunden die Höhe entgegen dem Uhrzeigersinn, folgen dabei zunächst dem Lauf der Ischler Ache, bevor es durch die Ost- und Nordsseite in die steile, zum See gerichtete Westseite des Berges geht. Die Begehung der dort an steilen Felswänden montierten, vorkragenden Holzstege ist fraglos der Höhepunkt der Wanderung, die jedem gehfreudigen Naturfreund wärmstens empfohlen werden kann.

Ausgangspunkt: Strobl (542 m, Bushalt) am Südostende des Wolfgangsees. Eigentlicher Startplatz ist das Gemeindeamt im Ortszentrum nahe der Pfarrkirche.
Anforderungen: Unschwierige kurze Wanderung auf beschilderten breiten Wegen. Auch bei weniger gutem Wetter möglich.
Einkehr: Mehrere Gastbetriebe im Ortsgebiet von Strobl.
Bademöglichkeit: Bademöglichkeit besteht im Bereich der Liegewiese Felbermayer südwestlich des Ortszentrums von Strobl.
Kinder: Diese kurze abwechslungsreiche Runde mit den an den Steilwänden über dem See entlangführenden Stegen im Abschlussteil eignet sich auch mit Kindern ganz hervorragend.

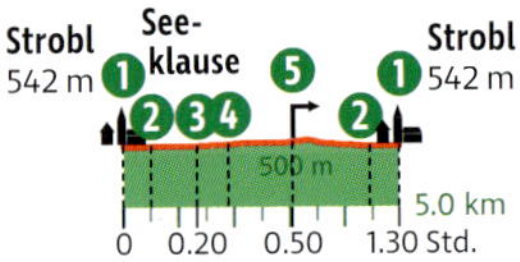

Die Bürglstraße führt uns aus dem Ortszentrum von **Strobl** ❶ (Gemeindeamt) , am Kirchenwirt vorbei, nach Nordosten zur **Seeklause** ❷ (Seeabfluss) mit der Brücke über die Ischler Ache. Vor dieser geht es rechts über eine kurze Stiege hinab zum »Achenweg«. Auf dem schattigen Weg rechts des Baches, an Bänken und Info-Tafeln vorbei, durch Auwald eben nach Osten zur querenden **St. Wolfgang Straße** ❸. Auf ihr und auf dem asphaltiertem Fußgänger- und Radweg links der Straße

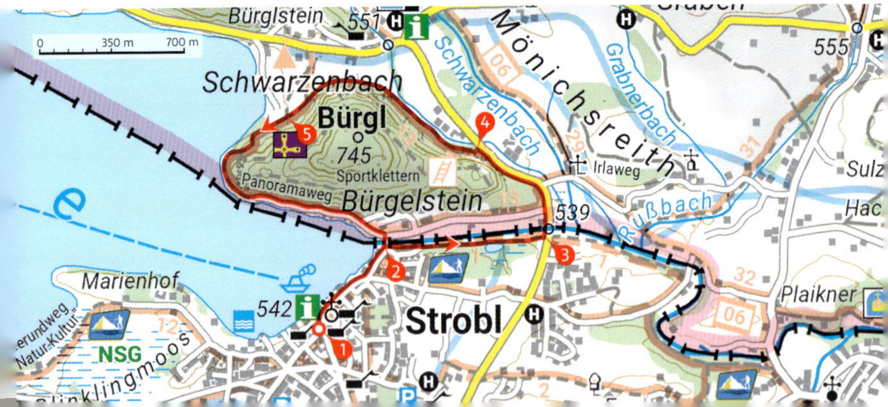

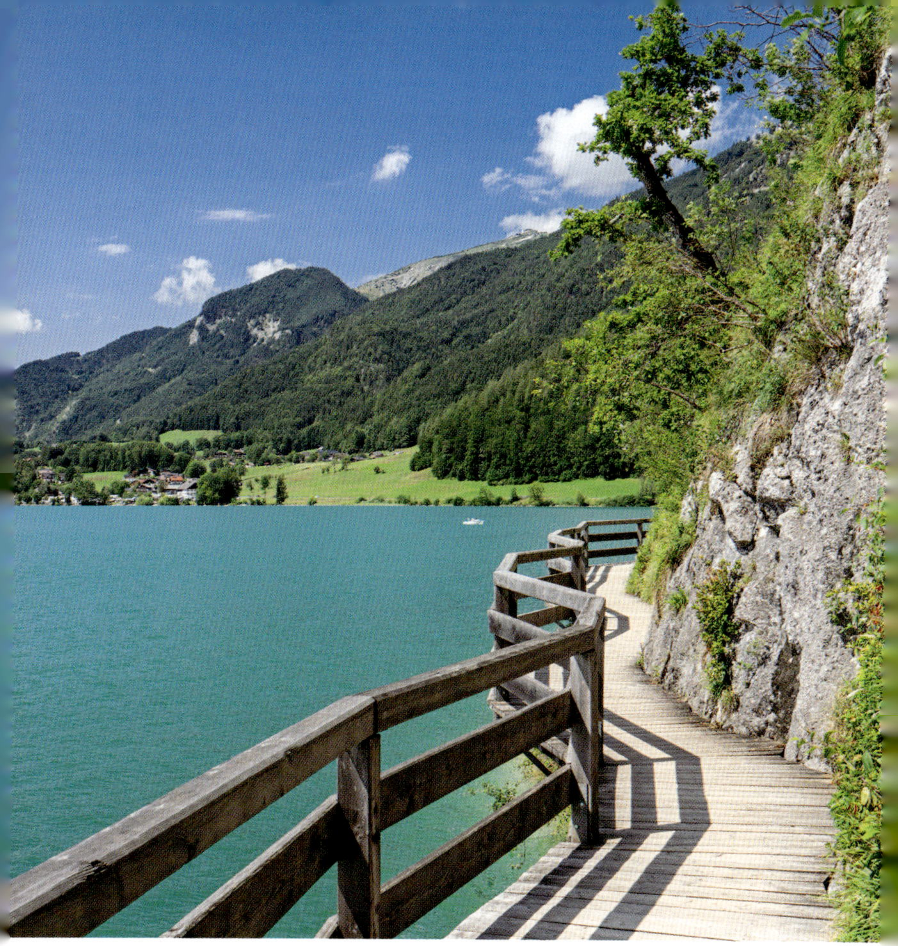

Den Höhepunkt der Wanderung bilden die Holzstege am Ufer des Wolfgangsees.

gehen wir in Richtung St. Wolfgang nach Nordwesten zu einer **Verzweigung 4**. Nun halten wir uns links auf dem »Bürgl-Panoramaweg« (Nr. 13) und wandern am Nordfuß des Bürglsteins im Hochwald neben dem Tiefenbach eben dahin, dann westwärts leicht bergauf und am Waldrand weiter zu einer **Verzweigung 5** (Rechtsabzweigung nach St. Wolfgang). Unser Weg führt gerade fort zum Wolfgangsee-Ufer.

Dort setzen wir unseren Weg an den Waldhängen des Bürglsteins fort, in einigen Kehren nach links hinauf zu einer Anhöhe (Bank, Infotafeln) und jenseits hinab zum steilen Seeufer. Nun beginnt die wunderschöne Wegstrecke auf den luftigen Stegen über den blaugrünen Fluten des Sees, an steiler Felswand entlang, um den Westrücken des Bürglsteins herum und nach links in die Südseite. Dort geht es zum Teil auf Holzstegen in Ostrichtung weiter, dann auf einem breiten Kiesweg an Bootshütten vorbei, zuletzt auf asphaltiertem Fahrweg wieder zur **Seeklause 2** und auf dem bekannten Weg in das Ortszentrum von **Strobl 1**.

14 Nussensee, 604 m

Romantischer Waldsee zu Füßen der Katrin

4.30 Std. | 15,6 km | ↗250 m | ↘250 m

Abwechslungsreiche Rundwanderung für Ausdauernde

Streng genommen ist das nur eine kleine Waldlacke am Nordfuß der Katrin. Dennoch hat der Nussensee als Ausflugsziel unter den Urlaubs- und Kurgästen von Bad Ischl einen hohen Stellenwert. Dass man ihn mit dem Auto erreichen kann, mag für manche ein »abschreckendes« Kriterium sein. Doch gibt es auch reizvolle Zugangswege, von denen hier der längste, jener über die Ruine Wildenstein und die Hochfläche Katereck hin und entlang der Ischler Ache retour vorgestellt wird. Höhepunkt ist natürlich der See selber, an dessen Ufern man, sofern frei zugänglich, in aller Ruhe baden kann.

Ausgangspunkt: Der Bus- und Bahnhof im Osten des Stadtzentrums von Bad Ischl, 469 m.

Anforderungen: Einfache, jedoch etwas längere Wanderung auf beschilderten Fahr- und Fußwegen.

Kinder: In Begleitung von Kindern empfiehlt sich wegen der Tourenlänge eine Busrückfahrt (siehe Varianten!) nach Bad Ischl.

Einkehr: Im Stadtbereich von Bad Ischl Gastbetriebe jeder Art. Unterwegs keine Einkehr!

Info: Die Ruine Wildenstein ❹ (13. Jh. erbaut, seit 1417 Sitz des kaiserlichen Pfleggerichts bei den Habsburgern, Brände 1593 und 1715, danach verfallen) ist eine der wenigen Burgen des Salzkammerguts. Sie wurde nach 1960 teilweise restauriert.

Varianten: 1. Der Nussensee kann auf schönem Uferweg in einer halben Stunde umrundet werden. **2.** Von der Haltestelle »Bad Ischl-Abzweigung Nussensee« (WP 9) bei der Brücke über die Ischler Ache besteht nahezu stündlich eine Rückfahrmöglichkeit mit der Buslinie 150 zum Bahnhof Bad Ischl. Zeitersparnis: 1 ¾ Std.

Tipp: Der See kann von Bad Ischl über Pfandl und Ramsau auch mit dem Auto (8 km) erreicht werden.

An der Ischler Ache.

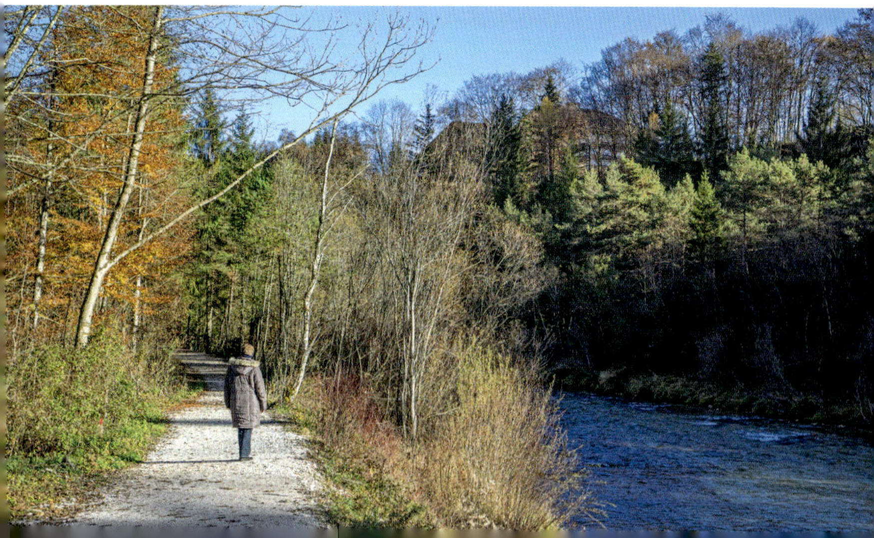

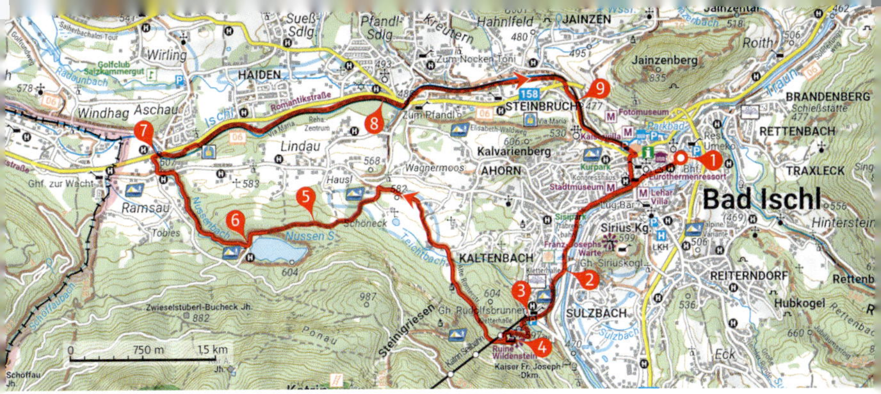

Vom Bahnhof **Bad Ischl ❶** gehen wir zunächst durch die Bahnhofstraße, an Eurothermen-Resort, Postgebäude, Trinkhalle und Pfarrkirche vorbei, danach durch die Pfarrgasse zum Friedrich-Schröpfer-Platz. Unsere nächsten Stationen sind die Sophien-Esplanade, die Hasner Allee und die Franz-Carl-Promenade der Traun entlang zur Verzweigung bei einem Spielplatz. Nun halten wir uns links auf dem Weg Nr. 9, 10 und 11 (»Sarajewo-Allee«) neben der Trabrennbahn, kreuzen eine Autostraße und gelangen zur **Rindenkapelle ❷** (Biotop Kaltenbachteich). Wir folgen dem Fußweg rechts durch Wiesen und Augelände zu den Tourismusschulen Bad Ischl mit Weggabelung. Wir nehmen nun rechts den Fußweg Nr. 11 an den Gebäuden vorbei zum Parkplatz an der **Katrinbahn-Talstation ❸** beim Gasthaus Rudolfsbrunnen im Ortsteil Kaltenbach.

Nun geht es links an der Talstation vorbei, dann die Abfahrtstrasse in einigen Kehren hinauf und oberhalb der Kletterhalle nach rechts empor zu einer Verzweigung. Wir halten uns links entlang der Trasse nach Süden empor und nach links in den Sattel (Tafeln, Bank, Transformator) zwischen Katrinmassiv und Ruinenhügel. Links leitet uns ein Fußweg kurz nach Nordosten empor zur **Ruine Wildenstein ❹**, 597 m. Hier bietet sich ein herrlicher Blick auf Bad Ischl und seine Bergumrahmung!

Zurück in den erwähnten Sattel. Dort folgen wir der Forststraße mit Weg Nr. 11 (»Alte Römerstraße«) unter der Katrinseilbahn hindurch, später wandern wir an den bewaldeten Abhängen des Katergebirges westwarts eben oder leicht bergab in einen Sattel (570 m; Bank, Bildstock; Linksabzweig von Weg Nr. 895 und 897) und weiter in die Wiesenmulde am Teichtbach mit verstreut liegenden Höfen.

Bei einer Verzweigung (Bank) führt links die Naturstraße mit Weg Nr. 11 unter dem Katereck aufwärts (bei der Gabelung links) an den Höhenrücken rechts der Mulde, den wir westwärts überqueren, dann geht es im Wald bergab zur nächsten Gabelung. Dort biegen wir links ab und wandern auf

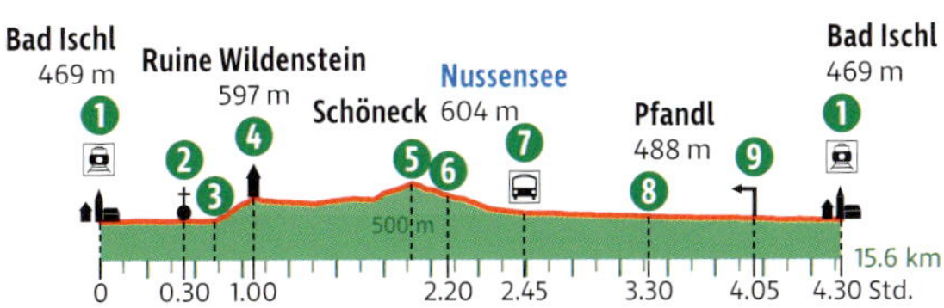

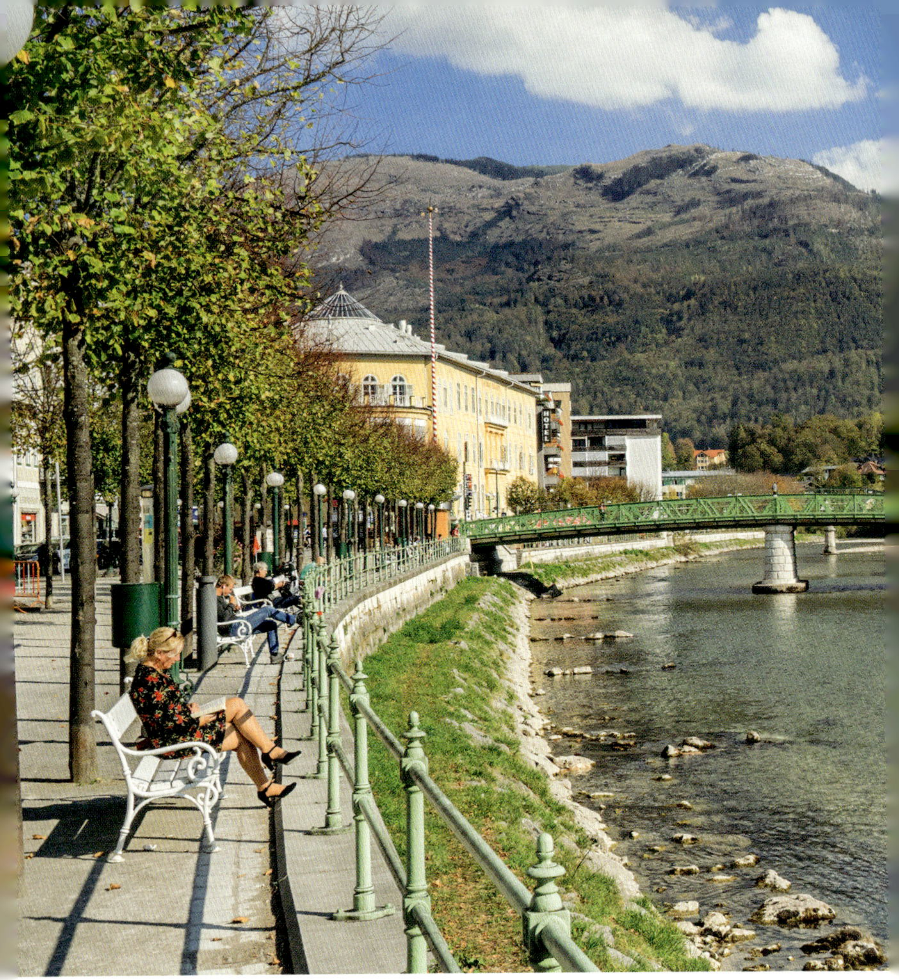

An der Sophien-Esplanade in Bad Ischl.

einem Fahrweg (bei der Verzweigung rechts) wieder hinab in die Teichtbachmulde, danach steigen wir im Wald längere Zeit bergauf zur **Anhöhe Schöneck 5**, 670 m. Jenseits der Anhöhe folgen wir einem Fahrweg durch Wald hinunter zu einem Privathaus am Nordufer des Nussensees (Linksabzweigung des See-Ringwegs). Eine Asphaltstraße bringt uns am bewaldeten Nordufer zum **Seeabfluss 6** (604 m, Brücke). Rechts geht es auf der Forststraße mit Weg Nr. 11 durch den romantischen Nussenbachgraben nach Nordwesten hinunter zu den Häusern von Ramsau. Die querende Lindaustraße leitet uns nach links zu einer Kreuzung und dort die Schneiderwirtstraße nach rechts (Norden) hinab zur B 158. Auf ihr kurz nach rechts zur Bushaltestelle **»Abzweigung Nussensee« 7** beim Schnitzkreuz vor der Brücke über die Ischler Ache.

Jenseits der Brücke folgen wir rechts dem breiten Kiesweg Nr. 11 (»Dammweg«) im Auwald zwischen B 158 und Ischler Ache ostwärts nach **Pfandl 8**,

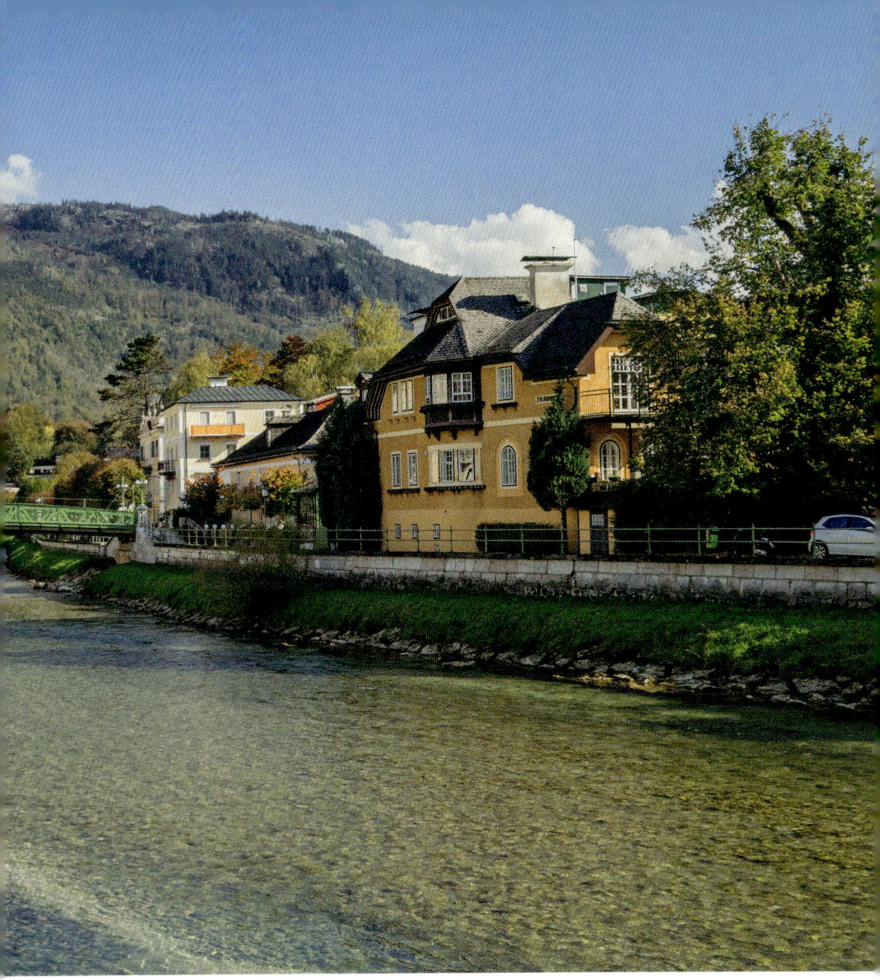

488 m. Nach links überqueren wir die B 158 (Fußgänger-Übergang mit Ampel-Regelung) und gleich nach der Ischlbrücke gehen wir über eine Stiege nach links hinunter zur Ischler Ache. Auf dem »Dammweg« geht es rechts von ihr durch Wiesen ostwärts dem Jainzenberg entgegen, zuletzt kurz nach rechts empor zur B 158, welche wir (links Gehsteig) unter der Umfahrungsstraße unterqueren. Nach 150 m gelangen wir zur **Linksabzweigung** ❾ eines Fuß- und Radwegs. Auf diesem geht es rechts der Ache hinab in das Stadtgebiet von Bad Ischl und dort zu einem Parkplatz, an dem das Achenufer nach rechts verlassen wird. Durch einen Hausdurchgang erreichen wir den Kreuzplatz beim »Ischler Glockenspiel« (ertönt täglich um 10, 11, 16 und 17 Uhr). Über den Platz gehen wir nach rechts in die Wirerstraße und diese führt uns, am Kongresszentrum vorbei, nach links zum Friedrich-Schröpfer-Platz im Stadtzentrum. Weiter auf bekannter Route zum Bahnhof Bad Ischl ❶.

15 Attersee-Westwanderweg

Von Nußdorf nach Unterach

3.30 Std. | 13,0 km | ↗ 360 m | ↘ 380 m

Durch Wiesen und Auen über den Ufern des Voralpensees

Das ist keine Tour am, sondern über dem Wasser. Denn auf der ganzen Länge zwischen Nußdorf und Unterach liegt uns der Attersee zu Füßen, dessen blaugrüne Fluten die Landschaft dominieren. Es ist ein Wandern und Schlendern an allein stehenden Höfen, am seichten Moorgewässer des Egelsees vorbei, bis kurz vor dem Ende die Gaststätte Druckerhof erreicht ist, in grandioser Lage gegenüber den Felsbastionen des Höllengebirges. Am schönsten ist dieser kilometerlange Streifzug freilich im Frühling zur Zeit der Vogelstimmen und Naturlaute, wenn die Wiesen blühen und duften und auf den Bergen langsam der Schnee schwindet.

Ausgangspunkt: Ortszentrum von Nußdorf (500 m; Parkplätze, Bushaltestelle) am Attersee-Westufer.
Zielpunkt: Unterach, 478 m, Ferienort am Westufer des Attersees. Rückfahrt nach Nußdorf mit dem Bus (Mo.–Fr. 4.50–18.30 Uhr ein- bis zweistündlich, Sa. und So. 7.30–17.30 Uhr ein- bis zweistündlich, Sa. und So. 5.29–17.29 Uhr ein- bis dreistündlich) oder per Schiff (Auskunft: Tel. +43/7666/7806, www.atterseeschifffahrt.at).
Anforderungen: Zwar lange, ansonsten aber problemlose Wanderung auf bez. Wegen. Im Hochsommer heiß!
Kinder: Bei gut 12 Kilometer Weglänge werden an Ausdauer und Durchhaltevermögen an die Sprösslinge erhebliche Anforderungen gestellt. Der als Spiel- und Badegewässer hervorragend geeignete Egelsee – einer der wenigen Moorseen des Salzkammerguts – und seiner einmaligen Lage wegen gerühmte Druckerhof sorgen jedoch für Abwechslung und Labung.
Einkehr: Gasthof Druckerhof (653 m, privat, 25 B., von Ostern bis 15. Oktober geöffnet, im Juli und Aug. kein, sonst Di. Ruhetag, Tel. +43/7665/8295, www.druckerhof.com). Mehrere Gastbetriebe in Nußdorf und Unterach.
Variante bzw. Gipfelmöglichkeiten: Lohnend ist die Besteigung des Roßmoos, eine unschwierige dreistündige Tour, auf der die spektakulärsten Ausblicke über die Attersee-Landschaft nicht am Gipfel, sondern bereits unterwegs im Umkreis der einladenden Jausenstation Dachsteinblick geboten werden.
Hinweis: Der Egelsee ist ein Hochmoorgewässer und damit eine echte Rarität im Salzkammergut. Der See ist 105 m lang, 65 m breit und bis zu 7 m tief. An den Ufern dieses Naturparadieses blühen zwölf verschiedene Orchideen-Arten. Das Naturschutzgebiet Egelsee ist ein beliebtes Ausflugsziel der Gäste von Unterach. Vor allem Kinder schätzen das angenehm temperierte Wasser (im Sommer bis 26 Grad!) des Badesees.

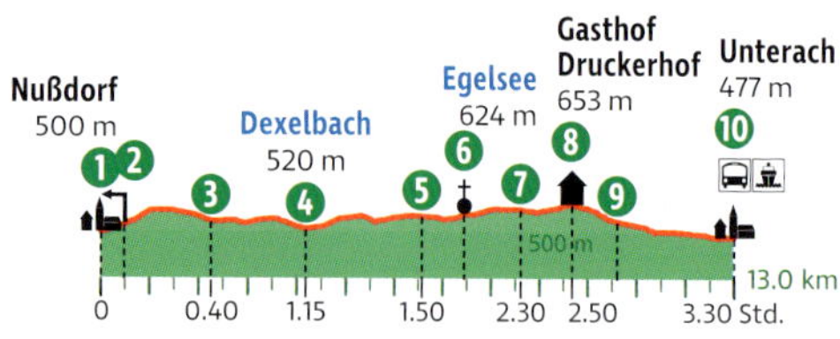

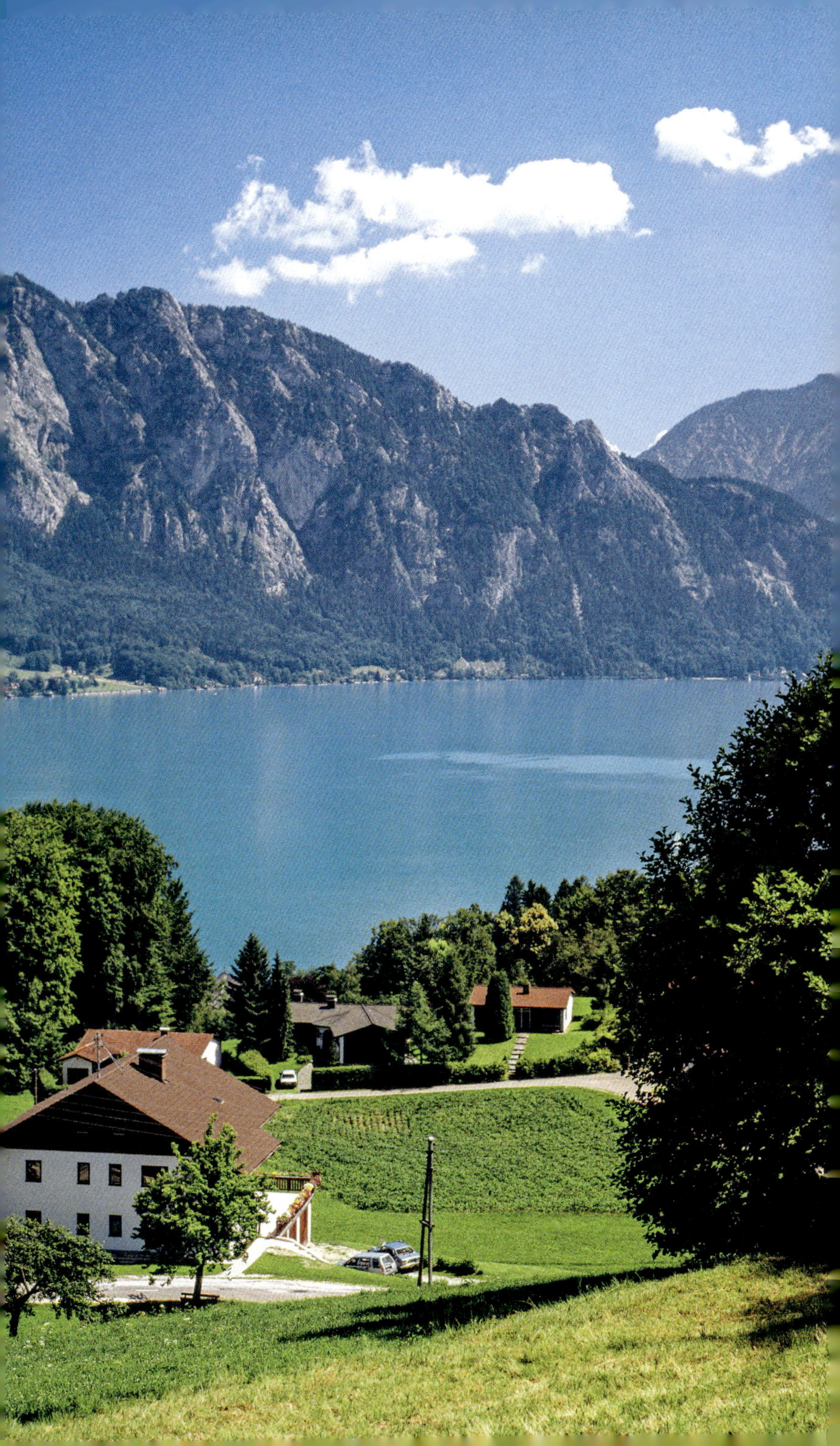

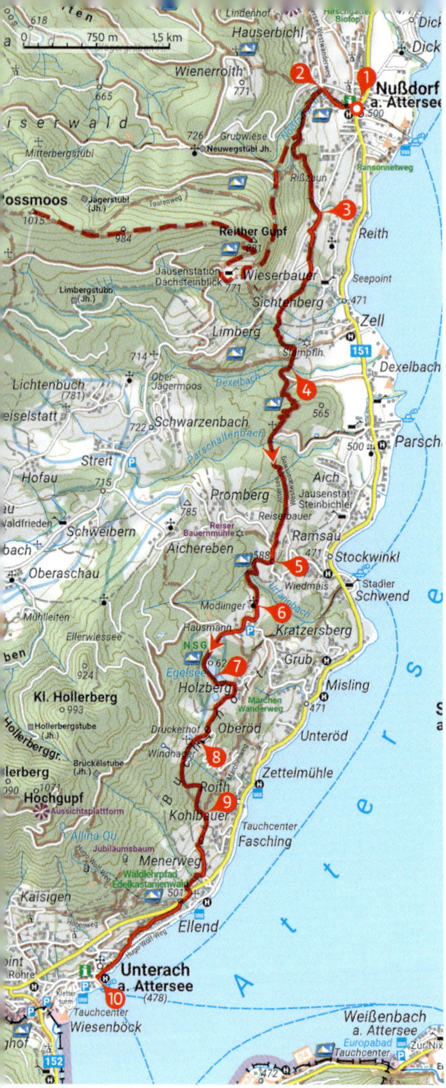

Vom Ortszentrum **Nußdorf** ❶ folgen wir der Straße nach Wienerroith westwärts zur **Linksabzweigung** ❷ des Fußweges zum Gasthof Dachsteinblick. Dieser führt uns durch Wald nach Süden aufwärts zu einer Wegteilung. Wir gehen links an den Waldhängen weiter bergauf, später über Wiesen zur **Straße Nußdorf–Limberg** ❸. Auf ihr halten wir uns rechts und kommen nach 200 m zu einer Verzweigung. Links ab und auf Fußweg weiter, zuletzt hinab zum **Dexelbach** ❹. Wir wandern in Südrichtung zu einer Anhöhe (580 m; Bildstock), danach im Auf und Ab zum wilden Parschallenbach und zu den Wiesen und Höfen von **Promberg** ❺, 588 m. Nun folgen wir der Asphaltstraße 50 m nach links, dann rechts ab und auf dem Fußweg zum Waldrand. Dort geht es südwärts weiter, später, den Graben des Urfangbachs traversierend, zum **Modlingerhof** ❻ (600 m, Kapelle). Eine Asphaltstraße führt uns nach Süden abwärts, dann eine weitere Straße nach rechts (Westen) zum Hof Hausmann und zu einer Wiese. Über diese leitet ein Fußweg nach links zum **Egelsee** ❼, 624 m, einem Moorsee in einem Naturschutzgebiet. Vom Südufer wandern wir ostwärts über einen Wiesensattel zum Hof Holzberg. Nun folgen wir einem Fahrweg nach rechts aufwärts zu einer Teilung. Hier halten wir uns links und gehen weiter zu dem am Ostabhang der Hochplettspitze hoch über dem Attersee gelegenen **Gasthof Druckerhof** ❽, 653 m.

Wir steigen nach Süden hinab in den Wald und gelangen auf einem Fahrweg zu den **Kohlbauer Wiesen** ❾. Diese überqueren wir, gehen anschließend auf einer Asphaltstraße hinab zur Attersee-Westuferstraße. Noch vor der Unterführung rechts ab und südwärts über eine Wiese wieder zur Uferstraße. Dieser folgen wir 150 m nach rechts, dann links auf dem Hugo-Wolf-Weg nach **Unterach** ❿.

Die Rückfahrt nach **Nußdorf** ❶ erfolgt entweder mit dem Bus oder per Schiff.

Bild Seite 65: Am Attersee-Westuferweg. Blick auf Mahdlgupf und Schoberstein.

Gahberg, 864 m

Nord-Süd-Überschreitung mit Schiffsrückfahrt

16

3.30 Std. | 9,6 km | ↗ 410 m | ↘ 410 m

Ein klasse Aussichtsberg über dem Attersee

Aus Sandsteinen (Flysch) geformt, säumen Buchberg und Gahberg die nördlichen Ufer des Attersees. Wer dem Gahberg von Norden, etwa von Kammer-Schörfling, an den Leib rückt, dem entfaltet sich auf dem nach zwei Stunden Gehzeit erreichten Gipfel ein herrliches Panorama, den Tiefblick auf die lang gestreckte Wasserfläche des Attersees mit dem Schafberg und den Höhen des Höllengebirges im Süden. Einkehrmöglichkeit gibt es allerdings erst am Zielort, in Weyregg, von wo uns der Bus oder – schöner – das Schiff nach Kammer-Schörfling zurückbringt.

Ausgangspunkt: Schörfling, 514 m, Erholungsort am Nordende des Attersees. Eigentlicher Startplatz ist dort der Ortsteil Kammer (472 m; Bahn- und Bushalt, Schiffsanlegestelle, Parkplätze) direkt am Attersee-Ufer.
Zielort: Weyregg (482 m; Bushaltestelle, Schiffsanlegestelle), Badeort am Attersee-Ostufer.
Anforderungen: Einfache Wanderung auf Straßen und markierten Fußwegen.
Kinder: Unsere Wanderung über den blauen Fluten des Attersees ist mangels Einkehrmöglichkeit und »Wasserferne« kein wirklich auf Kinderwünsche zugeschnittenes Unternehmen. Doch am Zielort Weyregg besteht die Möglichkeit, den bis dorthin vermissten Badespaß im hübschen Strandbad ausgiebig nachzuholen.
Einkehr: Gastbetriebe in Kammer-Schörfling und Weyregg. Unterwegs keine Einkehr.
Hinweis: Am Gahberg empfiehlt sich der Besuch der Gahberg-Sternwarte (Veranstaltungen bzw. Öffnungszeiten Tel. +43/7662/8297) und der ganzjährig geöffneten Gahberg-Kapelle.

Gahberg-Sternwarte.

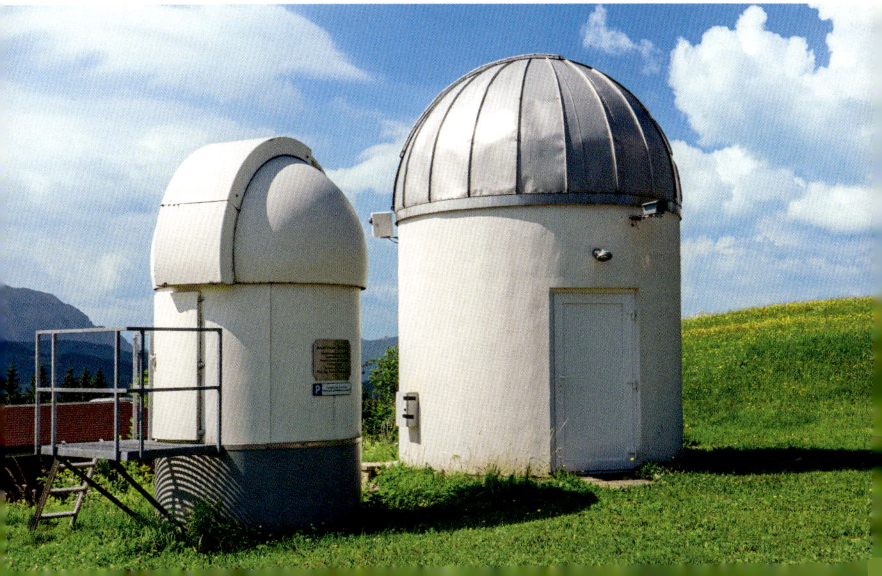

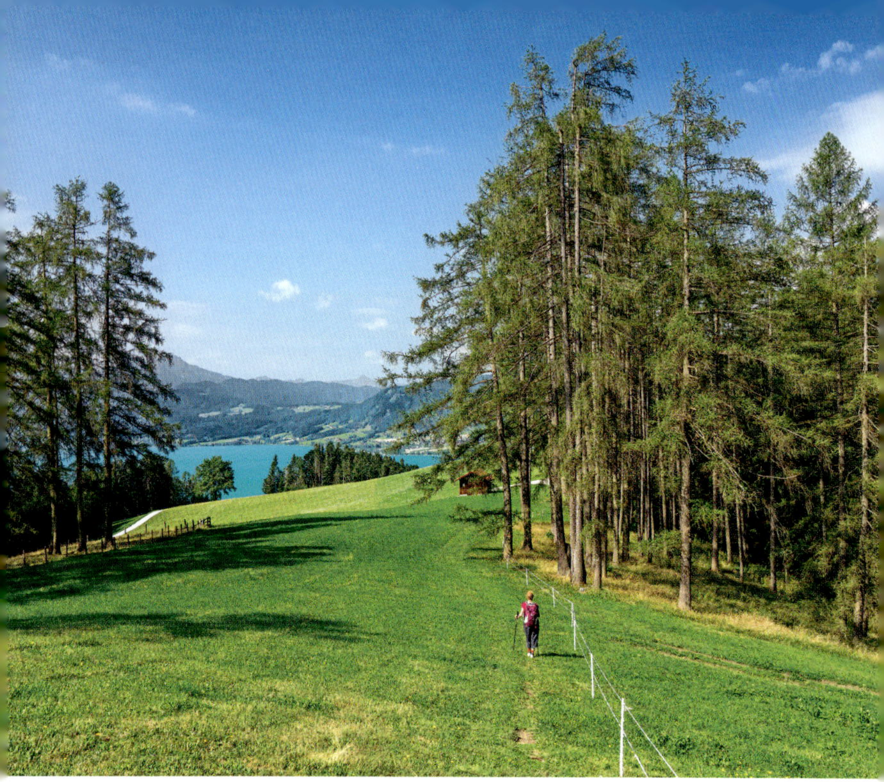

Unterwegs am oberen Südwestrücken des Gahbergs.

Von **Kammer-Schörfling ❶** folgen wir der Attersee-Ostuferstraße (B 152) südwärts zur Weyregger Straße. Auf ihr 200 m nach Osten zur Hausjell-Allee. Diese führt uns über Wiesen eben nach rechts (Süden) zur Umfahrungsstraße und weiter zur **»Waldvilla« ❷** am Nordfuß des Häfelbergs.

Auf dem querenden »Höhenweg« geht es nach rechts in die bewaldete Westseite des Berges und dort zur **Linksabzweigung ❸** des gelb bezeichneten Weges Nr. 1. Auf ihm steigen wir nach Südosten empor zum Gipfel des **Häfelbergs ❹**, 715 m. Der Weg Nr. 1 und 2 leitet uns am Waldrücken im Auf und Ab nach Süden in den Sattel, 709 m, vor dem Gahberg. Anschließend wandern wir gegen ihn hinauf, später nach links empor zu den Häusern von **Hintergahberg ❺**, 857 m, am Gahberg-Höhenrücken.

Nun biegen wir rechts (!) ab und folgen dem Fahrweg Nr. 5 durch Wiesen

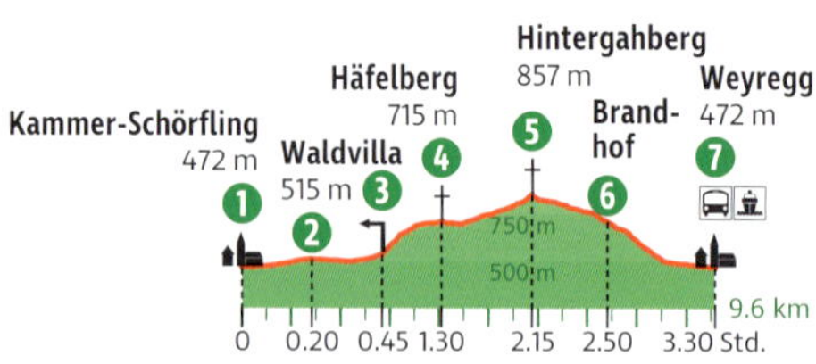

in einer langen Geraden, unterqueren den Gahberg-Gipfel (864 m) und erreichen den grasigen Südwestrücken des Berges. Über diesen wandern wir aussichtsreich (Prachtblick über den Attersee hinweg nach Süden auf Schafberg und Höllengebirge!) abwärts, später leitet uns ein Güterweg (betonierte Fahrspuren) im Linksbogen hinab zur Schulter beim **Brandhof** ❻, 715 m.

Auf dem »Brandsteig« (Weg Nr. 5) wandern wir vorerst noch über Wiesen, dann über den steilen bewaldeten Bergrücken teils in Kehren hinab zu den Weyregger Wiesen und dort zum querenden »Güterweg Plötzinger«. Auf diesem halten wir uns rechts und steigen hinab zur Attersee-Ostuferstraße (B152). Diese führt uns nach links in das Ortszentrum von **Weyregg** ❼, 482 m.

Die Rückfahrt nach **Kammer-Schörfling** ❶ erfolgt entweder per Bus, Linie 562 (wochentags zwischen 6.00 und 18.44 Uhr nahezu stündlich, Sa., So. und an Feiertagen reduzierter Betrieb) oder mit dem Schiff (vom 1./5. Juli bis zum 10./15. Sept. bei Schönwetter mehrmals täglich; Info: Tel. + 43/7666/7806, www.atterseeschifffahrt.at).

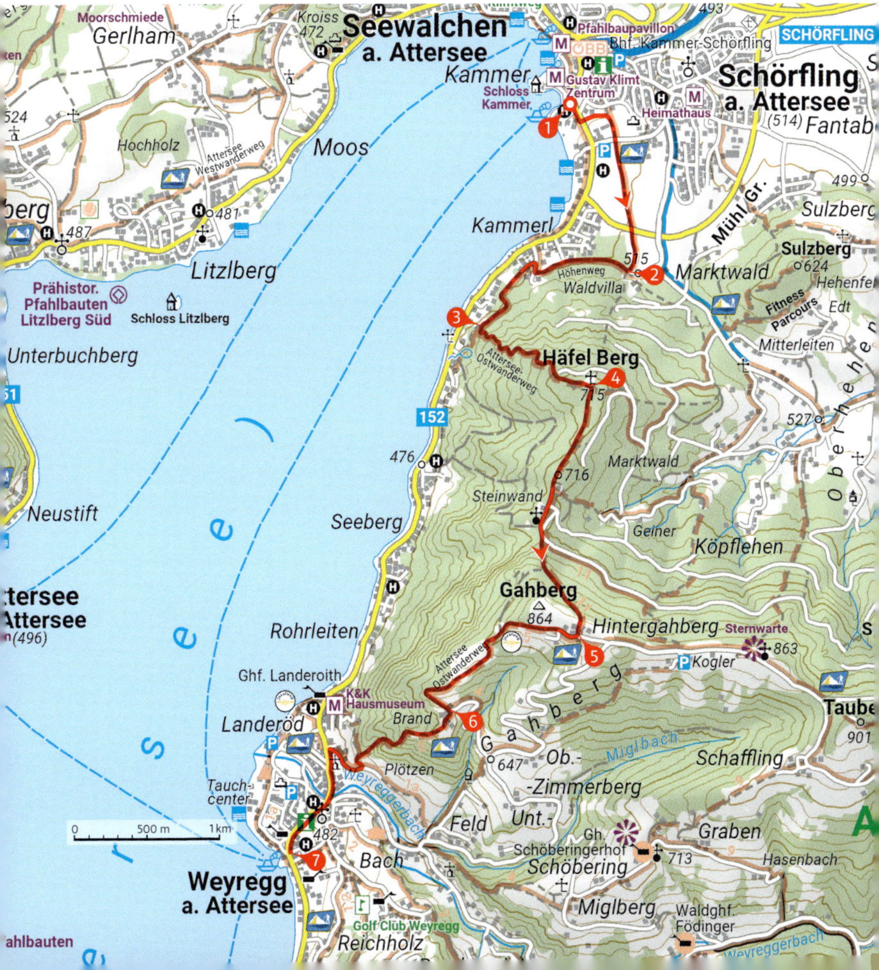

17 Weyregger »Wasserroas«

Im Uhrzeigersinn um den Wachtberg

2.30 Std. | 8,7 km | ↗ 260 m | ↘ 260 m

Der Höhepunkt kommt ganz zuletzt ...

Von Weyregg im Uhrzeigersinn um den Wachtberg unterwegs, entfernt man sich zunächst vom Attersee-Ufer, durchwandert den waldreichen Mühlbachgraben und erreicht über einen Sattel den gepflegten Gasthof Bramosen, wo man mit diversen heimischen Leckereien verwöhnt wird. Danach folgt als Höhepunkt die eigentliche »Wasserroas«, der als Naturlehrpfad ausgeschriebene, mit zahlreichen Schautafeln versehene Dr. Gleißner-Weg, benannt nach einem ehemaligen Landeshauptmann von Oberösterreich. Er leitet wunderbar aussichtsreich nahe dem Attersee-Ufer wieder zurück zum Ausgangspunkt.

Ausgangspunkt: Das Ortszentrum von Weyregg (482 m; Parkplatz beim Feuerwehrhaus, Bushalt), Sommerfrische und Badeort am Attersee-Ostufer.
Anforderungen: Einfache Rundwanderung auf bezeichneten Wegen.
Kinder: Bringt der Hinweg, die Gehstrecke von Weyregg nach Alexenau für Kinder noch nicht das große Erlebnis, so entschädigt der Rückweg entlang des Attersee-Ufers, an zahlreichen Info-Tafeln und einem Alpaka-Gehege vorbei. Und natürlich ist am entferntesten Punkt, im Gasthof Bramosen, eine Einkehr fällig, sofern man es an heißen Tagen nicht vorzieht, einige Wonnestunden im kleinen, aber schönen Naturbad Alexenau zu verbringen.
Einkehr: Gasthof-Hotel Bramosen (66 B.; Jan. und Febr. geschlossen, März, April, Okt. und Nov. meist an Wochenenden, sonst durchgehend geöffnet; Tel. +43/7664/2291, www.hotel-bramosen.at) in Alexenau.
Gipfelmöglichkeit: Von Weyregg kann der Wachtberg (823 m; durch Wald beeinträchtigte Rundsicht) auf Straße und bezeichnetem Fußweg bestiegen werden; gesamter Zeitaufwand (hin und retour) 1.30 Std.
Hinweis: Wer auf die Begehung des Dr.-Gleißner-Wegs verzichten will, kann von Alexenau auch mit dem Linienschiff (Rundkurs Süd, von 1. Mai bis 30. Sept. mehrmals täglich) nach Weyregg zurückfahren.

Am Gahberg, Blick nach Süden auf Wachtberg, Attersee und Schafberg.

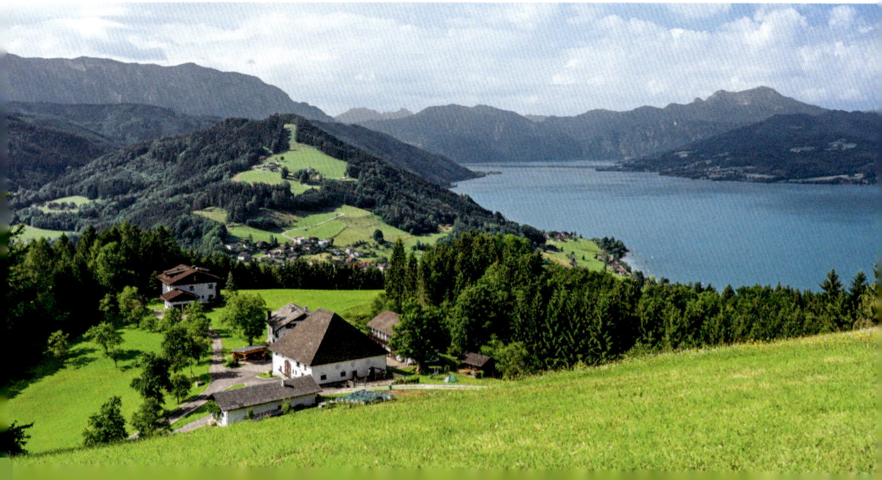

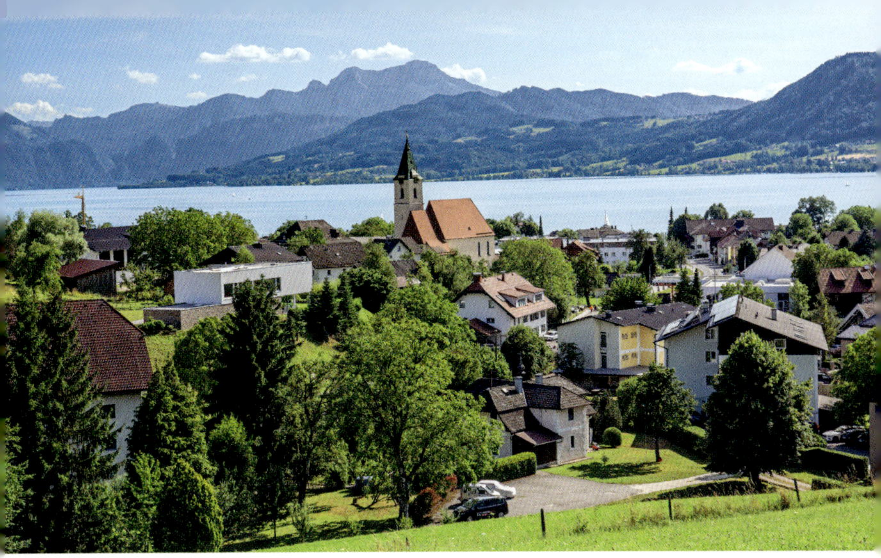

Weyregg am Attersee mit dem Schafberg.

Im Ortszentrum **Weyregg ❶** leitet uns die Wachtbergstraße in Südostrichtung aus dem Ort. Wir wandern über Wiesen in Windungen gegen den Wachtberg hinauf zu den Häusern von **Reichholz ❷**, 550 m. Vor dem Haus Hubertus biegen wir links ab und folgen dem Fahrweg (»Auweg«) durch die bewaldete Ostflanke des Berges zu den Wiesen von Bruckbach mit querender Asphaltstraße. Auf ihr, an Häusern vorbei, geht es nun in Kehren nach Süden aufwärts in den Miesenbachgraben und dort die Tiefgrub-Forststraße in Südrichtung weiter zum **Waldsattel ❸**, 677 m, zwischen Wachtberg rechts und Gupf links. Bald danach führt unser Weg von der Straße rechts ab und auf einem Karrenweg an der rechten Seite des bewaldeten Alexenauer Grabens westwärts hinunter zu den Häusern von **Alexenau ❹**, 490 m, mit dem Gasthof-Hotel Bramosen.
Nun nimmt uns ein Fahrweg auf (»Dr.-Gleißner-Weg«) und wir wandern über den Ufern des Attersees, am Westabhang des Wachtberges entlang, durch Wälder und über Wiesen nach Norden, später auf asphaltiertem Sträßchen, an einem Alpaka-Gehege vorbei, durch Obstgärten, Wiesen und Felder nach **Weyregg ❶**.

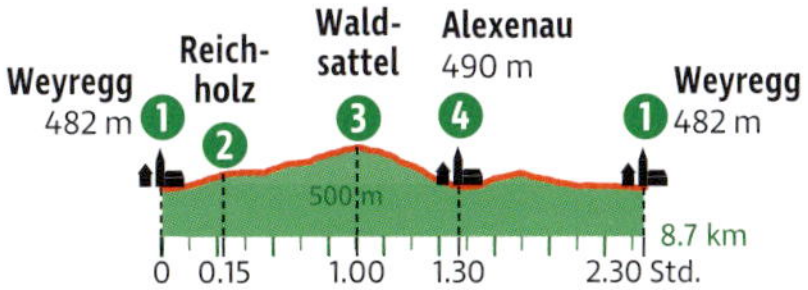

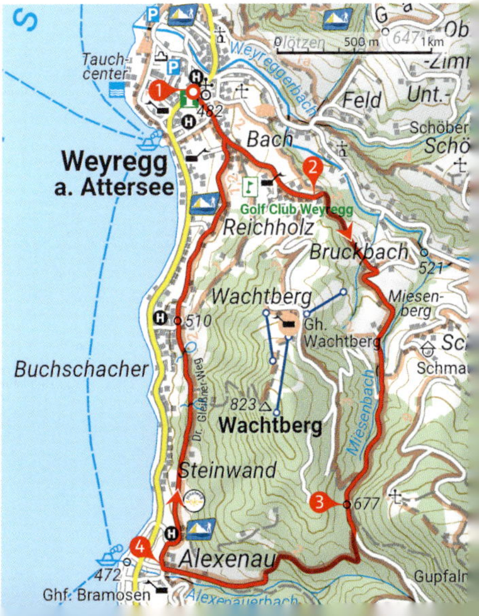

18 Nikoloweg

Von Steinbach nach Weißenbach

2.00 Std. | 5,3 km | ↗ 120 m | ↘ 120 m

Eine Genusswanderung ohne große Höhenunterschiede

Im Gegensatz zu seinem westlichen Gegenüber führt der Attersee-Ostuferweg ein regelrechtes Aschenbrödeldasein. Wohl aber sind einzelne Abschnitte wie etwa die Weyregger Wasserroas (Tour 17) oder der Nikoloweg feste Begriffe im Wander-Repertoire der Urlauber. Fünf Kilometer lang und ohne größere Höhenunterschiede leitet der Nikoloweg an den Abhängen des Höllengebirges von Steinbach nach Weißenbach, meist durch dichte Wälder, zwischendurch aber auch mit Ausblicken auf See und Berge ringsum. Erst im Südteil, im steilen Schutzwald unter den Wänden von Mahdlgupf und Schoberstein, wird das Szenario ernster, bedrohlicher, bis über steile Felstreppen schließlich unser Zielort am Attersee-Südende erreicht ist. Seinen Namen hat der Weg übrigens von der Weißenbacher St.-Nikolaus-Kapelle, die, erstmals 1341 erwähnt und vermutlich im 15. Jh. durch einen Bergsturz zerstört, 1954 wiedererrichtet und 1956 eingeweiht wurde.

Ausgangspunkt: Steinbach am Attersee. Schiffsstation und Haltestelle ÖBB-Bus 562 »Steinbach am Attersee Nord« 480 m, an der B 152, 15 km von Schörfling, 9 km von Weyregg, 4 km von Weißenbach.

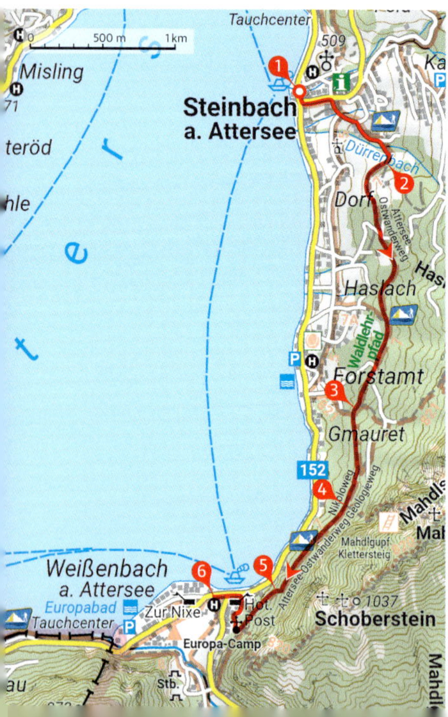

Endpunkt: Weißenbach am Attersee, 479 m.

Anforderungen: Unschwierige Wanderung im felsig-bewaldeten Gelände auf bezeichneten Wegen. Trittsicherheit nötig!

Kinder: Der nördliche Nikoloweg führt durch dichte Wälder, ist also auch mit Kindern unproblematisch. Der südliche Wegabschnitt führt durch bewaldetes Bergsturzgelände. Dabei ist an einigen exponierten Stellen mit Kindern Vorsicht geboten!

Einkehr: Unterwegs besteht keine Einkehrmöglichkeit. Gastbetriebe gibt es in Steinbach und Weißenbach, dort werden im Sommer in der Bar »Bierkrügerl« Steckerlfische angeboten.

Bademöglichkeit: Der Nikoloweg verläuft in einiger Entfernung zum Attersee, sodass eine Badegelegenheit nur in Steinbach oder in Weißenbach, also am Anfang und am Ende der Tour geboten wird.

Hinweis: Im südlichen Wegabschnitt, im Bergsturzgelände unterm Mahdlgupf und Schoberstein, besteht trotz des Schutzwalds Steinschlaggefahr.

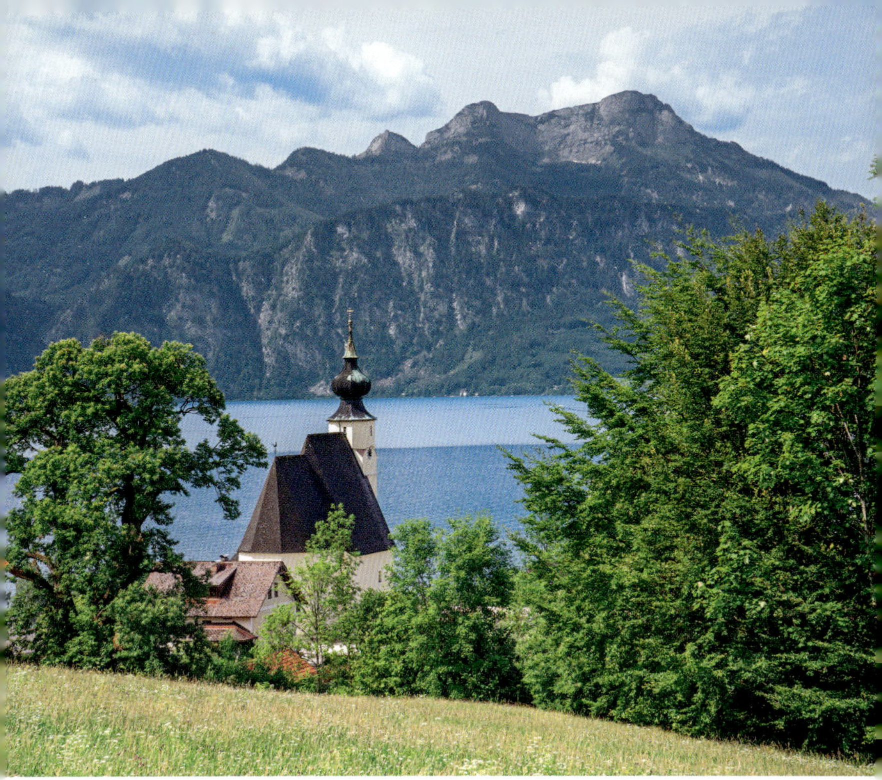

Die Kirche von Steinbach am Attersee mit dem Schafberg.

Von der **Schiffsstation Steinbach** ❶ führt uns die Uferstraße (B 152) 30 m nach Süden zur Linksabzweigung der Straße nach Altmünster. Diese gehen wir 200 m aufwärts, dann biegen wir rechts ab und folgen den Ortsstraßen – bei der ersten Verzweigung links, bei der nächsten rechts – in Südostrichtung aufwärts zu den letzten Häusern und zu einer Straßengabelung. Geradeaus leitet uns die Forststraße (Weg Nr. 7) südostwärts durch ein Waldstück empor zu einer Wiese und zur **Verzweigung** ❷ am jenseitigen Waldrand. Wir gehen rechts von der Straße ab und auf dem rot markierten Fußweg Nr. 7 (Lehrpfad), südwärts an den Waldhängen entlang, vorerst abwärts, dann eben, zuletzt in Kehren steil hinauf zu einer Forststraße, die traversiert wird. Auf dem Fußweg wandern wir durch den Wald in Südrichtung auf und ab zu einer Verzweigung (rechts nach Haslach). Wir folgen dem Weg geradeaus fort, später über einen Bach (Holzbrücke) und, eine Forststraße kreuzend, zum **Querweg Nr. 821** (»Brennerriesensteig«) ❸ Auf Weg Nr. 7 gehen wir geradeaus durch eine Bergsturzzone (Schutzwald) aufwärts, dann eben und abwärts zur **Linksabzweigung des Mahdlgupf-Klettersteigs** ❹.
Nun geht es südwestwärts auf und ab weiter, später etwas ausgesetzt

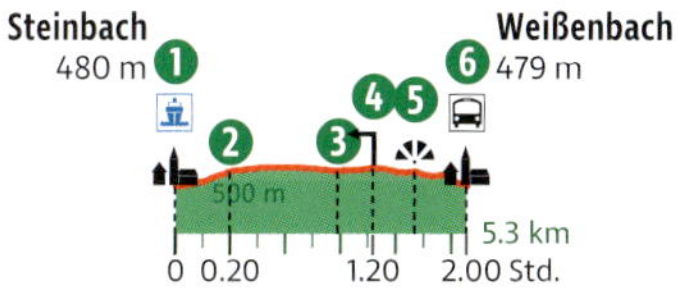

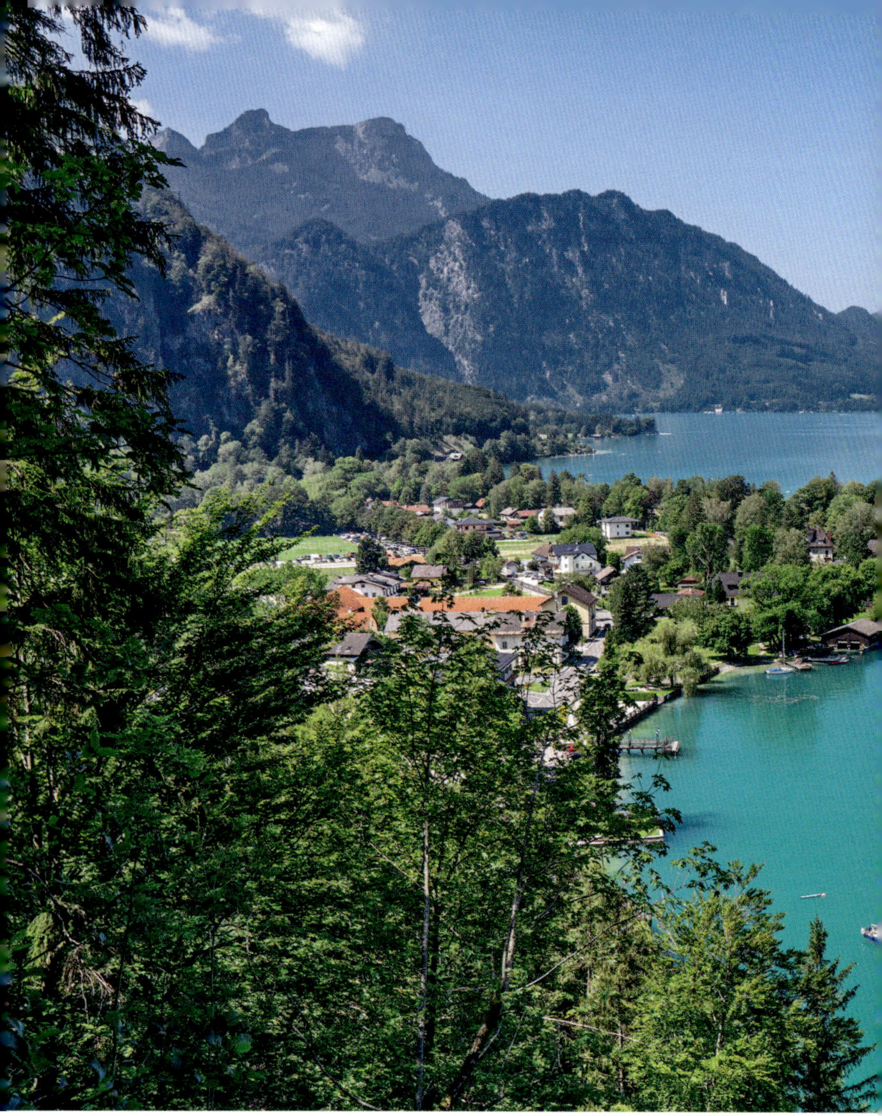

Der Ort Weißenbach am Südende des Attersees. Links darüber der Schafberg.

durch steiles, felsig-bewaldetes Gelände (Geländerseil) zu einem **Aussichtspunkt 5** (Tisch und Bänke; toller Tiefblick zum See, zur Ostuferstraße und auf Weißenbach, dahinter Schafberg, Drachenwand und Hochplettspitze).

Auf einem gut abgesicherten Steig (Geländerseil, Eisenstiege) steigen wir durch eine Felsflanke steil nach Südwesten hinunter zu einer Verzweigung (rechts geht es hinab zur B 152 und zu einem Badeplatz), an der wir geradeaus weitergehen zum Querweg Nr. 820. Auf ihm halten wir uns links und gelangen nach 150 m zu einer Weggabelung (links auf den Schoberstein). Hier zweigt unser Weg

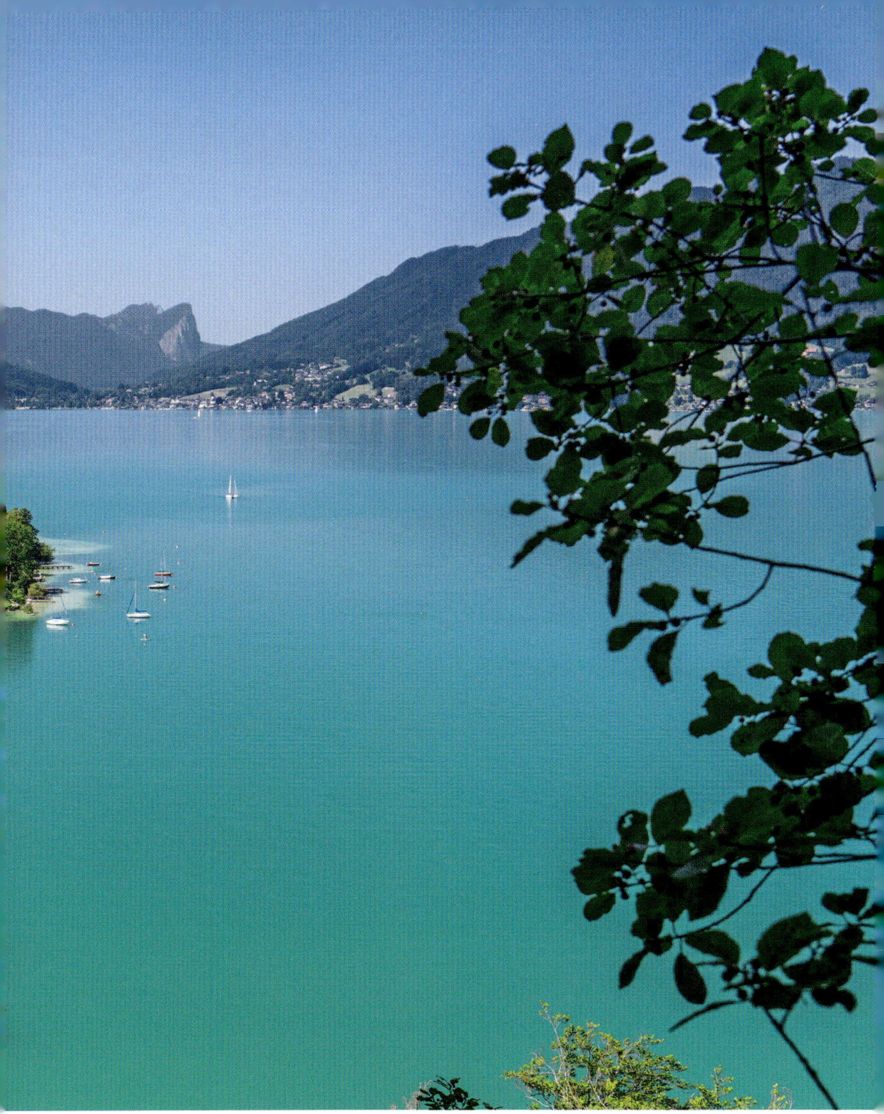

nach rechts zur St.-Nikolaus-Kapelle, die leider versperrt ist. Nun folgen wir einem Kiesweg nordwärts, an einem Privathaus vorbei, überqueren eine ebene Wiese zum Naturkraftplatz Rotbuche, um dann über eine Betonstiege zur Attersee-Ostuferstraße (B 152) in Weißenbach, 479 m, hinabzusteigen. Auf ihr halten wir uns links, am Hotel Post vorbei, zur Linksabzweigung der B 153 durch das Weißenbachtal und gehen geradeaus weiter zur Bushaltestelle **Weißenbach ❻**.

Rückfahrt mit dem ÖBB-Bus 562 (mehrmals täglich, reduzierter Verkehr an Wochenenden) nach **Steinbach ❶**.

19 Nixenfall

Publikumsmagnet bei Weißenbach am Attersee

1.15 Std. | 4,0 km | ↗100 m | ↘100 m

Lohnender Halbtagesausflug für die ganze Familie

An den Ufern des südlichen Attersees auf Urlaub, kommt man an einem Besuch des Nixenfalls nicht vorbei. In Kinderbegleitung, bei weniger gutem Wetter oder noch mangelndem Training ist er das ideale Wanderziel so zwischendurch. Nach längerer Waldwanderung und abschließendem Kurzanstieg steht man überrascht vor der Riesenkaskade des 80 Meter hohen Wasserfalls, der sich am eindrucksvollsten zur Zeit der Schneeschmelze im Frühling und Frühsommer präsentiert. Der Zustieg ist in seiner ganzen Länge gut ausgeschildert und bis auf den letzten Abschnitt auch zum Befahren mit dem Kinderwagen geeignet.

Ausgangspunkt: Weißenbach (470 m; Bushaltestelle) am Attersee-Südufer, an der Mündung des Weißenbachtales in das Attersee-Becken. Eigentlicher Startplatz dort ist der Parkplatz »Waldsiedlung«, 478 m, im südlichen Ortsbereich.

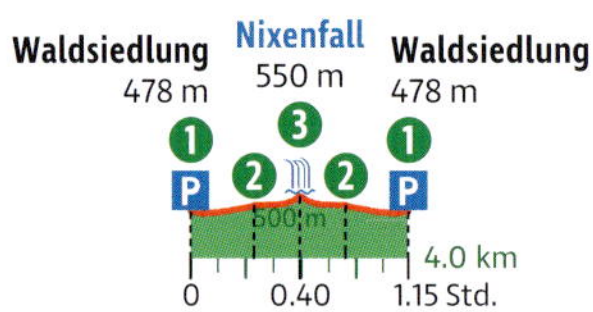

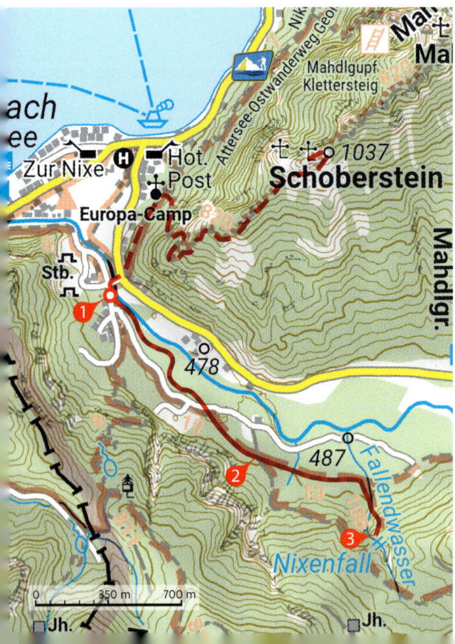

Anforderungen: Einfache Wanderung. Ausgenommen des kurzen Schlussanstiegs meist bequeme gut ausgeschilderte Promenadenwege. Bei fast jedem Wetter möglich. An schönen Hochsommertagen teils extrem starker Andrang!

Kinder: Idealer Kurzausflug mit Kindern, auch als angenehme Auflockerung eines Badetages gedacht.

Einkehr: Mehrere Gastbetriebe in Weißenbach. Unterwegs keine Einkehr!

Kinderwagen: Die Strecke von Weißenbach kann mit Ausnahme des abschließenden kurzen Schlussanstiegs auch mit dem Kinderwagen befahren werden.

Gipfelmöglichkeiten: Ab Weißenbach lohnt die Besteigung des Großen Schoberstein mit imponierendem Tiefblick auf Attersee und Mondsee wie aus einem Flugzeug. Unschwierige Wanderung auf markiertem Fußweg, jedoch Trittsicherheit und Schwindelfreiheit nötig. Gesamter Zeitaufwand: 2 ½ Std.

Vom **Parkplatz »Waldsiedlung« ①** folgen wir dem breiten Themenweg Nr. 10/10b (»Abenteuer-Wanderweg«/ »Generationenweg Nixenfall«) rechts neben dem Äußeren Weißen-

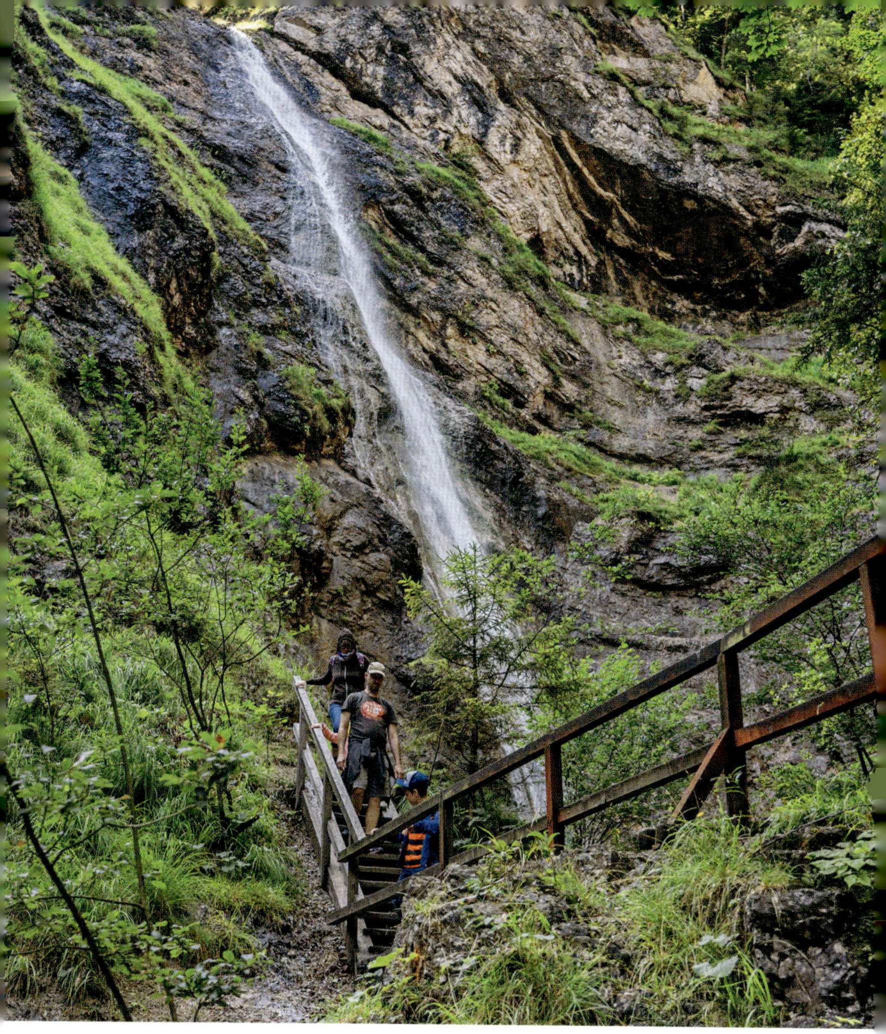

Am Nixenfall.

bach durch flaches Waldgelände eben nach Südosten zu einer Gabelung. Nun halten wir uns geradeaus und gehen an der Rechtsabzweigung des **Eibenberg-Rundweges ❷** Nr. 10 vorbei, später stößt unser Weg leicht fallend zu einer Forststraße. Auf ihr geht es gerade fort, bis wir zu einer Rechtsabzweigung Richtung Nixenfall (Tafeln) kommen. Durch ein stilisiertes hölzernes Eingangstor gelangen wir in die enge Felsschlucht und halten uns dort rechts neben dem Bach, um nach Süden hinaufzusteigen. Später erreichen wir über eine Stiege einen Felskessel zu Füßen des 80 Meter hohen **Nixenfalls ❸**, 550 m, der hier in einen klaren Tümpel stürzt. Schließlich überqueren wir eine Brücke und gelangen empor zu einem Aussichtspunkt (Tisch, Bänke). Auf dem Zugangsweg kehren wir zurück zum **Parkplatz »Waldsiedlung« ❶** in Weißenbach.

20 Gimbach-Kaskaden

Ein Naturjuwel im Weißenbachtal

0.45 Std. | 3,1 km | ↗70 m | ↘70 m

Lohnender Kurzausflug für Schnellentschlossene

Vormals gehüteter Insidertipp, im Herbst 2021 schon Kandidat zur ORF-Fernsehsendung »9 Plätze – 9 Schätze«, gehören die Gimbach-Kaskaden im Weißénbachtal zu den Highlights des Gebiets, eine Art »Austrian Canada« im Salzkammergut. Die je nach den vorangegangenen Niederschlägen gelbliche oder grünliche Färbung der zahllosen Tümpel, Gumpen und Wasserfälle wurden schon von Fotografen, Alternativ-Wanderern (»Wandern mit Taucherbrille«) und Canyoningfahrern entdeckt – ein abgeschiedenes Juwel in unmittelbarer Nähe der viel befahrenen Weißenbachstraße zwischen Attersee und Trauntal. Dass es, um das Kaskaden-Spektakel kennenzulernen, nicht einmal einer Anstrengung bedarf, dass sich all die Schönheit im Zuge eines anspruchslosen Spaziergangs – mit 45 Minuten Gehzeit ist diese Tour das kürzeste Unternehmen des Buchs – erschließt, sollte nicht unerwähnt bleiben.

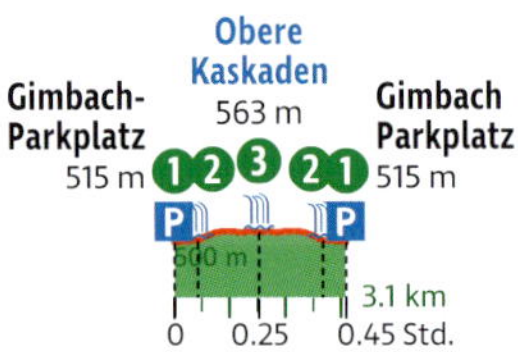

Ausgangspunkt: Gimbach-Parkplatz, 515 m, an der B153 durch das Weißenbachtal, knapp östlich der Straßenbrücke über den Gimbach, 4½ km von Weißenbach, 14 km von Bad Ischl. Bushalt »Weißenbach-Jagdhaus Aufzug« der Linie 548 an der B153 500 m weiter östlich.

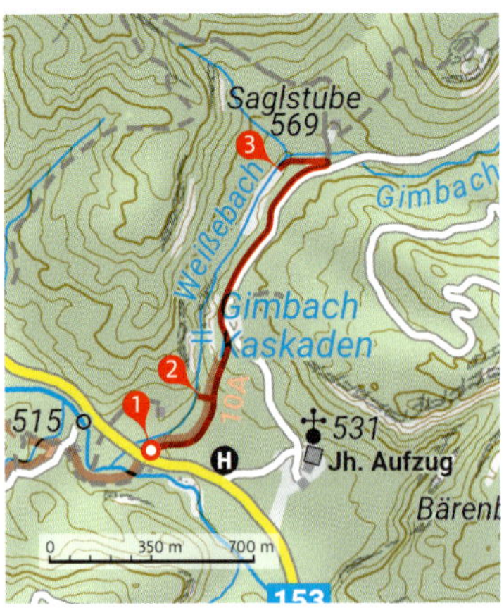

Anforderungen: Ganz kurze, unschwierige Wanderung auf unbezeichneten Fahr- und Fußwegen.

Kinder: Trotz fehlender Einkehrmöglichkeit ist diese Tour an heißen Sommertagen ideal für Kinder, weil hier weniger die sportliche Leistung als Naturschönheiten und Badegenuss im Vordergrund stehen.

Einkehr: In Weißenbach mehrere Gastbetriebe, unterwegs keine Einkehr.

Bademöglichkeit: Unter Aufsicht der Eltern besteht im reinen glasklaren Wasser des Gimbachs mit zahlreichen Tümpeln und Gumpen für Sprösslinge jeden Alters ideale Bademöglichkeit.

Kinderwagen: Entlang der vorhandenen Forststraße (zweigt nahe der Bushaltestelle »Weißenbach-Jagdhaus Aufzug« von der B153 ab) kann bis zu den oberen Gimbach-Kaskaden (Brücke) problemlos mit dem Kinderwagen gefahren werden. Das Bachufer der unteren Kaskaden ist allerdings mit dem Wagen nicht direkt zu erreichen.

Hinweis: Für Fotografen und Wassersportler lohnt ein Besuch der Gimbach-Kaskaden zur Zeit der höchsten Wasserstände (Frühling und Frühsommer).

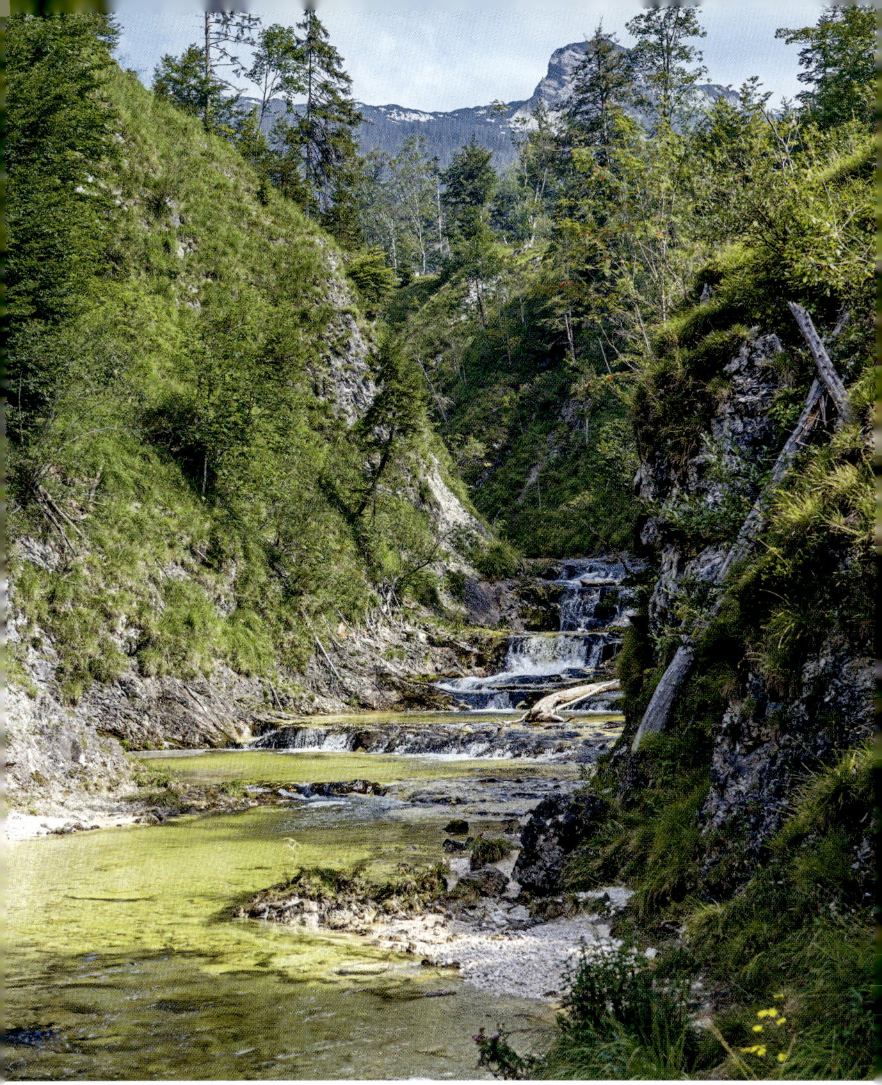

Die unteren Gimbach-Kaskaden.

Vom **Gimbach-Parkplatz ①** staren wir auf dem gewundenen Fußweg (keine Markierung, keine Wegweiser) rechts vom Gimbach durch Buschwerk und Wald sanft nach Nordosten aufwärts. Später wandern wir oberhalb des jetzt in einer Klamm fließenden Bachs,. An der Linksabzweigung mehrerer Stichwege steigen wir hinab zu den **unteren Kaskaden ②** des Bachs (schöne Fotomotive!). Nun geht es steil nach Norden empor zu einer Forststraße. Auf ihr gelangen wir bei sanfter Steigung in Nordostrichtung weiter zur Gimbach-Brücke nach der Jagdhütte Saglstube und dort flussabwärts nach links zu den weniger eindrucksvollen **oberen Gimbach-Kaskaden ③**. Abstieg entlang der Anstiegsroute.

21 Vom Attersee zum Schwarzensee
Der Nordzugang durch die Burggrabenklamm

3.30 Std. | 12,7 km | ↗ 420 m | ↘ 420 m

Eine Wanderung aus dem Dunkel zum Licht ...
Der zwischen Schafberg und Leonsberg (Zimitz) gelegene Schwarzensee kann sowohl aus dem Wolfgangsee-Gebiet (Tour 11) als auch von Norden, vom Attersee her, auf schönen Wanderwegen erreicht werden. Im Falle des Nordzugangs kapitulieren manche und geben sich mit dem Besuch der wildromantischen Burggrabenklamm zufrieden. Doch zum Erlebnis wird das Unternehmen erst, wenn man die Wanderung über den Wiesensattel »Im Moos« zum Schwarzensee fortsetzt, wo neben einem Badestrand auch zwei urige Gastbetriebe zu Einkehr und Rast einladen.

In der Burggrabenklamm.

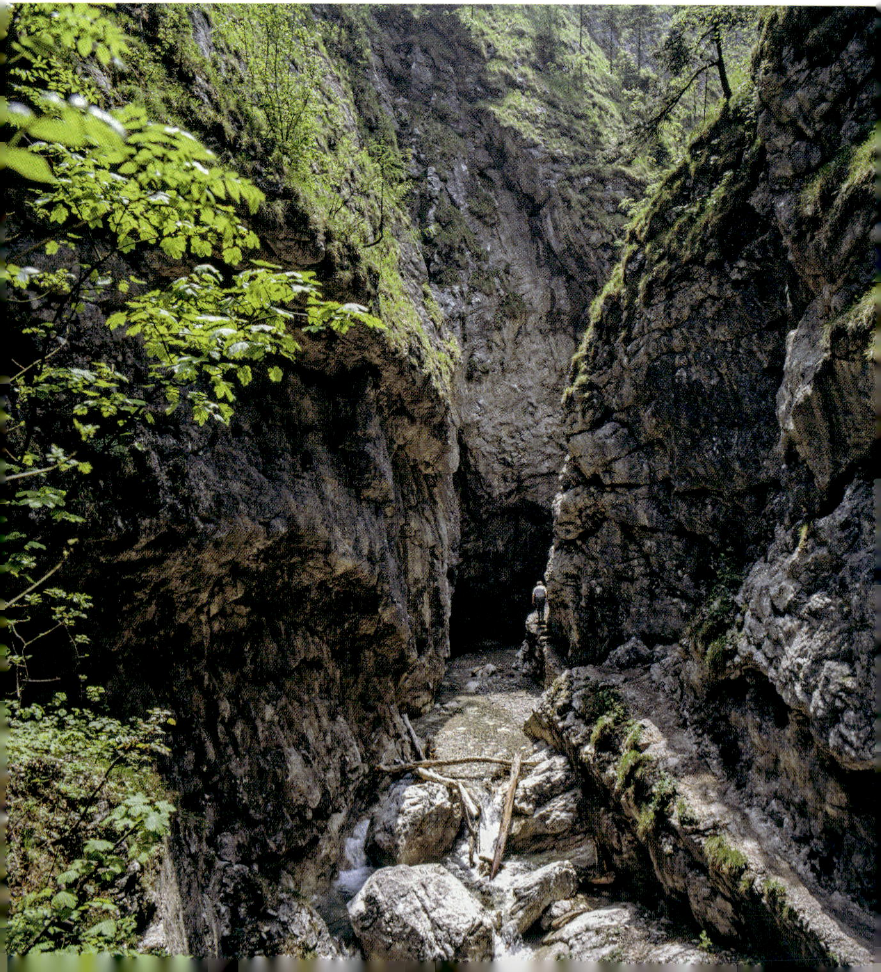

Ausgangspunkt: Parkplatz Burgbachau, 479 m, knapp westlich des ehem. Gasthauses Jagahäusl (Bushalt Linie 548) an der Attersee-Süduferstraße, 2,5 km von Unterach.
Anforderungen: Unschwierige Wanderung. Im Bereich der Burggrabenklamm (Absturzgefahr!) sind Trittsicherheit und Schwindelfreiheit nötig.
Kinder: Abwechslungsreichtum, das Vorhandensein zweier Gastbetriebe am entferntesten Punkt und ein einladender Badestrand am Südufer des Schwarzensees machen die Tour für gehfreudige Kinder interessant. Vorsicht ist im Bereich der Burggrabenklamm (Absturzgefahr!) geboten.
Einkehr: Jausenstation Gschwandtnerhütte (15. Mai–31. Okt. ab 12 Uhr, Fr. Ruhetag), Wirtshaus »Zur Lore« (1. April–26. Okt. täglich geöffnet, kein Ruhetag, Tel. +43/664/8762515, www.schwarzensee.at), Almstadl Schwarzensee (vom 1. Mai bis 1. Nov. geöffnet; Tel.+43/664/4279491, www.almstadl-schwarzensee.at), alle keine Nächtigung.
Mountainbike: Vom Attersee zum Schwarzensee kann auf etwas anderer Route (Forststraßen Burgbachau – Lasseralmbach – Aubergsattel – Im Moos – Schwarzensee) auch mit Mountainbikes gefahren werden.
Bademöglichkeit: Die auffallend dunkle Färbung des Schwarzensees ist auf den hohen Mangan-Gehalt in tieferen Schichten zurückzuführen. Da er als Jahresspeicherkraftwerk genutzt wird, schwankt sein Wasserspiegel, weshalb er als Badesee trotz hervorragender Wasserqualität weniger beliebt ist. Empfehlenswertes Freibad (Kiesstrand) am südlichen Westufer in unmittelbarer Nähe der beiden Gastbetriebe »Alm-Stadl« und »Zur Lore«.

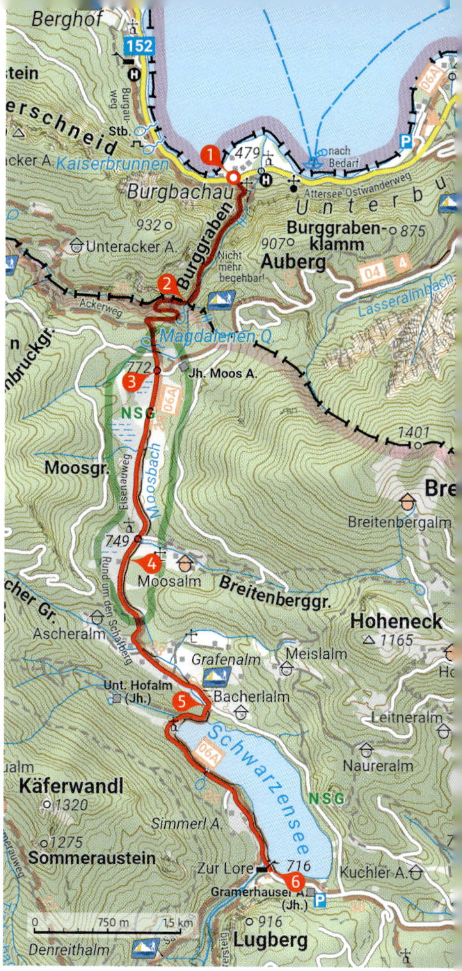

Hinweis: Der bei der Madonnenstatue »Maria Klamm« links abzweigende, durch Stege und Brücken gesicherte Felsenweg zum 18 m hohen Burggraben Wasserfall im vorderen Abschnitt der Burggrabenklamm (gesamter Zeitaufwand hin und retour 20 Min.) bleibt bis auf Weiteres gesperrt.

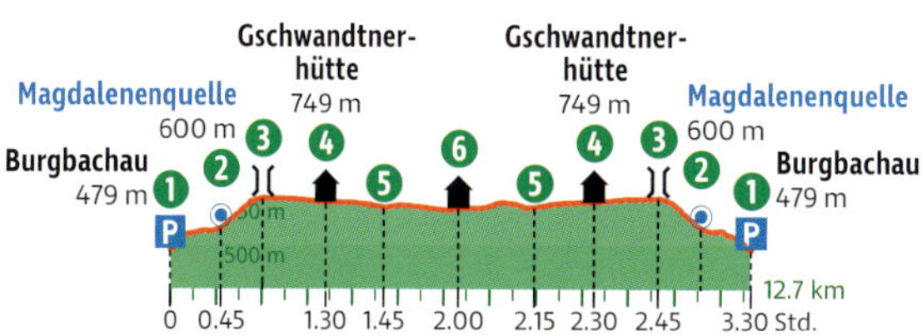

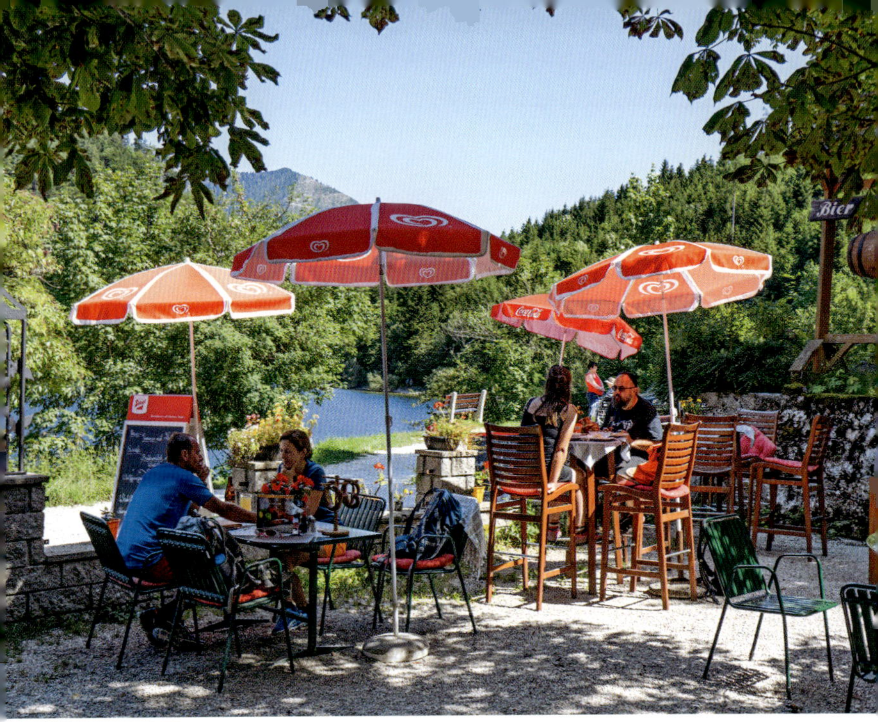

Wirtshaus »Zur Lore« am Schwarzensee.

Vom **Parkplatz Burgbachau ❶** führt uns ein breiter Weg durch den Wald nach Südosten aufwärts zum Eingang in die Burggrabenklamm. Bei der Madonnenstatue »Maria Klamm« halten wir uns rechts und folgen dem »Erzherzogin-Valerie-Weg« geradeaus über einen felsigbewaldeten Steilhang in Kehren hinauf. Später geht es an der rechten Begrenzungsflanke der Klamm auf einem exponierten, aus dem Fels gesprengten Steig (Vorsicht!) nach Süden hinauf in den oberen, flachen Schluchtabschnitt.

Bald leitet uns der Weg nach links über den Klausbach (Brücke) und südwärts weiter zur **Magdalenenquelle ❷** (Unterstandshütte) im Talknie. Dann zieht er sich in Windungen nach Westen aufwärts zu einer bewaldeten Schulter mit Wegteilung, 650 m. Links folgen wir dem »Moosweg« eine steile Waldflanke in Kehren nach Süden empor zu einem Rastplatz (Attersee-Blick) und weiter zum **Wiesensattel »Im Moos« ❸**, 772 m.

Nun führt uns ein Fahrweg (Weg Nr. 28) über Moorflächen nach Süden, dann wandern wir neben dem Moosbach sanft abwärts zur Moosalm mit der **Jausenstation Gschwandtnerhütte ❹**, 749 m, rechts des Wegs. Über Wiesen und durch ein Waldstück setzt sich unser Weg fort zur **Verzweigung an der Bacherlalm ❺** am Nordende des Schwarzensees, 716 m. Rechts auf dem ebenen Fahrweg Nr. 28, am bewaldeten Westufer entlang, gelangen wir zu einem Campingplatz, danach zum **Südende ❻** mit den Gastbetrieben »Almstadl« und »Zur Lore«.

Auf derselben Route gehen wir zurück zum **Parkplatz Burgbachau ❶**.

Laudachsee mit Ramsaualm, 914 m

Der Nordzugang vom Gasthof »Franzl im Holz«

22

2.15 Std. | 7,6 km | ↗300 m | ↘300 m

Ein Naturjuwel unterm Traunstein

Nordseitig zwischen Traunstein und Katzenstein ist der Laudachsee mit der Einkehrgaststätte Ramsaualm eingelagert, ein überaus beliebtes Ausflugsziel vor allem von dem per Gondelbahn von Gmunden erreichbaren Grünberg her. Als Wanderer ziehen wir allerdings den sportlicheren Zugang vom Gasthof »Franzl im Holz« über den Sattel Radmoos und die Siebenbrünnlein-Quelle vor, der als Lehrpfad durch dichte Wälder zur Höhe leitet und mit Abstieg durch den Laudachgraben zu einer attraktiven Runde erweitert werden kann. Mit bis zu 20 Grad sommerlicher Wassertemperatur lädt der Laudachsee zum Baden ein. Wasserscheue können ihn aber auch auf markierten Uferwegen umrunden und dabei auf Naturbeobachtung setzen bzw. auf Fotopirsch gehen.

Ausgangspunkt: Parkplatz »Franzl im Holz« (652 m) im Sattel zwischen Grünberg und Flachberg, 5,5 km östlich von Gmunden, Kleinstadt am Nordende des Traunsees mit Bus- und Bahnhalt.

Anforderungen: Kurze, anspruchslose Wanderung auf markierten Fahr- und Fußwegen.

Kinder: Die Tour ist vor allem in Begleitung gehfreudiger Kinder zu empfehlen, wobei die naturbelassenen Ufer des Laudachsees – mit bis zu 20 Grad sommerlicher Wassertemperatur gilt er als einer der wärmsten Seen des Salzkammerguts – zum Baden und Spielen einladen.

Einkehr: Gasthof »Franzl im Holz« (keine Nächtigung; ganzjährig geöffnet außer zwei Wochen im November; Montag Ruhetag; Tel. +43/7612/62645, https://gasthaus-franzlimholz.stadtausstellung.at), Jausenstation Silberfuchs (keine Nächtigung; ganzjährig geöffnet, Montag Ruhetag, Tel. +43/7612/62646, www.gasthaus-silberfuchs.at/), Jausenstation Ramsaualm (15 Betten, 1. April – 31. Oktober geöffnet, Juli bis Mitte September täglich geöffnet, sonst Montag Ruhetag, Tel. +43/720/316847 oder +43/664/9329694, www.laudachsee.com), Grünbergalm (18 Betten, mit der Grünbergbahn geöffnet, Tel. +43/699/11998551 und +43/7612/77798, www.gruenbergalm.at) an der Variante.

Kinderwagen: Auf der hier vorgeschlagenen Variante von der Bergstation der Grünberg-Seilbahn (mit großem Kinderspielplatz!) her kann der Laudachsee auch von Senioren und von Familien mit Kleinkindern und Kinderwagen leicht erreicht werden.

Gipfelmöglichkeiten: Von der Ramsaualm am Laudachsee kann der aussichtsreiche Katzenstein (Prachtblick auf den nahen Traunstein!) über die Hohe Scharte von geübten trittfesten Geher lohnend bestiegen werden. Gesamter Zeitaufwand (auf und ab): 2 ¾ Std.

Variante: Man kann die Tour auch an der Grünbergbahn-Bergstation (Auffahrt von Gmunden, oben lohnende Begehung des 1 ½ km langen Baumwipfelpfads mit Riesenrutsche vom Aussichtsturm (Maut, Gehzeit rund 1 Std.) starten und von dort auf Forststraßen (Weg Nr. 410) über den Sattel Radmoos in einer Gehstunde zum Laudachsee gelangen.

Tipp: Der Laudachsee kann auf schönem Ufer-Rundweg lohnend umwandert werden. Gesamter Zeitaufwand: ½ Std.

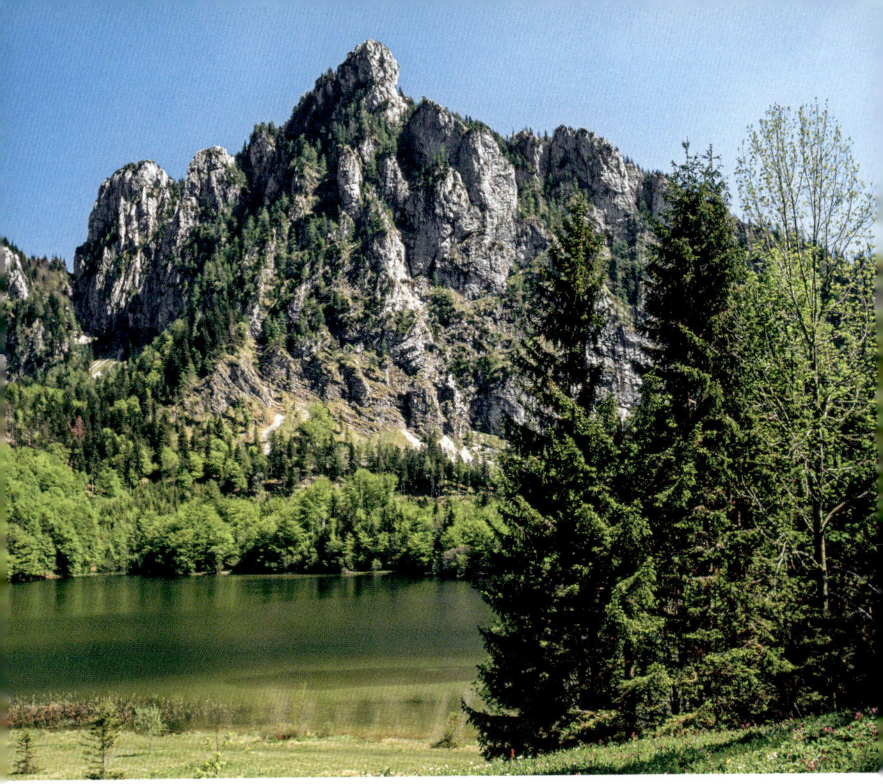

Der bildschöne Laudachsee, überragt vom Katzenstein.

Vom **Parkplatz »Franzl im Holz« ❶** führt uns die Asphaltstraße (Weg Nr. 08 und 09), an der Jausenstation Silberfuchs vorbei, über eine Wiese nach Südwesten empor in den Wald und dort auf einer Naturstraße zu einer Verzweigung. Wir wandern links auf einem unmarkierten Fahrweg aufwärts, später in langer Hangquerung über dem Laudachtal nach Südosten empor zu einer Forststraße. Diese leitet uns nach links in den Sattel **Radmoos ❷** (870 m; Verzweigung) und 20 m weiter zu einer querenden Straße. Dieser folgen wir (»Waldlehrpfad«, Weg Nr. 410), an der Quelle »Siebenbrünnlein« vorbei, nach links (Süden) hinauf, dann abwärts zu den Wiesen und zur Jausenstation Ramsaualm am **Laudachsee ❸**, 914 m.

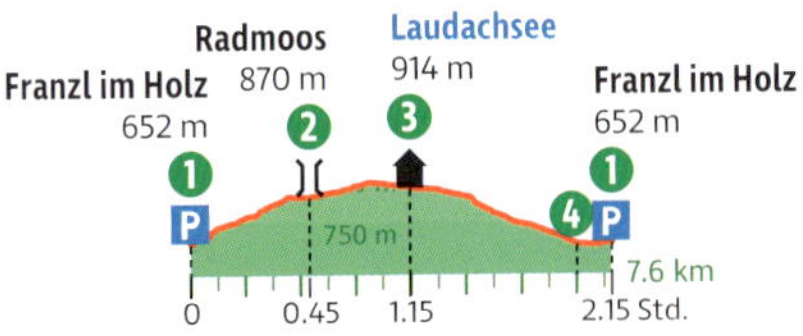

Abstieg: Von der Jausenstation Ramsaualm geht es auf der Forststraße (Weg Nr. 10) durch den Wald vorerst in Ost-, später in Nordostrichtung hinab zu einer Verzweigung. Hier steigen wir rechts auf breitem Weg nach Norden abwärts, dann links über der in einem engen Waldgraben fließenden Laudach hinab zu einer querenden Forststraße. Wir bleiben geradeaus und folgen dem breiten Waldweg über einen Waldrücken bergab zu einer weiteren Verzweigung. Nach links (!) über-

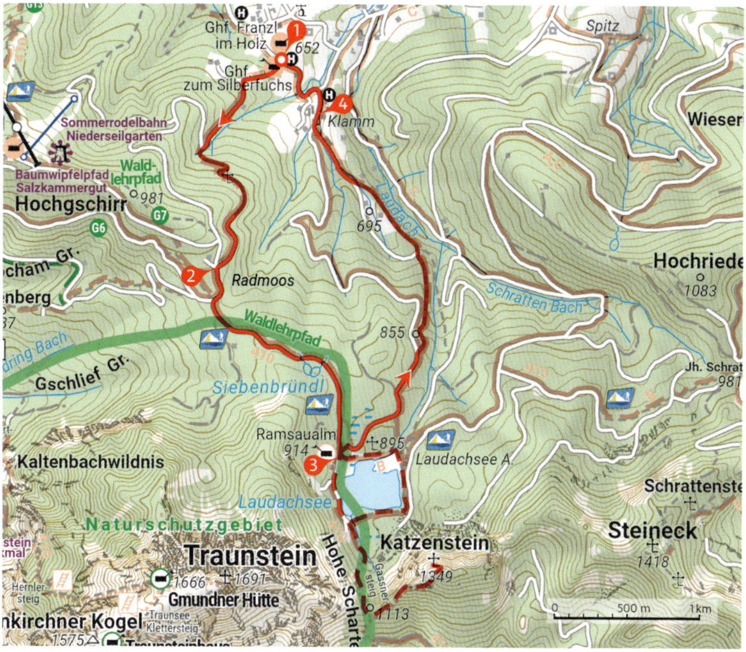

queren wir einen Bach und gelangen zu einer Forststraße. Diese führt uns hinunter zu den Häusern **»In der Klamm«** **4**, 645 m. Auf der Asphaltstraße erreichen wir nach 100 m in Nordrichtung die Linksabzweigung eines Wiesenwegs. Diesem folgen wir nordwärts empor zu einer Asphaltstraße, die uns zum **Parkplatz »Franzl im Holz«** **1** bringt.

Auf dem Baumwipfelpfad nahe der Grünberg-Bergstation (s. Variante).

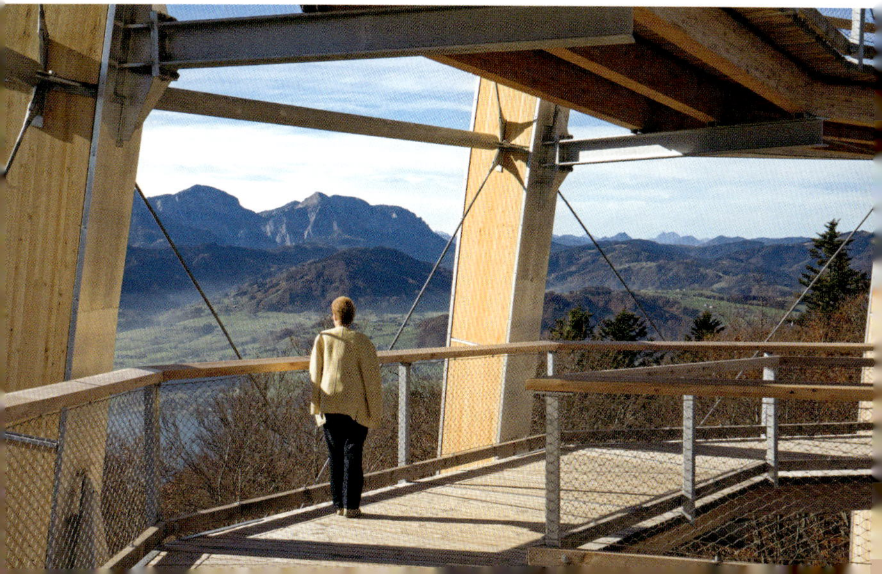

23 Traunsee: Miesweg

Vom Parkplatz »Unterm Stein« zur Lainaubrücke

TOP | 1.15 Std. | 3,6 km | ↗70 m | ↘70 m

Originelle Steiganlage am felsigen Ostufer des Traunsees

Der zu Füßen des Traunsteins an steilen Uferwänden entlangführende Miesweg gilt trotz seiner Kürze als der vielleicht originellste Uferweg des Salzkammerguts. Früher als einzig möglicher Zugang von Gmunden in das Lainautal in Verwendung, später aber durch den Bau einer knapp darüber verlaufenden Tunnelstraße entwertet, hat die Anlage heutzutage vor allem touristische Bedeutung. Nichtsdestotrotz vermittelt eine Begehung der an senkrechter Wand knapp über den Fluten des Traunsees angebrachten Holzstege immer noch großes Vergnügen.

Ausgangspunkt: Park- und Wendeplatz (443 m; Bushalt »Gmunden Unterm Stein«) am Südende der Traunstein-Ostuferstraße, 6 km ab Gmunden. Der Parkplatz kann mit eigenem Kfz, Wanderbus und Taxi erreicht werden. Am Wochenende ist die Traunsteinstraße Kurzparkzone (3 Std. Parkdauer). Es wird empfohlen, per Wanderbus (Linie 1, April bis Okt. Sa., So. und Fei. ab Gmunden-Seebahnhof, Tel. 43/699/17064999) oder Traunsteintaxi anzureisen (Linie 4, Mai bis Okt. 5 und 20 Uhr tägl. ab Gmunden-Klosterplatz zur vollen Std., zur halben Std. in umgek. Richtung; Taxi-Reserv. spätestens 1 Std. vor Fahrtantritt, Tel. +43/504/221691, www.traunseetaxi.at).

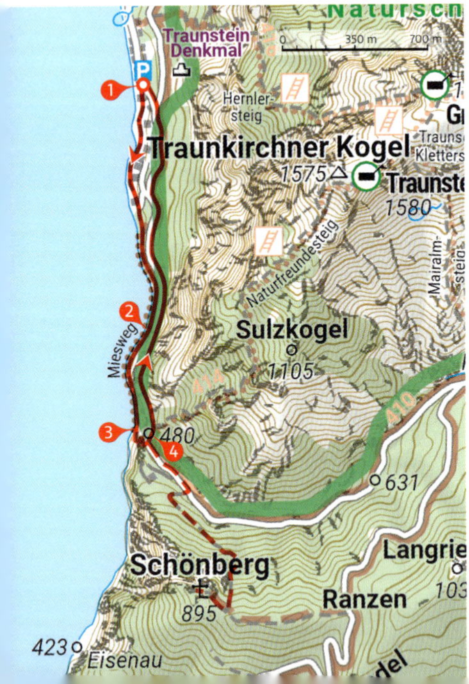

Anforderungen: Unschwierige Wanderung, Bergsteiger-Erfahrung und Trittsicherheit sind jedoch erforderlich!

Kinder: Mit seinen Seilen, Brücken und Stegen bietet der Miesweg für Kinder ein kurzweiliges Vergnügen. Bei Unaufmerksamkeit droht ein Sturz in den Traunsee!

Einkehr: Jausenstation Moaristidl (aufgelassen!), Seegasthof Hotel Hois'n (30 B., 1. März–31. Okt. tägl. geöffnet, Tel. +43/7612/77333, www.hoisnwirt.at) an der Straße nach Gmunden.

Bademöglichkeit: Beim Wasserfall (Rastplatz, Kiesstrand) am Südende des Mieswegs kann man ein erfrischendes Bad in den Fluten des Traunsees nehmen.

Gipfelmöglichkeiten: Von geübten, schwindelfreien Wanderern kann ab Lainaubrücke der südlich über dem unteren Lainautal aufragende kreuzgeschmückte Kleine Schönberg (895 m) auf markierten Steigen bestiegen werden. Er lohnt die Mühe mit tollem Tiefblick auf die Wasserfläche des Traunsees. Gesamter zusätzlicher Zeitaufwand: 2 ½ Std.

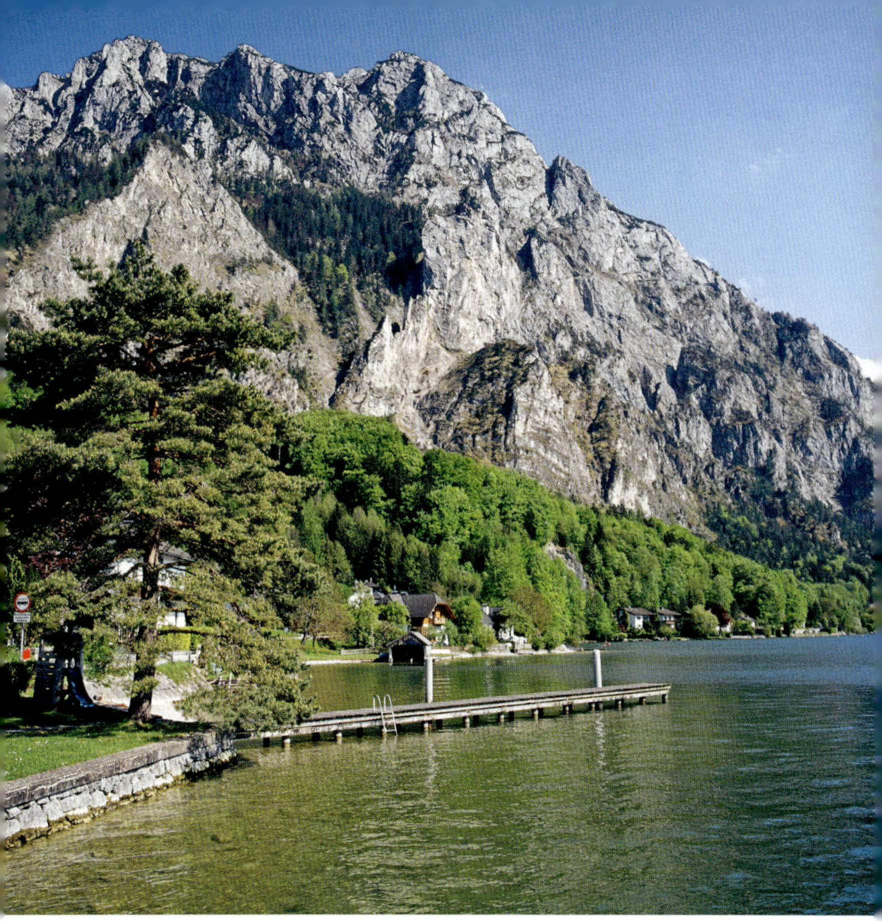

Das Traunsee-Ostufer wird vom wuchtigen Traunstein überragt.

Vom **Traunsee-Ostuferparkplatz ①** folgen wir dem breiten Uferweg (nicht der links verlaufenden Straße), an blumengeschmückten Häusern vorbei, nach Süden zur aufgelassenen Jausenstation Moaristidl, 438 m. Nun gehen wir direkt am Seeufer zu einem Badeplatz und weiter zur Lainau-Forststraße. Bei einem Tunneleingang zweigt rechts der **Miesweg ②** ab. Auf dem an senkrechten Wänden entlangführenden, durch Drahtseile beiderseits gesicherten Steig (Holzstege, Eisenklammern) geht es im Auf und Ab zu einem **Wasserfall ③** mit Rastplatz. Nun führt unser Pfad über eine steile, schrofige Wand in Kehren, teils über Stufen (»Lainaustiege«), empor. Bei der **Lainaubrücke ④**, 480 m, erreichen wir wieder die Straße.

Rückweg: Wir folgen der Straße Richtung Norden nach links über den Lainaubach, dann durch zwei Tunnel, zuletzt durch Wald zurück zum **Parkplatz ①**.

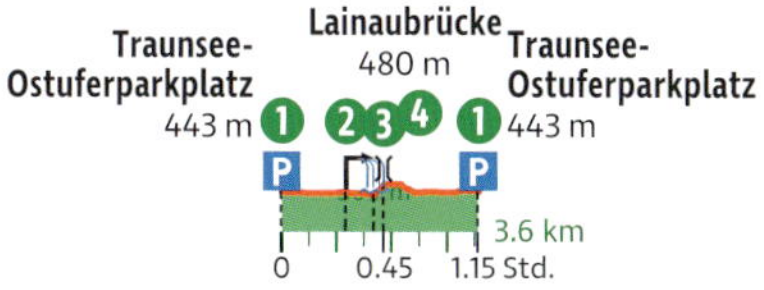

24 Rindbachfall

Ein Naturschauspiel bei Ebensee

1.15 Std. | 3,8 km | ↗100 m | ↘100 m

Hits für Kids

Unterwegs zur viel besuchten Gassel-Tropfsteinhöhle führt kein Weg am Wasserfall vorbei. Doch steht es frei, Klamm und Wasserfall hautnah zu erleben, oder auf einer oberhalb vorbeiführenden Forststraße zu umgehen. Die Rede ist von den Kaskaden im unteren klammartigen Abschnitt des Rindbachtals östlich von Ebensee. Auf dem durch Brücken, Stegen und Leitern gut abgesicherten Wasserfallweg folgen wir den Kaskaden auf und ab, weg von der Straße und wieder zurück. Die kurzweilige Wanderung empfiehlt sich in Begleitung mit Kindern, etwa nach einer regenreichen Wetterphase, wenn der angeschwollene Rindbach zum »Inferno« wird und das Toben der Elemente unsere Sinne betört.

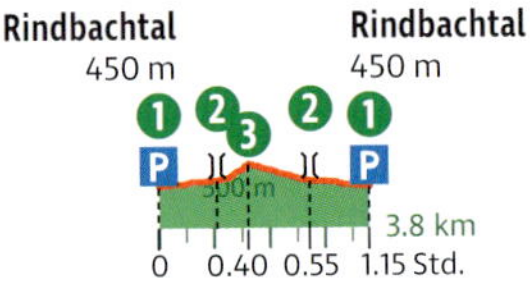

Ausgangspunkt: Ebensee (443 m; Bus- und Bahnhalt) am Südende des Traunsees. Wegbeginn am Parkplatz Rindbachtal, 450 m, am Taleingang, etwas oberhalb der Straße, 2 km von Ebensee (30 Minuten Gehzeit ab Ortszentrum).
Anforderungen: Einfache, kurze Wanderung auf beschildertem, mit Geländer versehenem Schluchtweg.
Kinder: Die Wanderung zum Rindbachfall ist auch für Sprösslinge bestens geeignet. Vorsicht ist trotz des bestens abgesicherten Schluchtwegs in dem steilen felsigen Waldgelände am Platze.
Einkehr: Gastbetriebe in Ebensee, unterwegs keine Einkehr.
Kinderwagen: Vom Parkplatz bis zur Abzweigung des Klammwegs kann mit dem Kinderwagen gefahren werden. Der Wasserfallweg selbst ist jedoch nicht kinderwagentauglich.
Gipfelmöglichkeiten: Von der Gasselhütte kann der aussichtsreiche Gasselkogel (1411 m) von geübten Gehern bestiegen werden. Gesamter Zeitaufwand ab Gasselhütte 1 ¼ Std.
Tipp: Bei genügend Zeit lohnt ein Be-

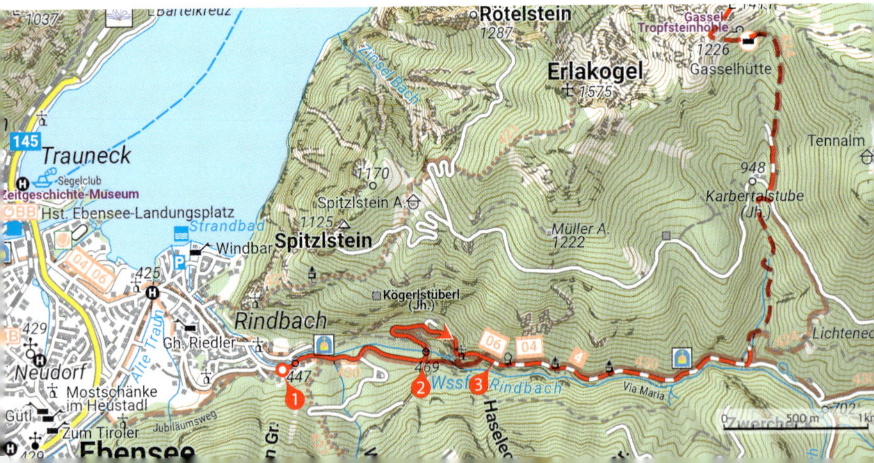

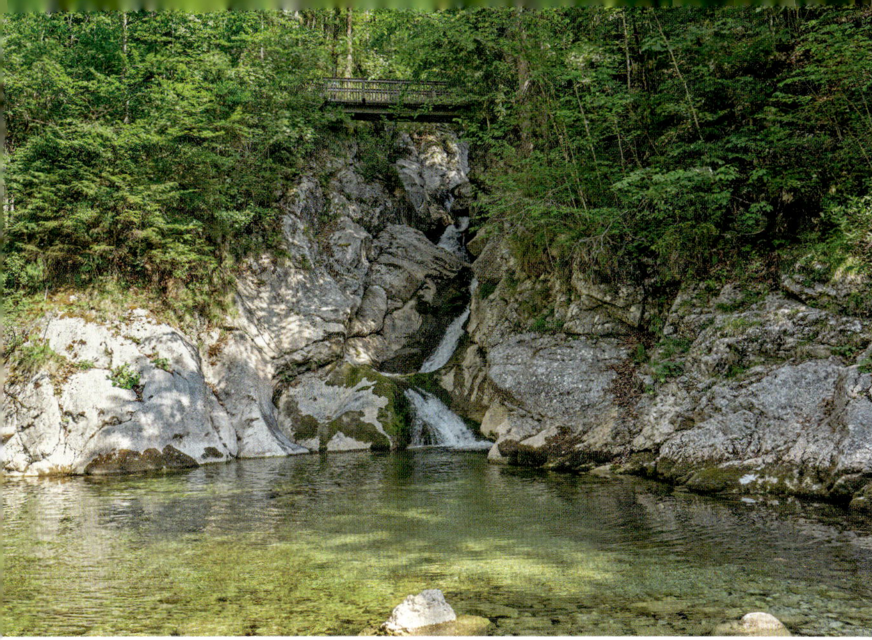

Sogar Bademöglichkeiten findet man beim Rindbachfall.

such der Gassel-Tropfsteinhöhle bzw. der am Höhleneingang gelegenen Gasselhütte (gesamter zusätzlicher Zeitaufwand ohne Führung ca. 5 Std.). Führungen durch die Gasselhöhle gibt es vom 1. Mai bis 15./20. Sept. an Wochenenden und Feiertagen stündlich zwischen 9.00 und 16.00 Uhr. In dieser Zeit verkehrt ein Shuttlebus bis ins obere Karbertal (12 km, 590 m Höhenunterschied), danach 45 Min. Fußanstieg bis zur Hütte. Abfahrt ab Ebensee-Gemeindeamt zur vollen Stunde, ab Parkplatz Rindbachtal 5 Minuten später. Der Shuttlebus verkehrt nur nach telefonischer Voranmeldung (Tel. +43/680/4446510, www.gasselhoehle.at).

Hinweis: Zur Zeit der Schneeschmelze im Frühling und nach sommerlichen Gewittern zeigt sich der Hochwasser führende Rindbachfall von seiner imponierendsten Seite.

Vom Parkplatz **Rindbachtal ❶** folgen wir der Forststraße mit Weg Nr. 424 und 430 durch den Wald Richtung Osten taleinwärts zur **Straßenbrücke ❷**, 469 m, nach links über den Bach. Hier gehen wir auf einem guten Fußweg rechts vom Bach geradeaus durch Buschwerk steiler bergauf zu einer klammartigen Talverengung, durch die der Rindbach in Kaskaden herabstürzt. An einem Marterl vorbei, dann gelangen wir über die hölzerne Klammbrücke an die linke Talseite. Dort beginnt der eindrucksvollste Teil unserer Tour über Stege, Stiegen und kleinere Brücken durch die Schlucht in Kehren hinauf. Zuletzt wandern wir im Wald steiler aufwärts wieder zur **Rindbachtal-Forststraße ❸** (Tafeln, 558 m), dem höchsten Punkt der Wanderung.

Rückweg: Die Forststraße führt uns teils unter Felswänden an der rechten Seite des Rindbachtals westwärts im Wald bergab und nach einer Linkskehre zur **Brücke ❷** über den Rindbach, danach geht es auf bekanntem Weg zum Parkplatz **Rindbachtal ❶**.

25 Vorderer und Hinterer Langbathsee

Auf bequemen Uferwegen um beide Seeaugen

2.15 Std. | 7,3 km | ↗70 m | ↘70 m

Eine Halbtagestour für gehobene Ansprüche

Die beiden Langbathseen im gleichnamigen Seitental östlich des Salinenorts Ebensee sind ein beliebtes Ausflugsziel sowohl für Wanderer als auch für Badegäste. Im Schatten des Höllengebirges zu Füßen des wuchtigen Brunnkogels gelegen, können sie auf bequemen Uferwegen bei so gut wie jedem Wetter umrundet werden. Den Ausgangspunkt der Zweistundentour, den Parkplatz am Ostende des Vorderen Langbathsees, erreicht man am besten mit dem Auto.

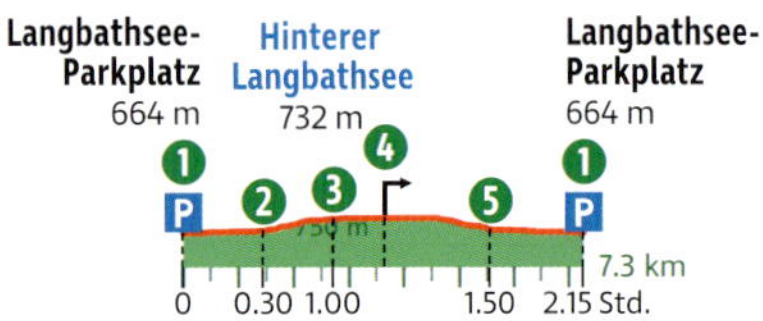

Ausgangspunkt: Langbathsee-Parkplatz, 664 m, Großparkplatz am Ostufer des Vorderen Langbathsees, 9 km von Ebensee, dort Bus- und Bahnhalt.
Anforderungen: Kurze, einfache Wanderung auf bezeichneten Forststraßen.
Kinder: Dank herrlicher Spiel- und Badeplätze an den Ufern der beiden Seen für Kinder gut geeignet. Einkehrmöglichkeit gibt es allerdings nur im Langbathsee-Stüberl zu Beginn der Wanderung.
Einkehr: Langbathsee-Stüberl (keine Nächtigung, im Nov. eingeschränkter Betrieb, sonst tägl. 10–20 Uhr, vom 1. Dez. bis 31. März 12–20 Uhr geöffnet, Tel. +43/6133/40181 und +43/0676/849933333, www.lb-stueberl.at) am Ausgangspunkt. Unterwegs keine Einkehr.
Kinderwagen, Mountainbike: Dank vorhandender Forststraßen kann die hier beschriebene Runde sowohl mit dem Rad als auch mit dem Kinderwagen befahren werden.
Bademöglichkeit: Wie viele andere Salzkammergutseen haben auch die beiden Langbathseen klares Wasser mit Trinkwasserqualität. Beide Seen bieten herrliche, frei zugängliche Naturbadestrände (Hundeverbot!), am Ostufer des Vorderen Langbathsee 4000 m große Liegewiese.
Hinweis: Die beiden Langbathseen sind über die vorhandenen Nordufer-Forstwege (an den Südufern Langlaufloipe!) auch im Winter zu erreichen. Eisstockbahnen beim Langbathsee-Stüberl am Ostufer.

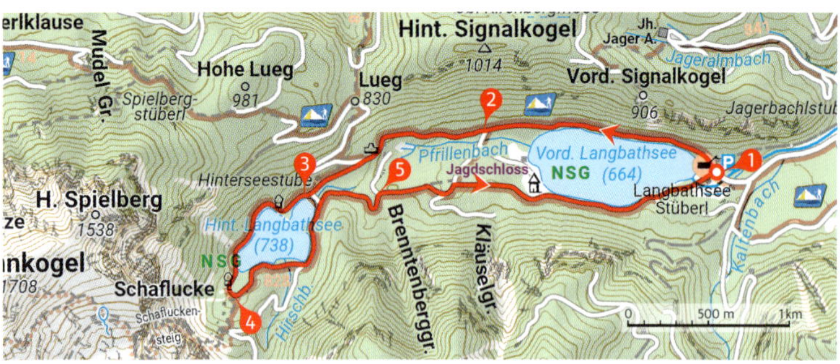

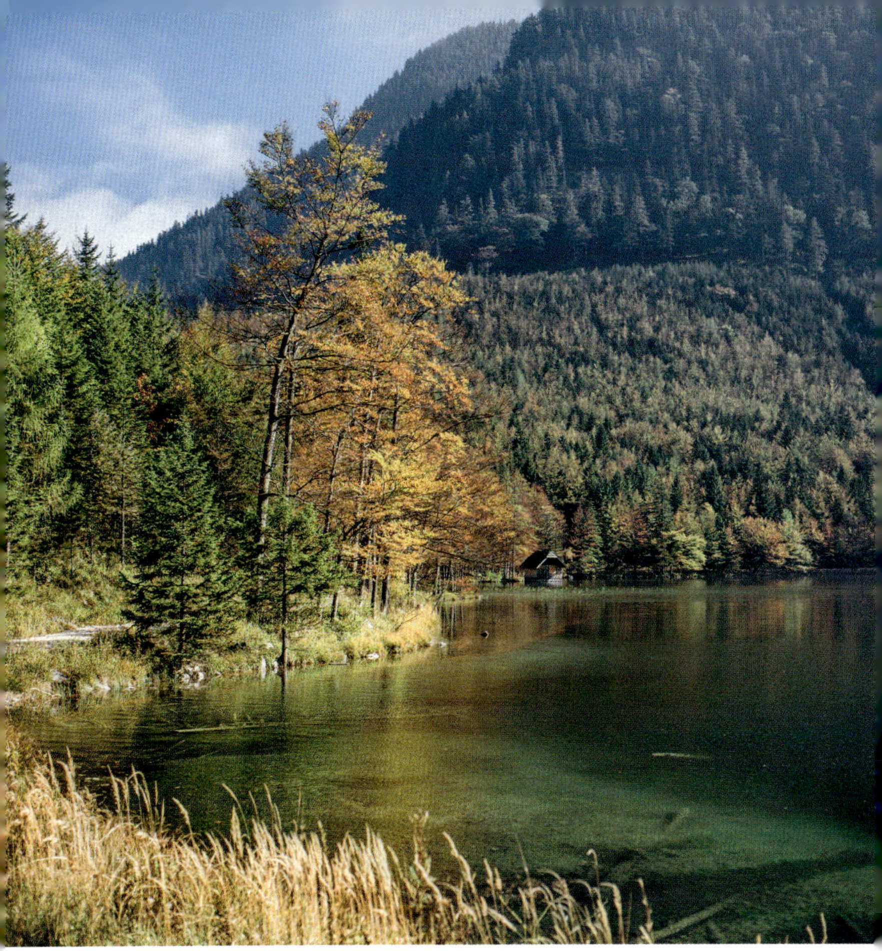

Am Vorderen Langbathsee.

Vom **Langbathsee-Parkplatz ❶** gehen wir auf der Forststraße (Weg Nr. 9) am Nordufer des Vorderen Langbathsees westwärts zum See-Ende und weiter zu einer **Verzweigung ❷**. Der Weg führt uns geradeaus durch den Wald und über Kahlschläge sanft aufwärts, später im Linksbogen zur nächsten Teilung. Wir wandern links weiter zur Blockhütte »Hinterseestube« (mit Brunnen) und gleich danach zum **Hinteren Langbathsee ❸**, 732 m. Die Straße am rechten Ufer leitet uns weiter zum Südende und dort zur **Rechtsabzweigung des Schafluckensteigs ❹**, 735 m, auf den Brunnkogel.

Am Ostufer geht es zurück, am Nordende des Hinteren Langbathsees jedoch die Forststraße geradeaus weiter, später ostwärts durch einen schönen Wald zu einer **Verzweigung ❺**. Wir halten uns hier rechts und gelangen wieder zum Vorderen Langbathsee und an seinem Südufer zur nächsten Teilung. Hier zweigen wir halb links ab (!) und erreichen auf einem breiten Fußweg durch den Wald in Nordostrichtung den **Langbathsee-Parkplatz ❶**.

26 Rettenbachwildnis

Ein Wasser-Inferno bei Bad Ischl

1.45 Std. | 5,4 km | ↗ 125 m | ↘ 125 m

Lohnende Rundwanderung bei geringem Zeitaufwand

Die Rettenbachwildnis an der schluchtartigen Mündung des Rettenbachtals in das Tal der Traun bei Reiterndorf gehört in das Ausflugsprogramm von Bad Ischl. Ihr Besuch ist daher keine große Sache und in knapp zwei Stunden leicht erledigt. Die vom Rettenbach durchtoste Klamm zeigt sich zur Zeit der Schneeschmelze im Frühling oder nach kräftigen sommerlichen Regengüssen und Gewittern als wildes Inferno. Einziger Minuspunkt: Der idyllisch gelegene Gasthof Rettenbachmühle, knapp vor Erreichen der Klamm, bleibt geschlossen und das Gebiet um einen originellen Gastbetrieb ärmer.

Ausgangspunkt: Bad Ischl, 469 m, berühmte Kaiser-, Kur- und Operettenstadt im Zentrum des Salzkammergutes. Startplatz ist der Bahnhof im Osten des Stadtzentrums von Bad Ischl.

Anforderungen: Unschwierige Wanderung auf markierten Fahr- und Fußwegen.

Kinder: Auch in Kinderbegleitung sehr zu empfehlende anspruchslose Tour zu einem Naturspektakel.

Einkehr: Zahlreiche Gastbetriebe im Stadtgebiet von Bad Ischl. Der Gasthof Rettenbachmühle ist geschlossen!

Varianten: Aus der Rettenbachwildnis kann auf Fußweg Nr. 240 in 2 ½ Std. zu der über dem Becken von Bad Ischl aussichtsreich gelegenen bewirtschafteten Hoisnradalm angestiegen werden, was das Unternehmen zu einer anstrengenden Tagestour erweitert.

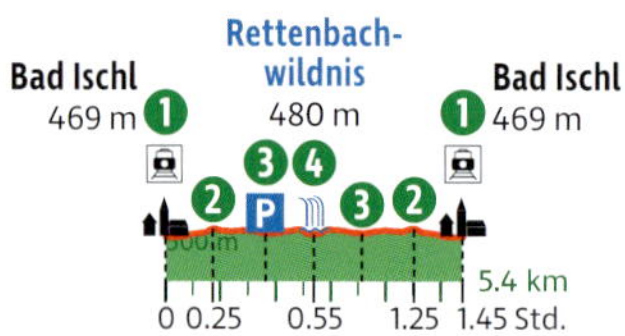

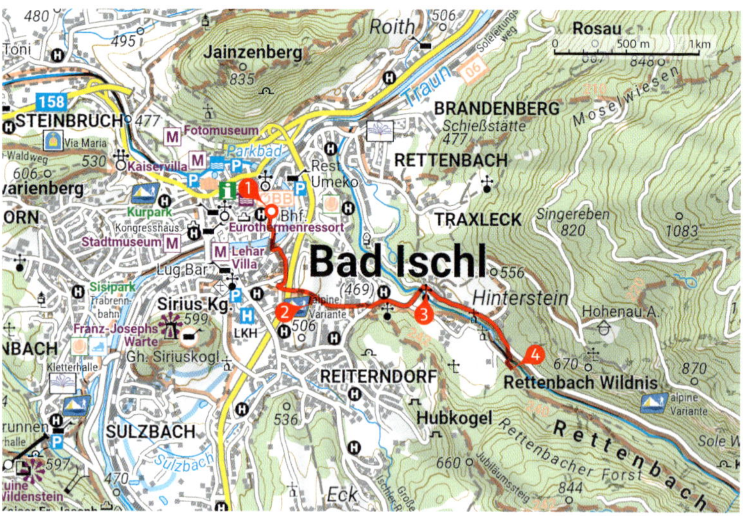

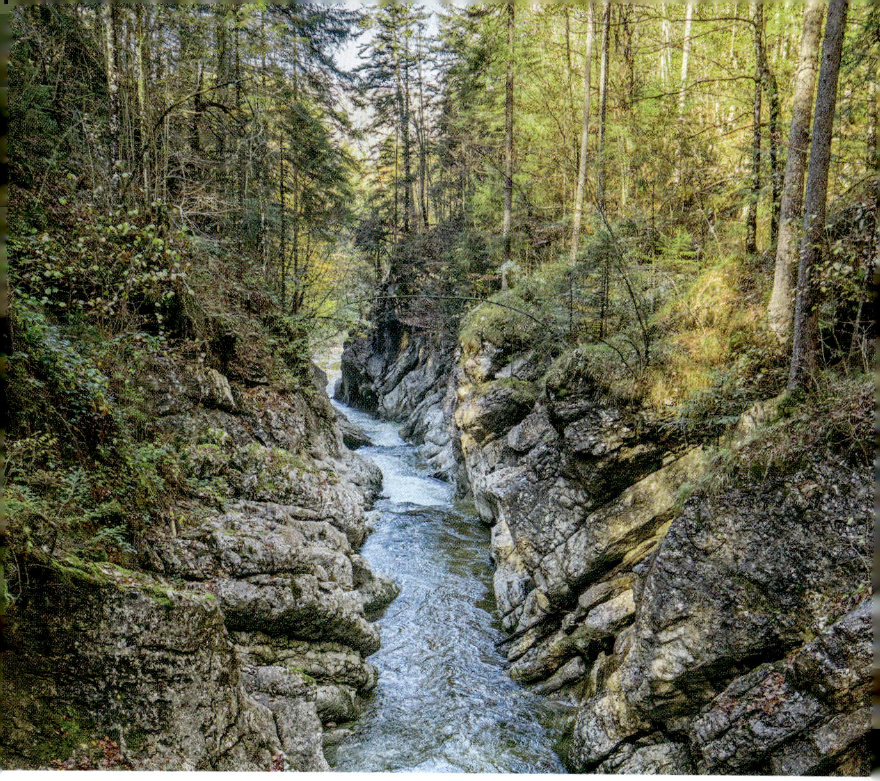

In der Rettenbachwildnis.

Vom Bahnhof **Bad Ischl ❶** gehen wir südwärts über einen Parkplatz zur Bahn- und Fußgängerbrücke, überqueren die Traun und erreichen jenseits eine Querstraße. Nach links über das Bahngleis in die Max-Quell-Gasse. Diese führt uns nach 50 m zu einem Rechtsschwenk. Wir steigen eine Stiege nach Süden hinauf, dann geht es durch die Kochgasse zur querenden Dr. Sterzstraße. Auf ihr halten wir uns links über die Ischl-Umfahrung hinweg und kommen zu einer Rechtskurve. Links folgen wir dem Stiegenweg Nr. 5 ostwärts empor zu einer Anhöhe und gelangen rechts zum **»Dr.-Sterz-Abendsitz« ❷**, 508 m, an einigen Sommerlinden. Jenseits der Anhöhe wandern wir ostwärts hinab nach Reiterndorf, durch den Ort zur querenden Rosenkranzgasse, an der Stelle, wo jenseits der »Kaiser-Jubiläumssteig« einmündet. Wir folgen der Autostraße nach links abwärts zum **Parkplatz Rettenbachmühle ❸**, 483 m, beim gleichnamigen ehemaligen Gasthof, gleich hinter der Rettenbachbrücke. Wir bleiben weiterhin auf der Asphaltstraße, an den Häusern von Hinterstein vorbei und steigen ostwärts gegen das Rettenbachtal bergauf zum Waldrand mit Rechtsabzweig von Fußweg Nr. 240 nach dem letzten Haus. Auf dem breiten Waldweg ostwärts geht es anfangs eben dahin, dann über Holzstufen hinab in die von den tosenden Wassern erfüllte Klamm der **Rettenbachwildnis ❹** (Brücke).

Rückkehr auf dem bekannten Weg nach **Bad Ischl ❶**.

27 Um den Offensee

Seeauge am Nordrand des Toten Gebirges

1.15 Std. | 4,3 km | ↗ 10 m | ↘ 10 m

Familientour mit Einkehrmöglichkeit

Weniger bekannt als die zumeist größeren anderen Salzkammergut-Seen ist der Offensee ein richtiges Insider-Ziel im Sommer wie im Winter. In einem Talkessel an der Nordseite des Toten Gebirges nahe Ebensee gelegen, ist das Gewässer vor allem als Badesee hoch im Kurs, wobei eine am Südufer gelegene Jausenstation willkommene Einkehr bietet. Im Zuge unserer Umrundung hat man Gelegenheit, die subtilen Reize dieses von dichten Wäldern flankierten Sees kennenzulernen.

Ausgangspunkt: Schlossparkplatz Offensee (655 m) nördlich des Sees, am Ende der Asphaltstraße (Schranke, Fahrverbot) aus dem Trauntal her, 13 km von Ebensee, 22 km von Bad Ischl.

Anforderungen: Kurze, bequeme Wanderung auf beschilderten Fuß- und Fahrwegen.

Kinder: Der hier beschriebene Rundweg kann mit Kindern jeden Alters unternommen werden. Mit seinem glasklaren Wasser, kostenlosen Naturbadestränden, flach abfallenden Uferzonen (Kies), Jausenstation (»Seeau«) und großer Liegewiese am Südufer ist der Offensee ein Idealgewässer für Kinder und Nichtschwimmer.

Einkehr: Jausenstation Seeau (keine Nächtigung, vom 15. April bis 15. Okt. bei Schönwetter geöffnet, Tel. +43/664/1122970). Das Restaurant Offensee ist geschlossen!

Kinderwagen: Der Offensee-Rundweg kann durchgehend mit dem Kinderwagen befahren werden.

Hinweis: Der Offensee-Rundweg wird auch im Winter begangen. Bei entsprechender Eisbeschaffenheit besteht Gelegenheit zum Schlittschuhlaufen. Im Hochwinter (Januar, Februar) ist der Offensee unter Eisstockschützen beliebt, auch Pferdeschlittenfahrten werden angeboten.

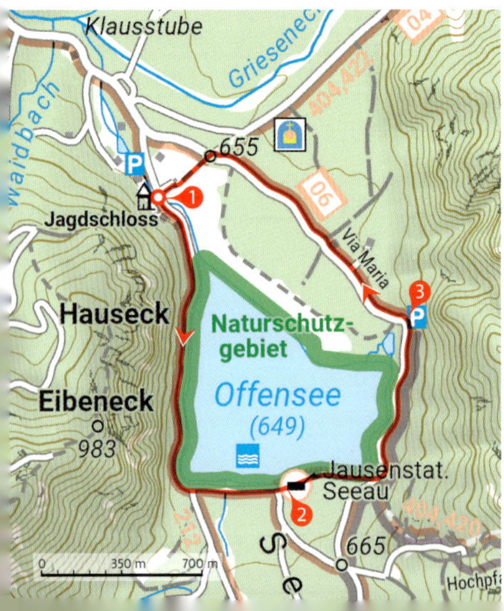

Vom **Schlossparkplatz Offensee ❶** wandern wir auf der markierten Naturstraße südwärts zum Jagdschloss (rechts), dann am bewaldeten Westufer des dunkelgrünen Sees eben zum südlichen Seeufer und dort im Linksbogen zu einer Straßenteilung (Rechtsabzweigung zur Rinnerhütte). Die bezeichnete Uferstraße leitet uns ostwärts weiter zu einer Rechtskurve. Auf dem links abzweigenden »Waldweg Seeau« über die Wiese gelangen wir direkt zur **Jausenstation Seeau ❷**, 650 m. Beeindruckend ist der Blick nach Norden über den See hinweg gegen den Eibenberg.

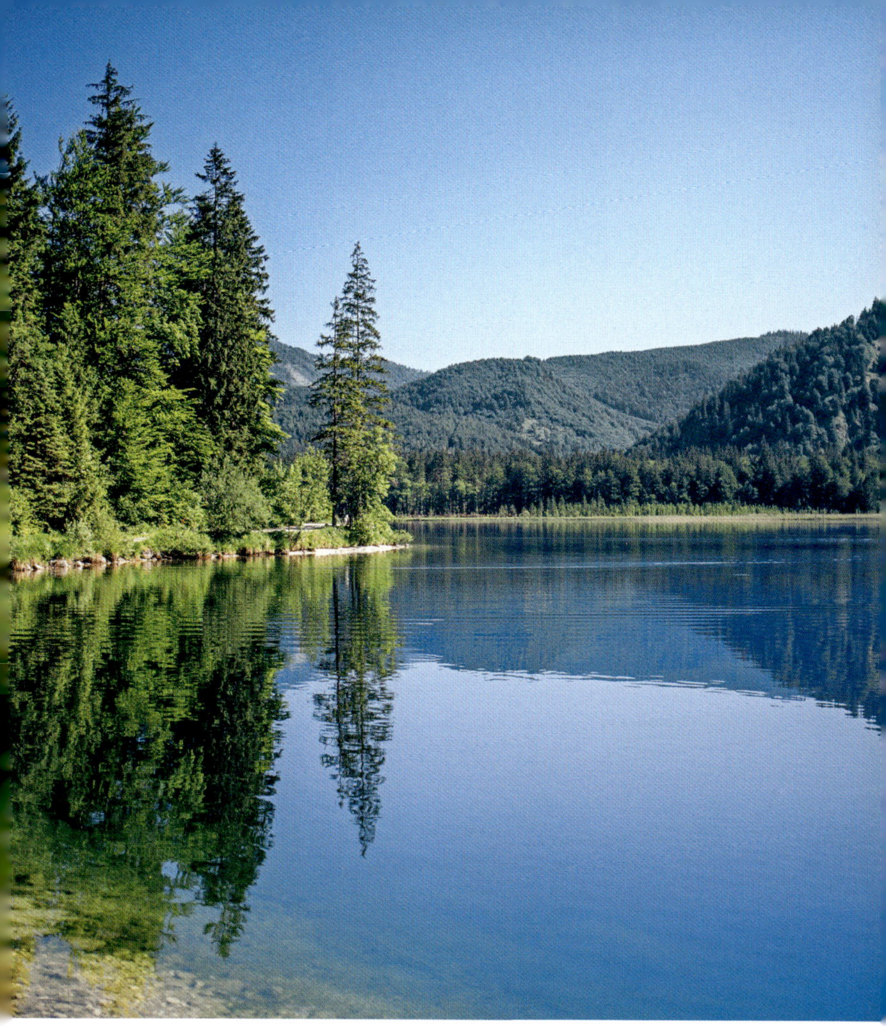

Am idyllischen Offensee.

Auf einem schönen Waldweg direkt am Seeufer gehen wir zum südöstlichen Seewinkel und treffen auf eine querende Forststraße (Rechtsabzweigung von Weg Nr. 420 zum Almsee).

Wir halten uns links und folgen der Straße durch den Wald nahe am Seeufer nach Norden zum **Großparkplatz Offensee ❸**, 656 m. Die Asphaltstraße im Wald führt eben weiter zur nördlichen Seewiese. Dort biegen wir links von der Straße ab und wandern auf einem breiten Weg, am ehemaligen Restaurant Offensee vorbei, nach Westen zum **Schlossparkplatz ❶**.

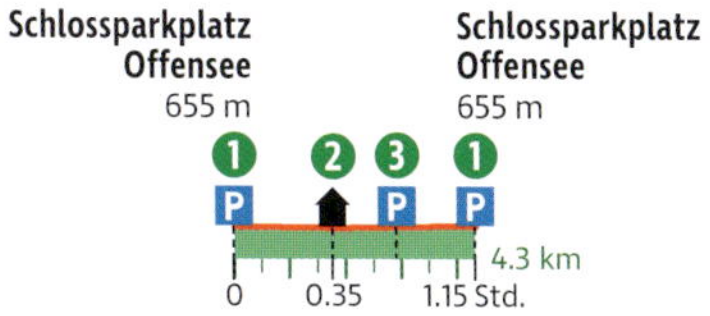

28 Hallstätter See: Ostuferweg

Von Steeg nach Obertraun

2.30 Std. | 10,4 km | ↗70 m | ↘75 m

Wandervergnügen für Jung und Alt

Ebenso zahlreich wie die Seen des Salzkammerguts sind auch ihre herrlichen Uferwege. Von besonderem Reiz ist der 1986 errichtete, 2006 modernisierte und zu einer Radwanderstrecke ausgebaute Hallstätter-See-Ostuferweg. Er hat als Glanzstück eine am steilen Felsufer verankerte, gegen den See vorspringende Steiganlage mit lustig schwingender Hängebrücke. Da keine Schwierigkeiten zu bewältigen sind, wird eine Wanderung mit Komfort geboten, bei der die Rückkehr zum Ausgangspunkt durch die rege verkehrenden Züge der Salzkammergutbahn gesichert ist.

Ausgangspunkt: Steeg, 512 m, Ortsteil von Bad Goisern am Nordende des Hallstätter Sees. Eigentlicher Ausgangspunkt dort ist der Bahnhof Steeg-Gosau (515 m; Parkplatz) der Salzkammergutbahn (Linie Attnang-Puchheim – Stainach-Irdning).

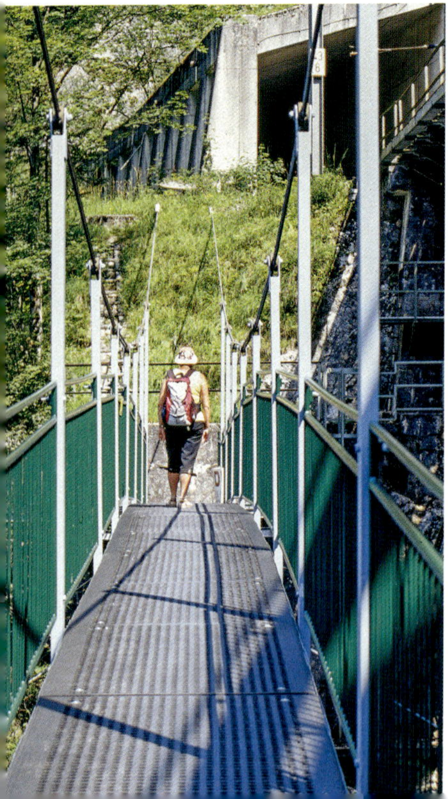

Zielort: Bahnhaltestelle Obertraun-Dachsteinhöhlen in Obertraun, 511 m, am Ostende des Hallstätter Sees.
Anforderungen: Einfache Wanderung auf gut beschilderten Fahr- und Fußwegen.
Kinder: Der Ostuferweg wird als »Weg für die gesamte Familie« beworben und ist für Begehungen mit Kindern nahezu prädestiniert. Wird im nördlichen flacheren Seeabschnitt mehrfach Gelegenheit zum Freibaden geboten, so beeindruckt im Südteil die an den Felswänden befestigte Steiganlage (in den See vorkragende Metallstege mit rutschfester Gummimatte und Geländer) mit origineller Hängebrücke.
Einkehr: Uferwirt Seeraunzn (keine Nächtigung; vom 1. Mai bis 26. Okt. geöffnet, Ruhetag bei Regen, Tel. +43/676/4331263, www.seeraunzn.at). Weitere Gastbetriebe in Steeg, Untersee, Obertraun und Hallstatt.
Mountainbike, Kinderwagen: Der Hallstätter See-Ostuferweg kann sowohl mit Fahrrädern als auch mit Kinderwagen befahren werden.
Hinweis: Von der Bahnstation Hallstatt kann man per Fährschiff (verkehrt auf die Ankunftszeiten der Züge abgestimmt etwa stündlich) in den sehenswerten Ort Hallstatt gelangen.

Steiganlage im südlichen Seeabschnitt mit Hängebrücke.

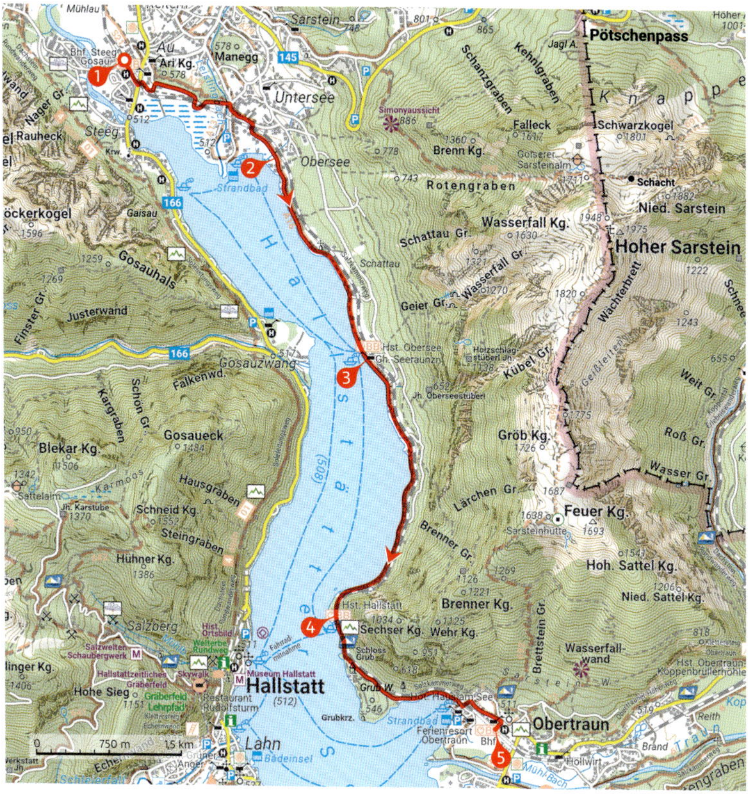

Vom Bahnhof **Steeg-Gosau ❶** gehen wir südostwärts durch die Bahnhofstraße zur B 166 und auf ihr nach links über das Bahngleis zur Rechtsabzweigung des Hallstätter-See-Ostuferwegs (»Salzkammerweg«). Nun folgen wir dem Fußweg über Wiesen eben nach Südosten zu einer querenden Asphaltstraße. Diese führt uns am Fuß des Arikogels im Wald weiter, dann unterqueren wir zweimal die Bahn nach Untersee, 516 m. Nochmals geht es unter der Bahn durch zur Uferwiese und in Südostrichtung zu den Häusern von **Obersee ❷**, 516 m. Auf asphaltierter Straße kommen wir durch Wald und über Wiesen (mit Privathäusern und Bootshütten), später auf einem Fußweg nach links in die Schattauer Bucht (Bänke) mit Blick auf den fjordartigen See. Am bewaldeten Ufer setzen wir unseren Weg eben fort, danach gelangen wir auf einem staubfreien Fahrweg, unterhalb der Bahnstation Obersee vorbei, zum **Uferwirt Seeraunzn ❸** (514 m; Schiffsanlegestelle).

Nun wandern wir auf einem Fahrweg über Wiesen, dann auf einem Fußweg oberhalb einiger Häuser vor-

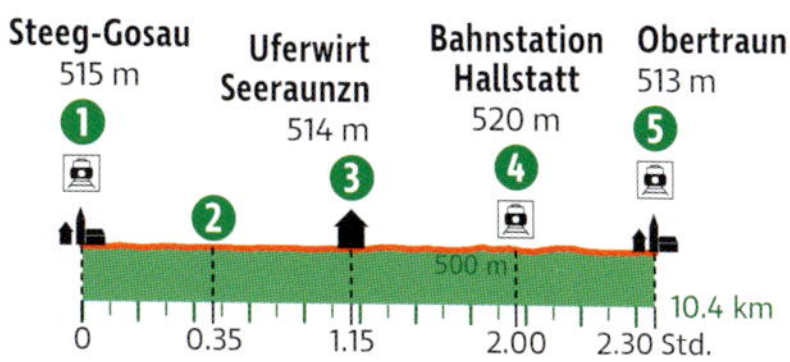

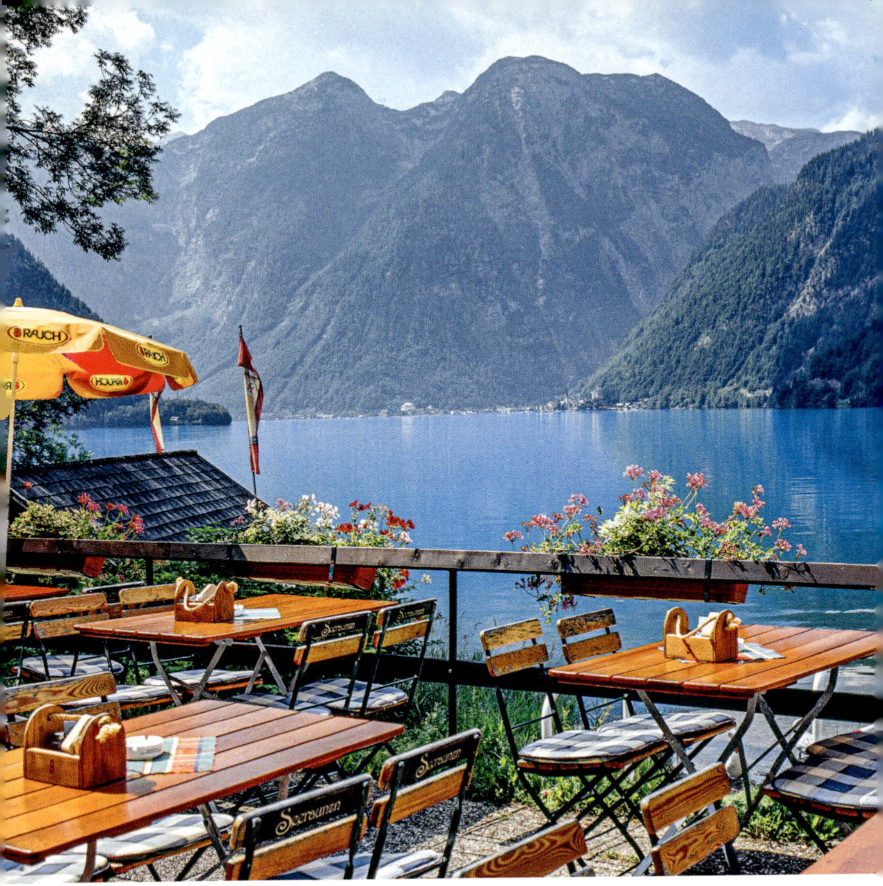

Beim Uferwirt Seeraunzn.

bei, schließlich am bewaldeten Ufer (Bademöglichkeit) zum Beginn des steilen südlichen Ufer-Abschnitts. Hier spazieren wir auf breiten Metallstegen, eine Bucht im Rechtsbogen umgehend, westwärts zu der originellen Hängebrücke. Auf Stegen geht es in Westrichtung weiter, dann nach links um eine Ecke herum zu der auf einer Halbinsel gelegenen **Bahnstation Hallstatt ④**, 520 m, mit Verzweigung (rechts zur Schiffsanlegestelle) danach. Links leitet uns ein Fahrweg wieder hinab zum Seeufer und dort südwärts zur nächsten Halbinsel, die bei einer Unterstandshütte erreicht wird.

Auf schmaler beiderseits abgezäunter Asphaltstraße wandern wir nach Südosten aufwärts und rechts oberhalb der Bahn (Schloss Grub bleibt rechts) entlang, später hinab zum Seeufer mit Teilung. Wir biegen rechts ab und kommen auf dem schönen Uferweg, an der »Seeruhe« (Bänke) vorbei, wieder zur Straße. Dieser folgen wir ostwärts nach **Obertraun ⑤**, 513 m, und dort zur Bahnhaltestelle »Obertraun-Dachsteinhöhlen«.

Rückfahrt mit der Salzkammergutbahn nach **Steeg ①**. Die Züge verkehren zwischen 5 und 19 (20) Uhr etwa stündlich.

Soleleitungsweg

Entlang der weltältesten Pipeline

29

3.15 Std. | 10,2 km | ↗ 500 m | ↘ 165 m

TOP

Eine Schauwanderung für Schwindelfreie

1607 wurde die Soleleitung vom Hallstätter Salzbergwerk zur Sudhütte Ebensee eröffnet und ist damit die älteste dieser Art weltweit. Auch heute noch vermittelt eine Wanderung entlang dieser Rohrleitung unvergessliche Eindrücke. Denn es ist ein Wasserweg in zweifacher Hinsicht, spaziert man doch über den Rohren der Pipeline ebenso wie über den Fluten des Hallstätter Sees, der mit seinen steilen Bergflanken Assoziationen an norwegische Fjorde wachruft. Zu den Highlights des Anstiegs gehören eine 43 m lange Fußgängerbrücke, die exponierte Steilflanken-Querung des Schneidkogels, die wilde Mühlbachschlucht mit der »Hölle« und zuletzt der in luftiger Höhe an der Mündung des Salzberg-Hochtals stehende Rudolfsturm mit Restaurant. Vom Skywalk unterhalb des Hauses sollte man den atemberaubenden Tiefblick auf Hallstatt und den See genießen, bevor man sich der Besichtigung des berühmten Gräberfelds aus der Hallstattzeit (900–500 v. Chr.) und des Salzbergwerks (Führungen) widmet.

Ausgangspunkt: Steeg, 513 m. Zu Bad Goisern gehörende Fraktion am Nordende des Hallstätter Sees. Parkplatz und Bushalt (Linie 542) beim Bahnhof Steeg-Gosau im nördlichen Ortsbereich von Steeg.
Zielpunkt: Hallstatt-Ortsmitte. Rückfahrt zunächst mit dem Schiff zum Bahnhof Hallstatt am Ostufer des Sees, danach mit dem Zug (verkehrt zwischen 7.08 und 18.32 Uhr nahezu stündlich) nach Steeg.
Anforderungen: Unschwierige Wanderung auf beschilderten Fahr- und Fußwegen teilweise durch steile Bergflanken. Schwindelfreiheit nötig!
Einkehr: Ghf. Rudolfsturm und Büfett am Eingang in das Hallstätter Salzbergwerk (mit der Salzbergbahn geöffnet, keine Nächtigung!). Mehrere Gastbetriebe Steeg und Hallstatt.
Kinder: Bei einiger Achtsamkeit ist die Wanderung auch mit Kindern möglich und anzuraten. Highlights sind die Einkehr in der Gaststätte am Rudolfsturm mit Besuch des luftigen Skywalks und vor allem eine Führung durch das Hallstätter Salzbergwerk mit Rutschbahnen und Bootsfahrt über den beleuchteten Salzsee.
Hinweise: Am Salzberg sehenswertes Gräberfeld aus der Hallstatt-Zeit (900 bis 500 v. Chr.). Interessante Führungen durch das Hallstätter Salzbergerwerk (vom 5./10. Jan. bis 1./5. Febr. geschlossen, sonst immer geöffnet, Führungsdauer: 1½ Std.; Tel. +43/6132/2002400, www.salzwelten.at). Die Salzberg-Standseilbahn vom Ghf. Rudolfsturm nach Hallstatt-Lahn ist vom 5./10. Jan. bis 1./5. Febr. geschlossen, sonst täglich 9.00 bis 16.30 Uhr, vom 1. April bis 30. Sept. bis 18.00 Uhr in Betrieb, verkehrt viertelstündlich).

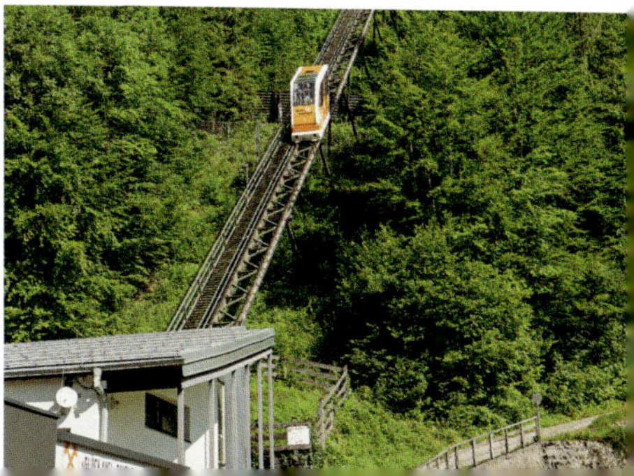

Die Salzberg-Standseilbahn.

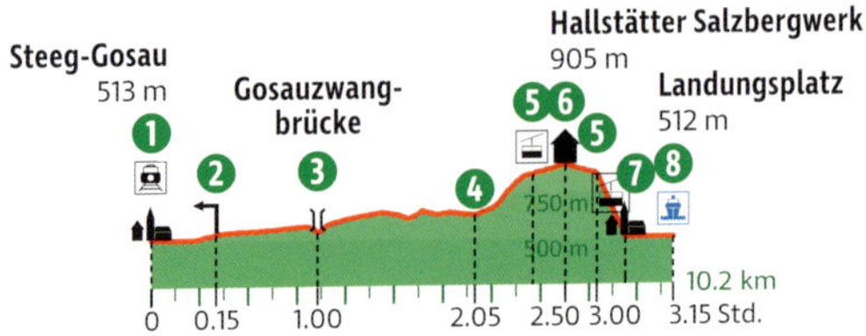

Vom Bahnhof **Steeg-Gosau** ❶ folgen wir der Industriestraße 300 m nach Südosten zur querenden B 166. Auf dieser halten wir uns rechts, gehen am Gasthof Steegwirt vorbei und über die Traun zu einer Linkskurve. Gleich nach dieser (nach dem Kraftwerk Steeg-Bahn) biegen wir rechts ab und wandern auf einem Fußweg kurz nach Süden empor zum querenden **Soleleitungsweg** ❷. Hier halten wir uns links, an den Waldhängen oberhalb des Hallstätter Sees entlang, eben nach Südosten, später auf einer künstlich angelegter Wegtrasse (Geländer; schöner Blick zurück über den See hinweg auf Predigtstuhl und Katrin!) durch Felswände und Wald zur 43 m hohen **Gosauzwangbrücke** ❸, 545 m, über das Gosautal. (Eine Linksabzweigung führt hinab zur Hallstätter-See-Ostuferstraße (B 166), auf ihr würde man links zur Bushaltestelle Linie 542 kommen.)

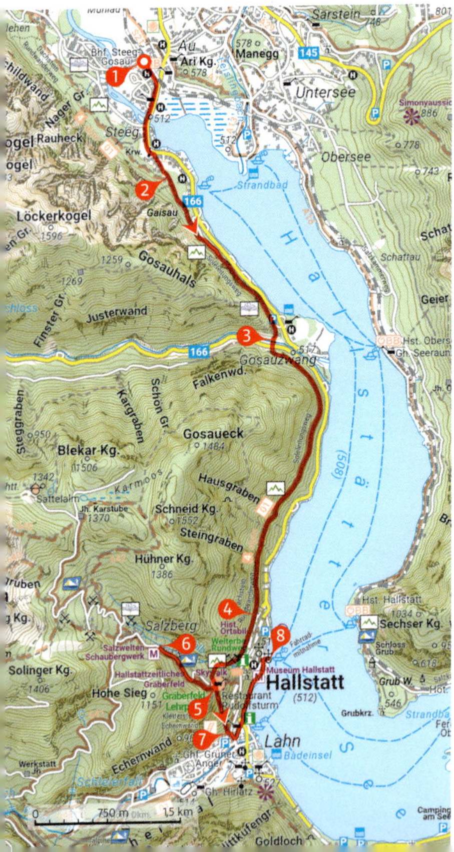

Jenseits der Brücke steigen wir auf dem Soleleitungsweg kurz bergauf, dann geht es an den steilen felsdurchsetzten Waldhängen des Schneidkogels entlang hoch über dem Hallstätter See eben dahin, wobei mehrere Gräben traversiert werden. Nach dem Hausgraben erreichen wir einen Aussichtspunkt mit Sitzgarnitur, nach dem Steingraben führt der Weg teils auf künstlichen Bändern etwas exponiert (Vorsicht!) durch eine Wandzone, danach gelangen wir unter den beiden Saiherbach-Wasserfällen hindurch zu einer wichtigen **Verzweigung** ❹. (Links käme man auf direktem Fußweg hinab zum Marktplatz in Hallstatt mit Rückfahrt wie unten).

Wir gehen nun geradeaus auf dem Soleleitungsweg in die düstere Mühlbachschlucht (»Hölle«). An ihrer rechten Seite steigen wir über Nirosterstiegen nach Westen hinauf, später links über den Mühlbach und durch Wald nach Süden empor auf den Hallstätter Salzberg. Wir halten

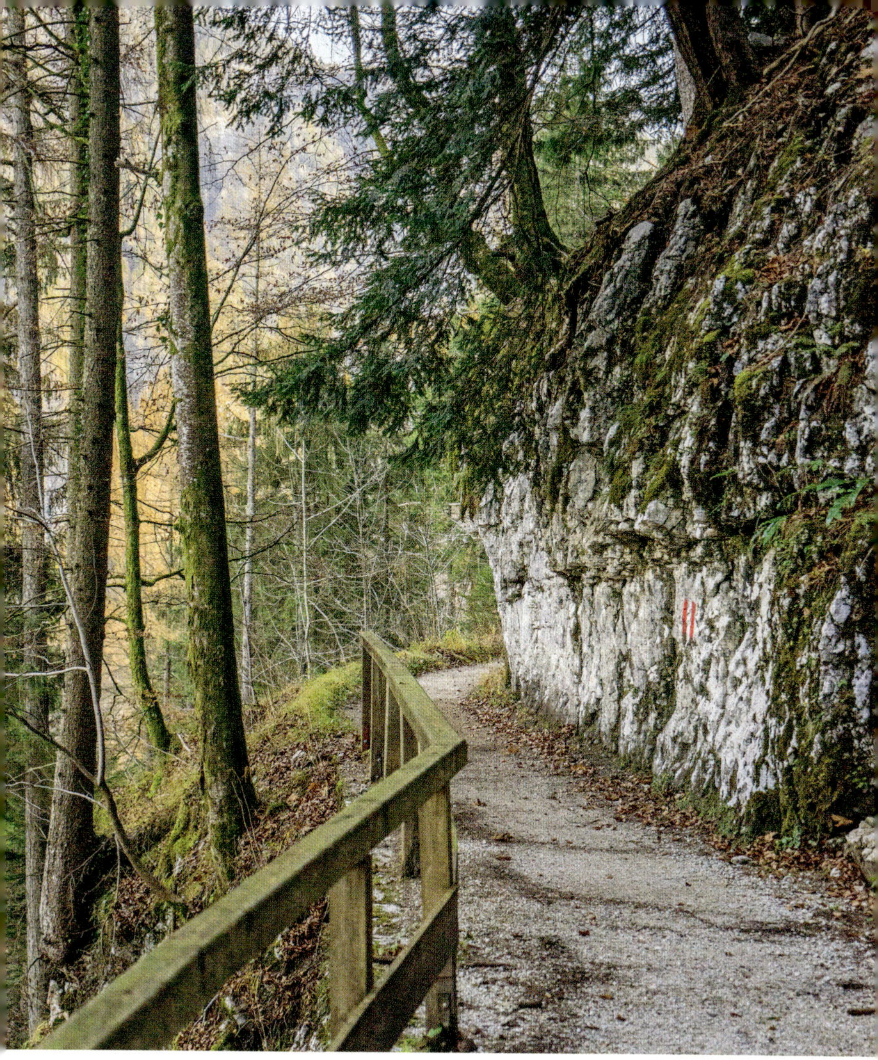

Auf dem Soleleitungsweg.

uns links zum Gasthof Rudolfsturm (855 m, Skywalk mit atemberaubendem Tiefblick auf Hallstatt und See) und weiter zur **Bergstation der Salzberg-Standseilbahn** ❺. Nun folgen wir rechts dem asphaltierten Gräberlehrpfad (Schaugrab, Infotafeln, Bänke) gegen das Halltal am Waldrand nach Nordwesten aufwärts zum Eingang in das **Hallstätter Salzbergwerk** ❻ (»Salzwelten Hallstatt«, 905 m; Ticketshop, Buffett). Zurück zur **Bergstation der Salzberg-Standseilbahn** ❺ fahren wir mit dieser hinab nach **Hallstatt-Lahn** ❼, 512 m. Unten angekommen, gehen wir zu Fuß in das Zentrum von Hallstatt, 512 m, dort zum Marktplatz und weiter zur Evangelischen Kirche beim **Landungsplatz** ❽ mit Schiffstransfer zum Bahnhof am Hallstätter-See-Ostufer.

30 Hallstätter Salzberg

Vom Welterbeort Hallstatt zum Salzbergwerk

TOP | 2.15 Std. | 6,1 km | ↗ 400 m | ↘ 400 m

Schauwanderung über den Fluten des Hallstätter Sees

Unten in Hallstatt-Lahn nehmen fast alle die Standseilbahn auf den Salzberg, um oben Reste aus der Hallstattzeit (ca. 800 bis 450 v. Chr.) zu bestaunen, eine Führung durch das weltberühmte Salzbergwerk zu absolvieren oder vom Skywalk »Welterbeblick« am Rudolfsturm den atemberaubenden Tiefblick auf den 350 m tiefer gelegenen Salinenort zu genießen. Aber wer wandert, hat mehr vom Leben, weshalb wir uns an der Talstation dem uralten Salzbergweg – um 1500 beging ihn schon Kaiser Maximilian I. – anvertrauen, der bei wundervoller Schau auf die dunkle Wasseroberfläche des Hallstätter Sees in einer Gehstunde zur Höhe führt.

Ausgangspunkt: Hallstatt-Lahn, Parkplatz 2 (512 m; kostenpflichtig) beim Saline-Verwaltungsgebäude nahe der Talstation der Salzberg-Standseilbahn südlich von Hallstatt.
Anforderungen: Unschwierige Wanderung auf breiten (Themen-)Wegen.
Kinder: Wird die hier beschriebene Wanderung auf den Salzberg (obligater Tiefblick vom Skywalk!) mit einer Führung durch das Hallstätter Salzbergwerk verbunden, so bleiben für Jung (und Alt) wohl keine Wünsche offen.
Einkehr: Gastbetriebe jeder Art in Hallstatt. Restaurant Rudolfsturm (keine Nächtigung, Tel. +43/664/88280101, www.rudolfsturmhallstatt.at) und Büfett im Hallstätter Salzbergwerk, beide mit der Salzbergbahn geöffnet.
Mountainbike: Auf Rundkurs von Hallstatt nach Gosau um den Plassen herum kann der Salzberg auch mit dem Rad erreicht werden.
Bademöglichkeit: Schöner Badestrand (kostenfrei mit WC-Anlage, Kinderspielplatz und Kabinen) an der künstlich geschaffenen Badeinsel 10 Gehminuten südlich von Hallstatt).

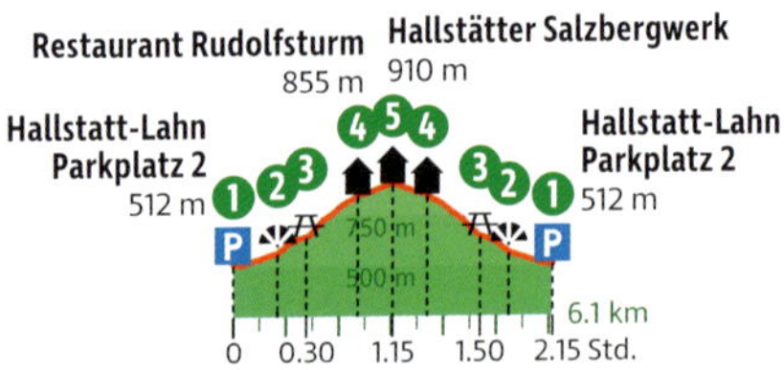

Gipfelmöglichkeiten: Ab Hallstätter Salzbergwerk kann der aussichtsreiche Schneidkogel von trittfesten Gehern auf bez. Wegen lohnend bestiegen werden. 3 Std. zusätzlicher Zeitaufwand.
Tipps: Absoluter Hit ist der schwindelerregende Tiefblick vom Skywalk »Welterbeblick« auf Hallstatt und See.
Hinweis: Am Hallstätter Salzberg empfiehlt sich eine Führung das Salzbergwerk (vom 5./10. Januar bis 1./5. Febr. geschlossen, sonst tägl. in Betrieb; Information unter Tel. +43/6132/2002400, www.salzwelten.at; Führungsdauer 1 ½ Std.)
Variante: Bei Talfahrt mit der Salzbergbahn (vom 5./10. Jan. bis 1./5. Febr. geschlossen, sonst täglich 9.00 bis 16.30 Uhr, vom 1. April bis 30. Sept. bis 18.00 Uhr in Betrieb, verkehrt viertelstündlich) ca. 1 Std. Zeitersparnis.
Info: Die für den Abstieg ursprünglich vorgesehene Route durch die Mühlbachschlucht (Soleleitungsweg) und den Müllersteig bleibt nach Auskunft der Tourismusinformation Hallstatt vorerst wegen Steinschlaggefahr gesperrt. Er soll 2024 (Salzkammergut ist mit Bad Ischl Kulturhauptstadt Europas) wieder begehbar gemacht werden.

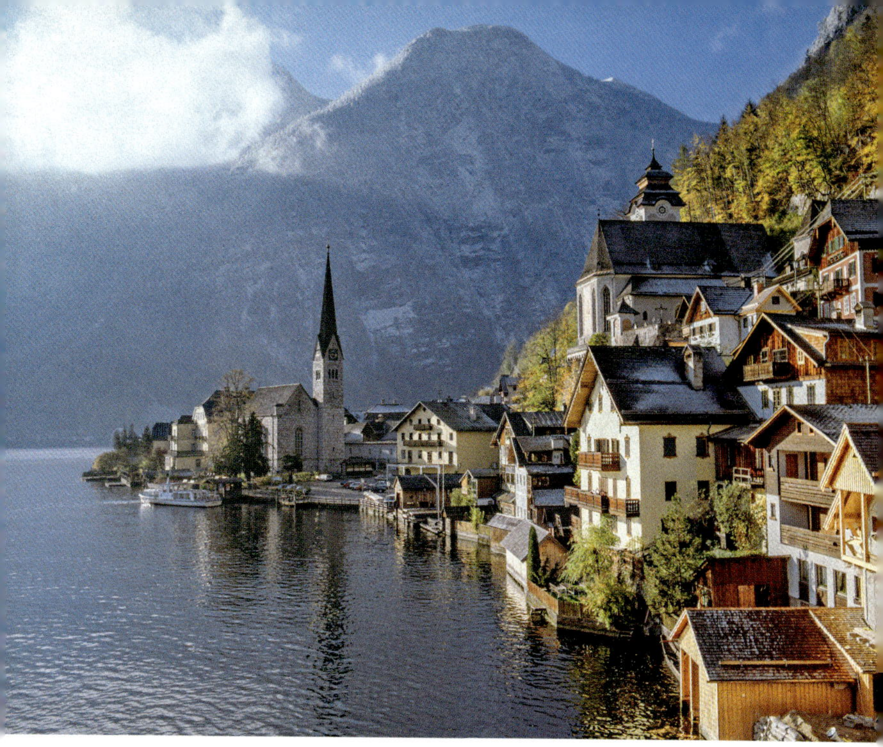

Das malerische Hallstatt.

Von **Hallstatt-Lahn/Parkplatz 2** ❶ gehen wir auf schmaler Asphaltstraße (Fahrverbot), an der Salzbergbahn-Talstation vorbei, in die ostseitigen, zum Hallstätter See hinschauenden Waldhänge des Salzberges hinein und dort in Nordrichtung aufwärts zu einer Abzweigung (rechts ab nach Hallstatt) und kurz weiter zur Verzweigung bei einem **Aussichtspunkt** ❷ (Paraplui). Nun biegen wir scharf links ab und gelangen auf einem breiten Kiesweg durch Buschwald in weiten Kehren nach Westen aufwärts zur Verzweigung an der nächsten Linkskehre (zwei Bänke). Hier halten wir uns rechts und gehen den Stichweg kurz eben weiter zur Mühlbachschlucht-Terrasse unterhalb eines schönen Wasserfalls (Tiefblick auf Hallstatt und See).

Zurück zum Hauptweg (Linkskehre) folgen wir diesem hinab zur nächsten Rechtskehre beim hölzernen Unterstand der **Obertrauner Rast** ❸ mit Sitzbänken. Auf dem breiten Kiesweg wandern wir durch Wald in Kehren hinauf zum Eingangsportal des Kaiser-Franz-Joseph-Stollen, 735 m,

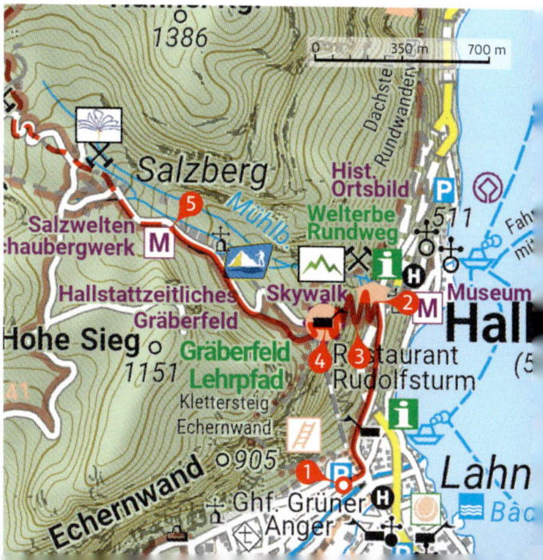

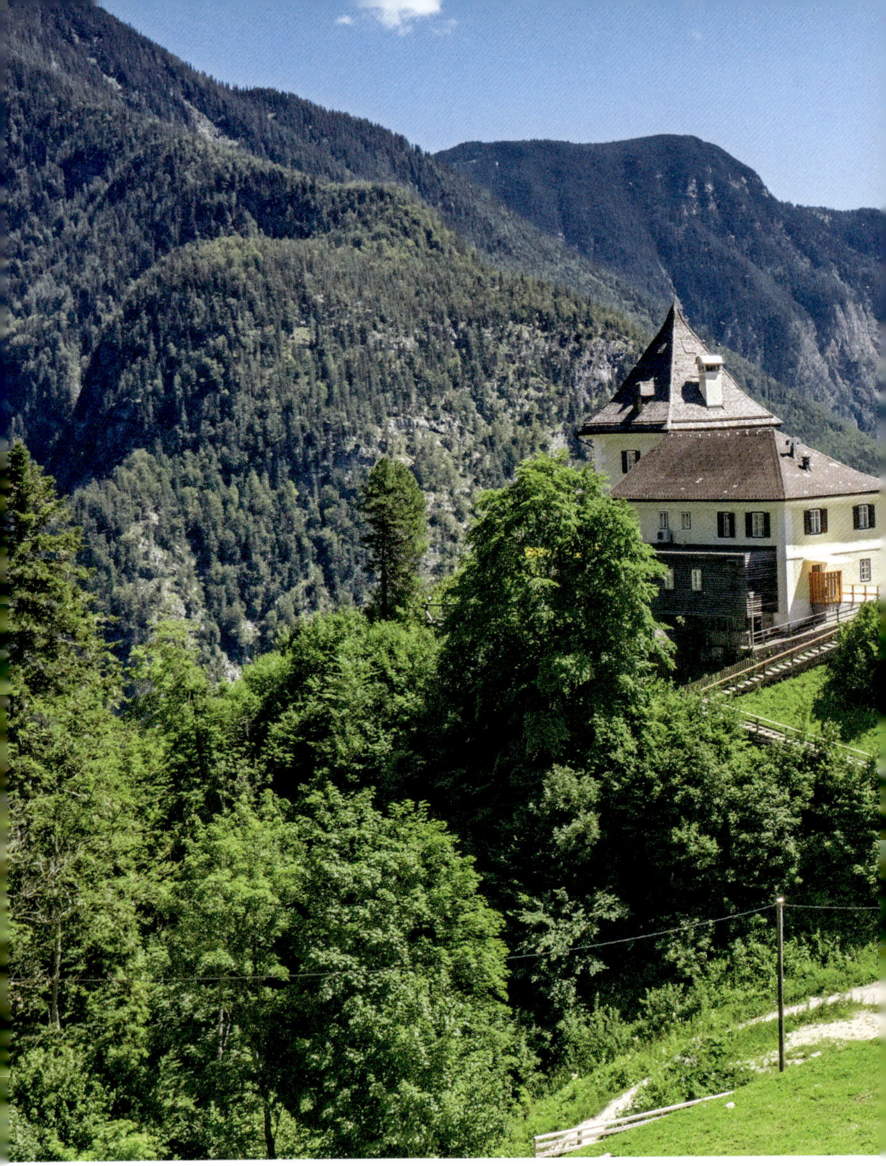

Das Restaurant Rudolfsturm am Hallstätter Salzberg.

und weiter in den Wiesensattel zwischen Hohe Sieg und Rudolfsturm am Auslauf des Salzberg-Hochtals. Nun geht es entweder scharf rechts über einen Stufenweg oder links, an der Salzbergbahn-Bergstation vorbei, über Stiegen (auch barrierefreier Panoramalift) und die Dr.-Hannes-Androsch-Brücke zum **Restaurant Rudolfsturm** **4** mit aussichtsreicher Gartenterrasse und spektakulärem Skywalk »Welterbeblick«.

Von der Salzbergbahn-Bergstation steigen wir über eine Stiege zur

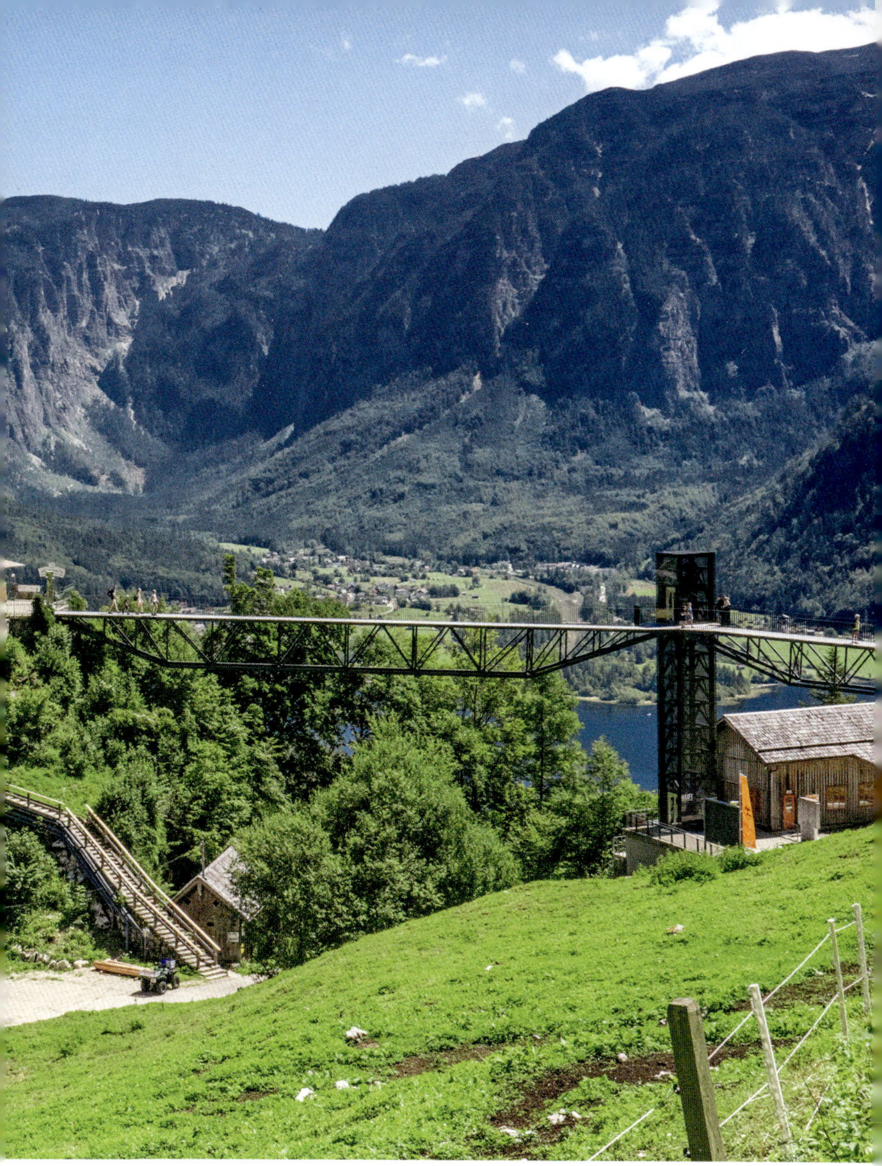

Hohen Sieg aufwärts, dann orientieren wir uns rechts auf dem am Waldrand entlangführenden asphaltierten »Gräberlehrpfad« – ein mit Infotafeln und Schaugräbern ausgestatteter Themenweg durch das weltberühmte Gräberfeld (ca. 2000 bis 4000 Einzelgräber) der Hallstattkultur – nach Nordwesten aufwärts zu dem in der Talsohle des Salzberg-Hochtales gelegenen **Hallstätter Salzbergwerk** ❺, 910 m.
Der Abstieg erfolgt entlang der Anstiegsroute.

31 Waldbachstrub und -ursprung

Von Hallstatt in das »Tal der stürzenden Wasser«

3.30 Std. | 9,2 km | ↗ 480 m | ↘ 480 m

Zu den Wundern des Echerntales

Gleich einem Canyon öffnet sich bei Hallstatt-Lahn das Echerntal gegen die blauen Wasserfluten des Hallstätter Sees. Es ist eines der großartigen Entwässerungstäler des Dachstein-Massivs mit Schluchten, Wasserfällen und Quellen wie die Klamm »Waldbachstrub«, in die der 95 Meter hohe Strubfall und der 150 Meter hohe Lauterbachfall stürzen. Oder die Riesenquelle »Waldbachursprung«, eine schon im vorigen Jahrhundert – der nach Waldbachstrub emporführende Gangsteig gilt als ältester »Klettersteig« des Salzkammerguts – bekannte Sehenswürdigkeit, die Schriftsteller wie Adalbert Stifter und Maler wie Ferdinand Waldmüller angelockt hat.

Ausgangspunkt: Hallstatt-Lahn, Parkplatz 2 (512 m; kostenpflichtig) beim Saline-Verwaltungsgebäude nahe der Talstation der Salzbergbahn (Schrägaufzug) südlich von Hallstatt.
Anforderungen: Unschwierige Tour. Am Gangsteig sind jedoch Trittsicherheit, Schwindelfreiheit und trockene Verhältnisse nötig.
Kinder: Mit Naturspektakel wie Riesenquelle und 100-Meter-Wasserfall sowie dem luftigen Gangsteig mitten durch eine senkrechte Wand ist das eine richtige Abenteuertour für gehfreudige Kinder. Allerdings sind die Aktivitäten der Sprösslinge auf dieser Wanderung stets im Auge zu behalten.
Einkehr: Zahlreiche Gastbetriebe in Hallstatt. Unterwegs keine Einkehr.
Hinweis: Bei Fahrt mit dem Auto bis zum Haus Dachsteinwarte (2 km ab Hallstatt-Lahn) insgesamt 45 Min. Zeitersparnis, aber weniger attraktiv als zu Fuß.

Waldbachursprung.

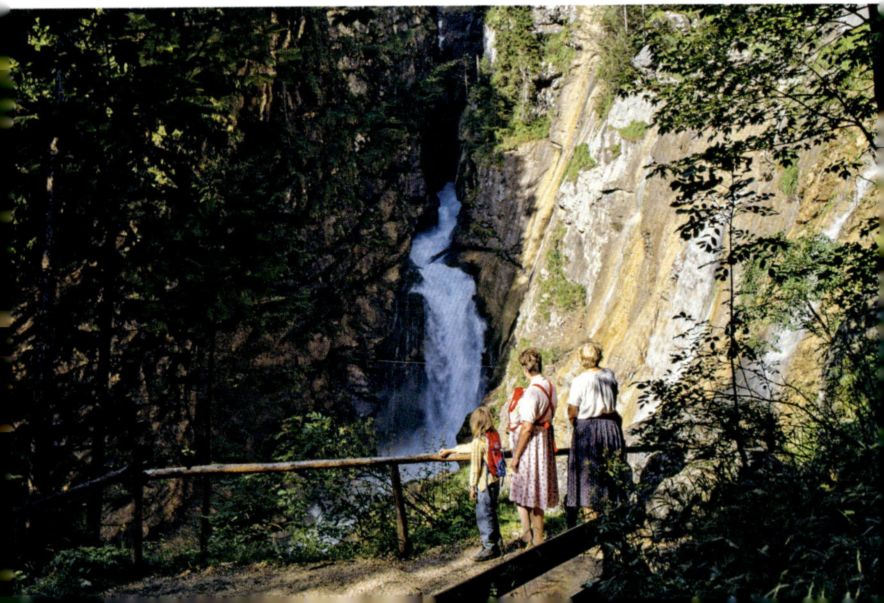

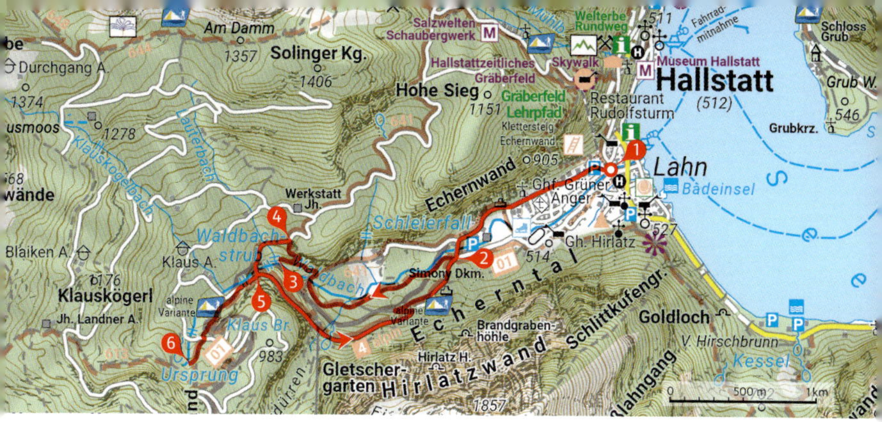

Vom **Parkplatz 2 in Hallstatt-Lahn** ❶ folgen wir der Straße kurz nach Westen zu einer Verzweigung. Hier gehen wir rechts auf dem Echerntalweg (Nr. 641), an Häusern vorbei, in den Wald zum imposanten Kreuzstein, später über Wiesen, am Waldbach entlang, zum Haus Dachsteinwarte. Links über den Bach zum **Parkplatz** ❷ am Ende der Straße von Lahn her. Hier halten wir uns rechts und folgen dem Malerweg neben dem Waldbach taleinwärts unter die Mitterwand, später überqueren wir den Bach nach rechts und gelangen wieder zum Echerntalweg. Dieser leitet nach links (Westen) hinauf zur Rechtsabzweigung des Gangsteiges und gerade weiter zum **Waldbachstrub** ❸, 660 m. In die eine enge Klamm des 95 m hohen Strubfalls münden an dieser Stelle die Wasserfälle des Klauskogelbachs und des 150 m hohen Lauterbachs.

Wir kehren zurück zur Abzweigung des Gangsteiges (Nr. 641) und folgen diesem durch Wald empor, dann die lotrechte Echernwand über ein steiles Felsband (Stufen, Geländersicherung) luftig nach links hinauf in den Wald und durch ihn nach Norden zur **Salzberg-Forststraße** ❹. Auf ihr halten wir uns links abwärts zur **Waldbachstrub-Steinbrücke** ❺ und jenseits zur Echerntal-Forststraße. Diese führt uns neben dem Waldbach 150 m nach rechts, dann auf Weg Nr. 601 und 613 links die bewaldeten Hänge nach Süden hinauf zu einer Teilung. Auf dem Weg Nr. 613 geht es rechts weiter, zuletzt gehen wir vom Weg ab und steigen nach rechts hinunter zur Riesenquelle des **Waldbachursprungs** ❻, 948 m.

Zurück zur **Waldbachstrub-Steinbrücke** ❺ gehen wir an der rechten Talseite die Forststraße weiter abwärts, später durch die Mitterwand (Tunnel) und über den Dürrenbach, schließlich an den Waldhängen unterhalb der Hirlatzwand hinab in das Echerntal und zum **Parkplatz** ❷ am Ende der Straße von Lahn her. Weiter auf bekanntem Weg zum **Parkplatz 2 in Hallstatt-Lahn** ❶.

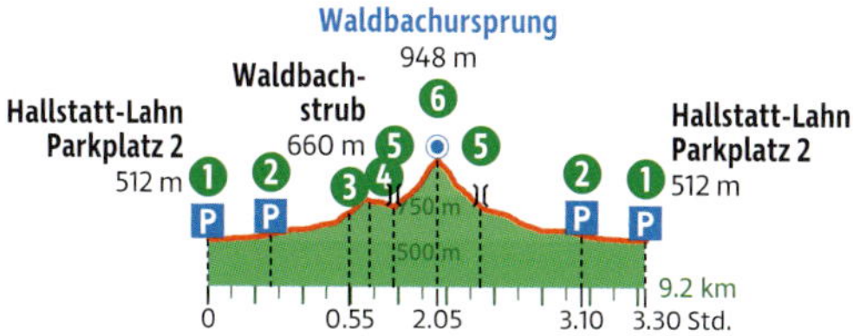

32 Vorderer und Hinterer Gosausee

Landschafts-Superlative im inneren Gosautal

TOP | 4.00 Std. | 13,4 km | ↗260 m | ↘260 m

Für Naturliebhaber ein Fest der Augen

Dass sich an seinen Ufern die Menschen häufen, ist angesichts der großartigen Hochgebirgslandschaft rings um den Vorderen Gosausee, wo Berg, See und Gletscher zu einem vollendeten Ganzen verschmelzen, nicht zu verwundern. Obgleich nicht mehr ganz naturbelassen – sein Pegel wurde zur Wassernutzung 1910 um rund 12 Meter angehoben – gibt der über dem dunklen Gewässer in gleißender Gletscherpracht dastehende Dachstein immer noch ein tolles Hochgebirgsbild ab. Auf unserem Streifzug vom Vorderen zum Hinteren Gosausee wandern wir sozusagen in das Motiv hinein, wobei sich hinter jeder Ecke, nach jeder Bergkante neue Perspektiven und Blickpunkte ergeben.

Der malerische Vordere Gosausee mit dem wuchtigen Dachstein.

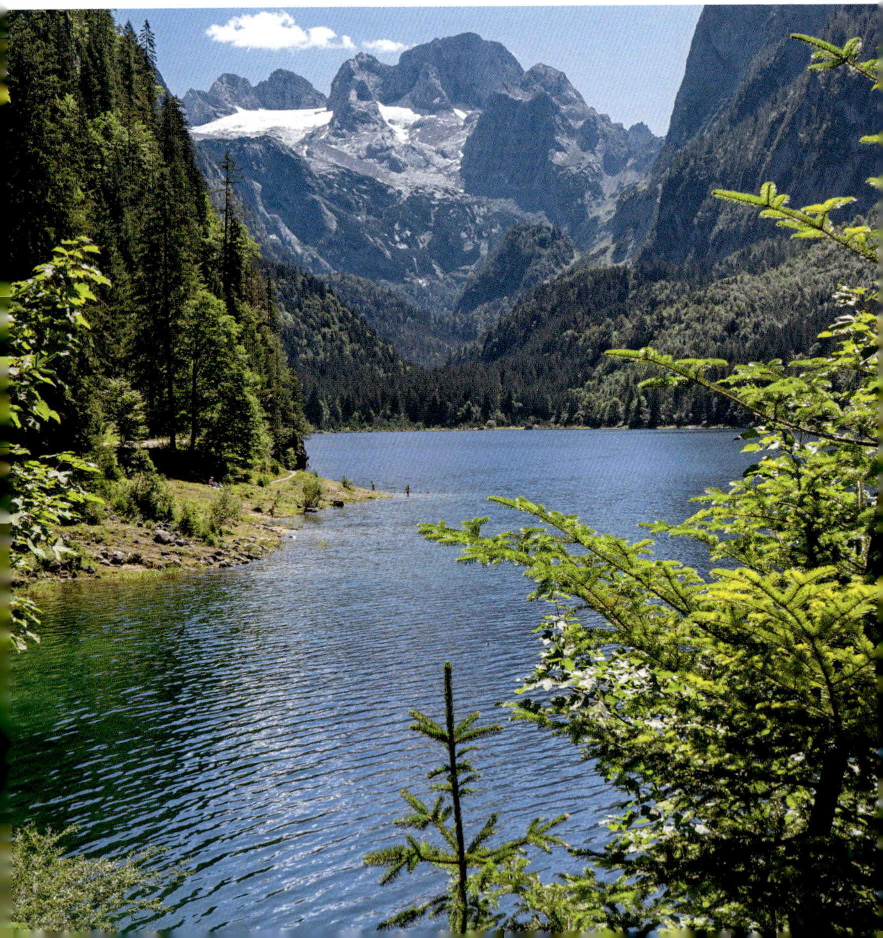

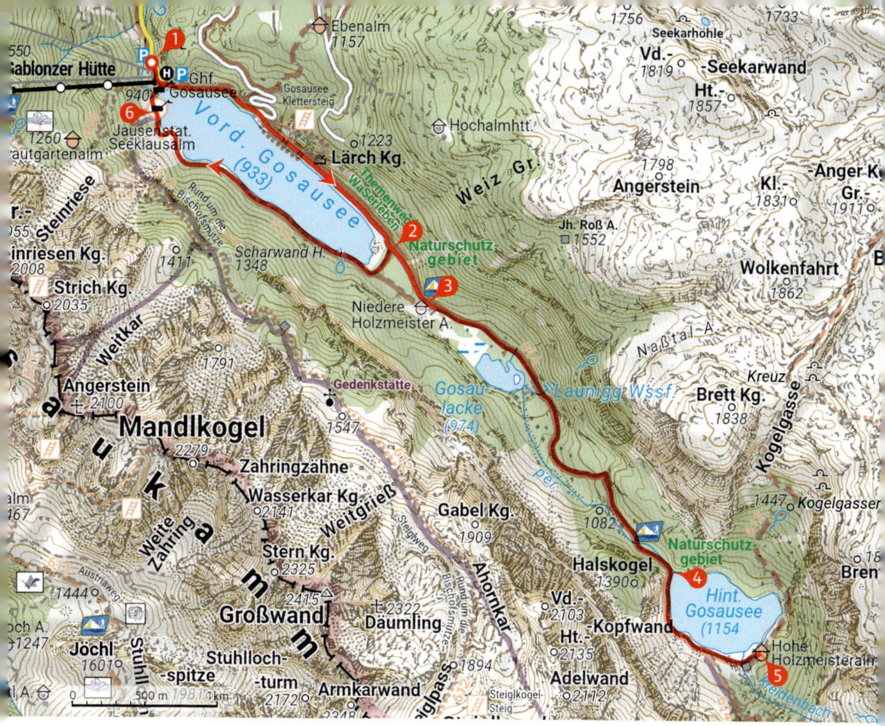

Ausgangspunkt: Großparkplatz Vorderer Gosausee (930 m; Bushalt Linie 542) knapp nördlich unterhalb des Sees, 7 km von Gosau.

Anforderungen: Einfache Wanderung auf markierten breiten Wegen.

Einkehr: Gasthof Gosausee (30 Betten., 10./15. April bis 5./10. Nov. geöffnet, im April und Nov. Ruhetage je nach Wetter, Tel. +43/6136/8514, www.gasthof-gosausee.at), Hintere Seealm (auch »Hohe Holzmeisteralm«, 20 Lager, 1. Juni bis 30. Sept. bewirtschaftet, Mi. Ruhetag, Tel. +43/664/1145113), Jst. Seeklausalm (auch »Klacklalm«, keine Nächtigung, 15. Mai bis 15. Sept. täglich geöffnet, Tel. +43/6136/8407).

Kinder: Herrliche Wanderung auch mit Kindern. Keine größeren Höhenunterschiede mit Einkehrmöglichkeit am entferntesten Punkt (Hintere Seealm).

Kinderwagen: Der Vordere Gosausee kann auf breiten Wegen mit dem Kinderwagen umrundet werden. Für den Besuch des hinteren Sees muss der Wagen 200 Höhenmeter bergauf geschoben werden.

Mountainbike: Die hier beschriebene Route ist für Radfahrer gesperrt.

Bademöglichkeit: Kommt man mit den Temperaturen zurecht, kann man in den kühlen Fluten des Vorderen Gosausees kostenfrei ein Bad nehmen.

Hinweis: Das Wasser des Vorderen Gosausees wird zur Stromgewinnung genutzt. Daraus resultieren die oft extrem niedrigen Wasserstände im Frühjahr und Herbst.

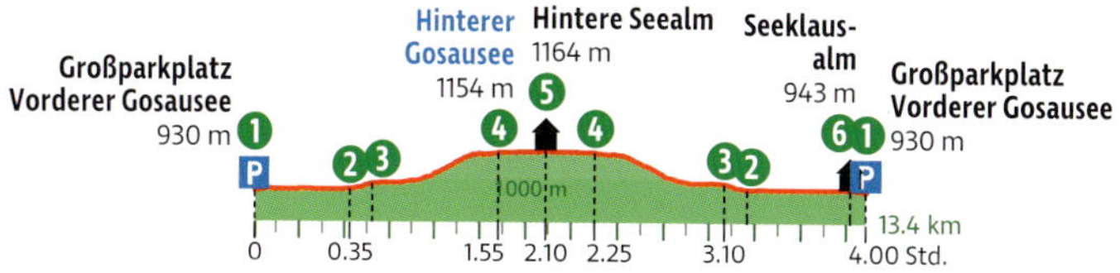

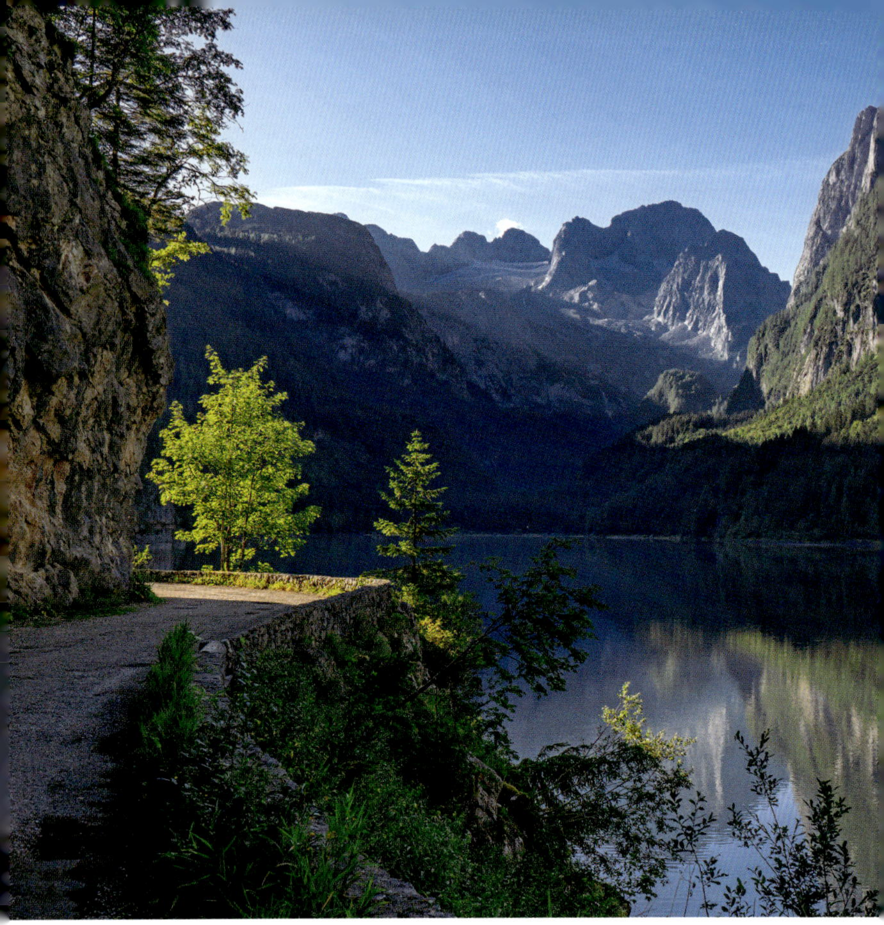

Bezaubernder Wanderweg am Vorderen Gosausee.

Vom **Großparkplatz Vorderer Gosausee ❶** folgen wir der Straße kurz nach Südosten hinauf zum Vorderen Gosausee (940 m, Gasthof) mit grandiosem Dachsteinblick. Auf dem viel begangenen breiten Weg Nr. 614 erwartet uns eine herrliche Wanderung am linken Seeufer (Nordufer) taleinwärts zum See-Ende und zu einer **Verzweigung ❷**. Hier gehen wir geradeaus durch den Wald zum Talboden um die **Vordere Seealm ❸**, 976 m (auch »Niedere Holzmeisteralm«), dann, an Gosau-Lacke (mitunter ausgetrocknet), Launigg-Wasserfall und Brandsee vorbei, zu einer Steilstufe. Über diese steigen wir empor und weiter zum **Hinteren Gosausee ❹**.

Am rechten Ufer (Südufer) erreichen wir kurz darauf die idyllisch gelegene **Hintere Seealm ❺**, 1164 m (auch »Hohe Holzmeisteralm«).

Auf dem bekannten Weg geht es zurück zur Verzweigung kurz vor dem Vorderen Gosausee. Hier biegen wir links ab und gelangen auf dem Süduferweg, an der malerischen **Seeklausalm ❻**, 943 m, vorbei, zum Nordwestende des Vorderen Gosausees (Gasthof) und weiter zum **Parkplatz ❶**.

Koppental

Von Bad Aussee nach Obertraun

33

3.30 Std. | 14,4 km | ↗ 150 m | ↘ 290 m

Wildnis pur an der Traun

Zwischen Bad Aussee und Hallstätter See durchströmt die junge Traun das wilde Koppental. Die steilen Flanken dieser Talenge zwischen Sarstein und Zinkenkogel haben schon immer die durch sie hindurchführenden Verkehrswege (Bahn und Straße) bedroht. Umso verwunderlicher mag es erscheinen, dass sich das Koppental auf bequemen Wegen genussreich durchwandern lässt. Für Abwechslung sorgen einladende Gaststätten, eine originelle Hängebrücke und kurz vor Obertraun die Wasser führende Koppenbrüller Höhle, deren Schönheiten man im Zuge einer Führung kennenlernt.

Ausgangspunkt: Ortszentrum von Bad Aussee (659 m; Bahn- und Bushalt, teils kostenpflichtige Parkplätze).
Zielpunkt: Obertraun (513 m; Bahn- und Bushalt), Ferienort östlich des Hallstätter Sees. Rückfahrt nach Bad Aussee mit den rund zweistündlich verkehrenden Zügen.
Anforderungen: Bequeme Wanderung auf guten Fahr- und Fußwegen
Kinder: Die Tour ist für Kinder ein großes Erlebnis, denn es warten romantische Rast- und Spielplätze am Bachufer, einladende Gastbetriebe und eine originelle schaukelnde Hängebrücke, sehr lohnenswert ist ein Besuch der großartigen Koppenbrüller Höhle (Führungen) gegen Ende der abwechslungsreichen Wanderung.
Einkehr: Mostschenke Sarsteinrast (vom 1. Mai bis 30. Sept. Do. bis Sa. 17–23 Uhr, So./Feiertag 14–23 Uhr geöffnet; Tel. +43/3622/55368, www.mostschenke.webnode.com) und Bauernschenke Kohler (vom 1. Mai bis 30. Sept. bei Schönwetter ab 10.00 Uhr tägl. geöffnet), beide im Ort Sarstein. Schutzhütte Koppental (vom 1. Mai bis 26. Okt. ab 10.00 Uhr geöffnet, im Mai und Okt. Donnerstag bis Sonntag, sonst täglich, www.koppental.at), Gasthaus Koppenrast (vom 1. Mai bis 31. Okt. offen, Mo. und Di. Ruhetag; Tel. +43/6131/231 und +43/664/1551038, www.koppenrast.at); alle ohne Nächtigung. Gasthöfe in Bad Aussee und Obertraun.
Varianten: Vom Gasthaus Koppenrast lohnt ein Besuch der Koppenwinkellacke unweit der im Sommer bewirtschafteten Koppenwinkelalm; zusätzlicher Zeitaufwand 30 Min. Koppental- und Hallstätter-See-Ostuferweg lassen sich zu einer Wanderstrecke kombinieren, die Bad Aussee mit Steeg und Bad Goisern (Rückfahrt per Bahn) verbindet; zusätzliche Gehzeit 2.30 Std.
Hinweis: Führungen in der Koppenbrüller Höhle zwischen 1. Mai und 25./30. Sept. von 9.00 bis 16.00 Uhr stündlich bzw. bei Bedarf; warme Kleidung! Informationen unter Tel. +43/50140, www.dachsteinwelterbe.at.

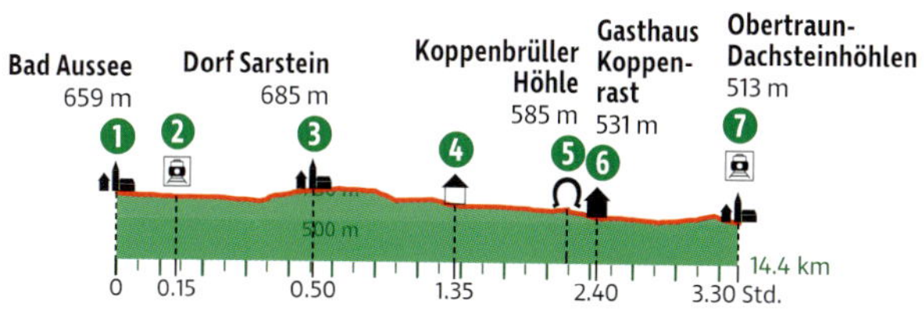

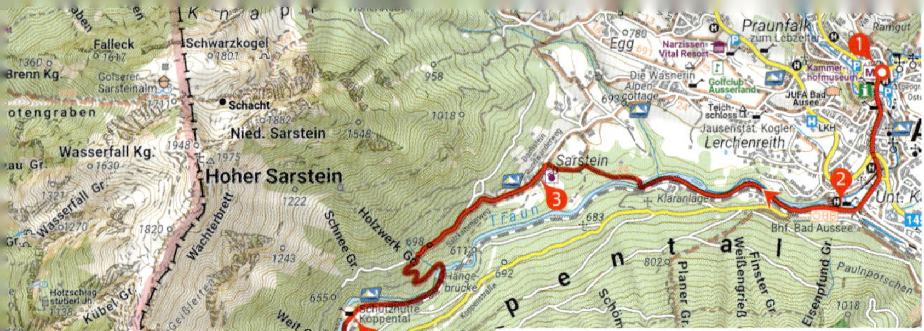
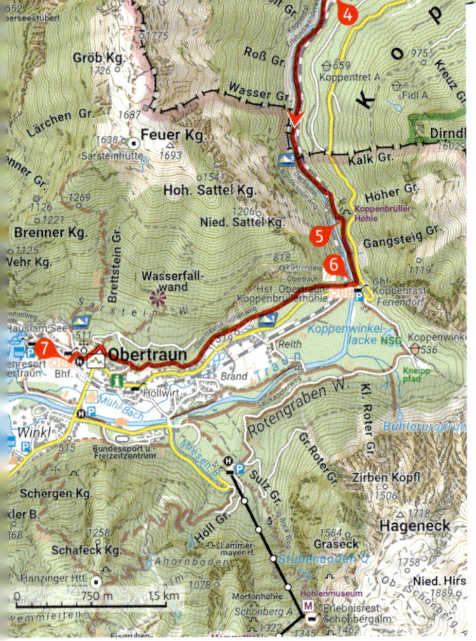

Von **Bad Aussee ❶** führt uns die Bahnhofstraße südwärts über die Traun zum **Bahnhof ❷** (Parkplatz). Wir folgen der Koppentalstraße in Richtung Obertraun 150 m nach Westen zum Bahnübergang. Vor diesem biegen wir rechts ab und gehen auf dem Fahrweg rechts unter dem Bahngleis eben fort zur Kläranlage Ausseer Land. Ein Kiesweg leitet uns in Westrichtung weiter, dann geht es nach rechts über die Traun und jenseits wandern wir nach Nordwesten aufwärts zu einer Lichtung mit Verzweigung. Wir halten uns links und steigen hinauf in das **Dorf Sarstein ❸**, 685 m.

Auf der Straße wandern wir südwestwärts aus dem Ort, dann an den bewaldeten Hängen des Sarsteins im Auf und Ab, bis wir eine Verzweigung erreichen. Wir folgen dem Fußweg nach links hinab in die Talsohle und gelangen dort über eine Hängebrücke an das Südufer der Traun. Jenseits spazieren wir am Bach entlang durch die Talenge zur Mündung des Schneegrabens (berüchtigte Lawinenbahn vom Sarstein herab) und gehen weiter zur **Schutzhütte Koppental ❹**, 600 m.

Der breite Weg leitet nun in Südrichtung zur Bahnbau-Kapelle, danach geht es durch einen aufgelassenen Bahntunnel und unter der Bahnbrücke hindurch zur Linkseinmündung einer Seitenschlucht. Diese wandern wir nach Südosten empor zu einer Verzweigung und halten uns links zum Eingang der **Koppenbrüller Höhle ❺** (Führungen, siehe Hinweis).

Von der Höhle gehen wir zurück zur letzten Verzweigung und dort – uns links haltend – an den Waldhängen über der Traun eben nach Süden. Es geht abwärts, zuletzt kreuzt unser Weg die Koppentalstraße zum **Gasthaus Koppenrast ❻**, 531 m.

Nun bleiben wir auf der Straße, die über die Traun führt und gelangen jenseits zur Rechtsabzweigung von Weg Nr. 1 (»Höhenweg«).

Auf ihm wandern wir durch den Wald eben nach Westen, dann geht es sanft aufwärts und nach einem längeren Flachstück kommen wir hinab zu einer querenden Asphaltstraße. Diese führt uns hinunter in den Ortsbereich von Obertraun, 513 m, und dort zur **Bahnhaltestelle Obertraun-Dachsteinhöhlen 7**. Mit dem Zug geht es zurück zum Bahnhof nach Bad Aussee.

Auf dem Weg zur Koppenbrüller Höhle.

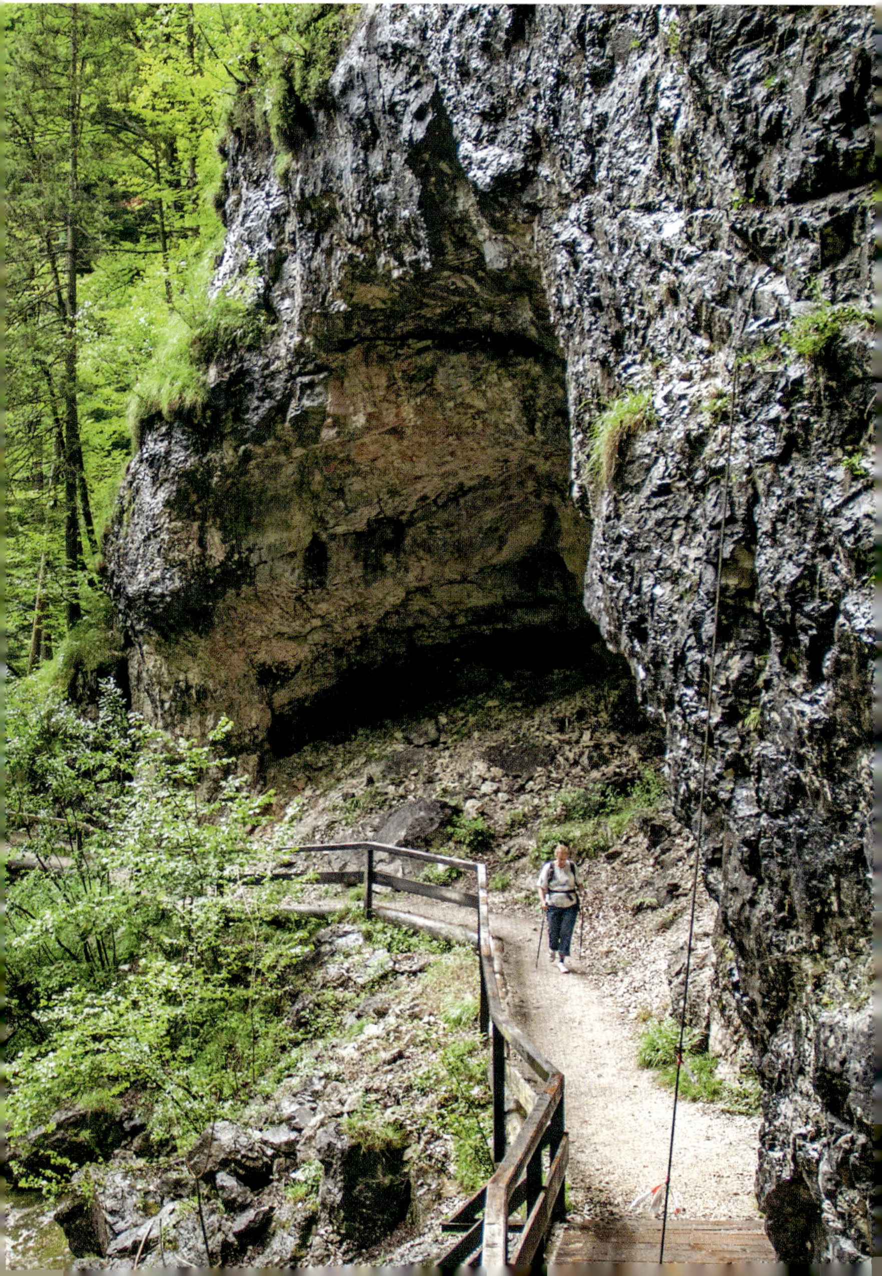

34 Sommersbergsee, 856 m

Ein warmer Moorteich bei Bad Aussee

2.45 Std. | **9,7 km** | **↗ 210 m** | **↘ 210 m**

Beliebtes Ausflugsziel im steirischen Salzkammergut

Neben den bekannten größeren Seen des steirischen Salzkammerguts – Altausseer See, Grundlsee, Toplitzsee und Ödensee – finden sich eine Reihe kleinerer Lacken, Bergseen und Teiche, die ebenfalls den Besuch lohnen. Unter ihnen hat der an der Pötschenstraße unterm Sarstein gelegene Sommersbergsee als warmes Moor- und Bade-Gewässer unter den Ausseer Urlaubsgästen einen besonderen Ruf. Wir besuchen den See im Zuge einer Runde, die von Bad Aussee über die Wiesenhochflächen Schmiedgut, Ischlberg und Helmbichl zum See und zurück zum Ausgangspunkt bringt.

Ausgangspunkt: Der Kurhausplatz im Zentrum von Bad Aussee, 659 m (Bahn- und Bushalt, teils kostenpflichtige Parkplätze), renommierter Kur- und Ferienort im Zentrum des steirischen Salzkammerguts.

Anforderungen: Einfache kurze Wanderung auf bez. Wegen und Straßen.

Kinder: Einfache mittellange Wanderung, die auch in Begleitung von Kindern anzuraten ist.

Einkehr: Zahlreiche Gastbetriebe in Bad Aussee. Hotel »Die Wasnerin«, 200 B., im November zwei Wochen geschlossen, sonst ganzjährig geöffnet, kein Ruhetag, Tel. +43/3622/52108, www.diewasnerin.at).

Bademöglichkeiten: Der Sommersbergsee, ein Moorsee, gilt als einer der wärmsten Seen des Salzkammerguts. Seine unverbauten Ufer und traumhaft schönen Liegewiesen laden zu einem Bad ein.

Hinweise: Aufgrund von Rechtsstreitigkeiten ist der Sommersbergsee (Privatbesitz) derzeit nicht zugänglich (Stand Frühjahr 2023). Nach Auskunft der Gemeinde Bad Aussee steht jedoch eine Klärung in Aussicht, sodass der Seebesuch ab Sommer 2023 wieder möglich sein dürfte. Von der B 145 (Bushalt Linie 952 »Bad Aussee Alpengarten«) lohnender Besuch des Bad Ausseer Alpengartens mit rund 2000 Arten; tägl. 8–18 Uhr geöffnet, von Mai bis Sept. kostenpflichtig, sonst gratis; Führungen jeden Montag 14.30 Uhr oder per Anmeldung, Tel. +43/676/83622543, www.badaussee.at/alpengarten).

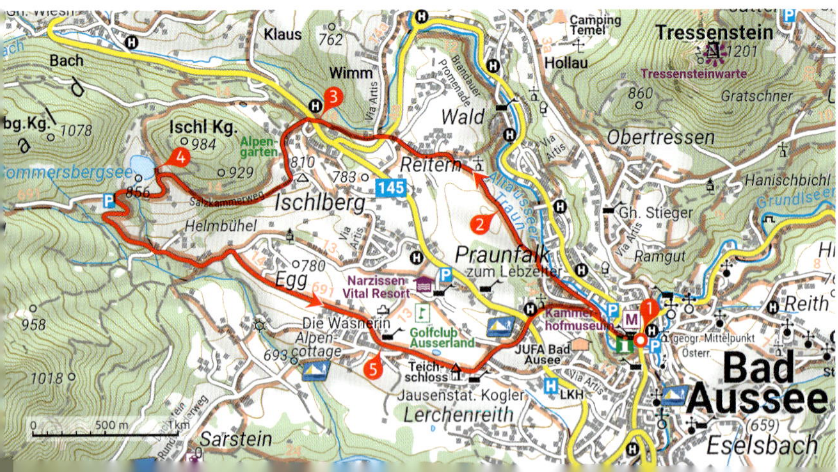

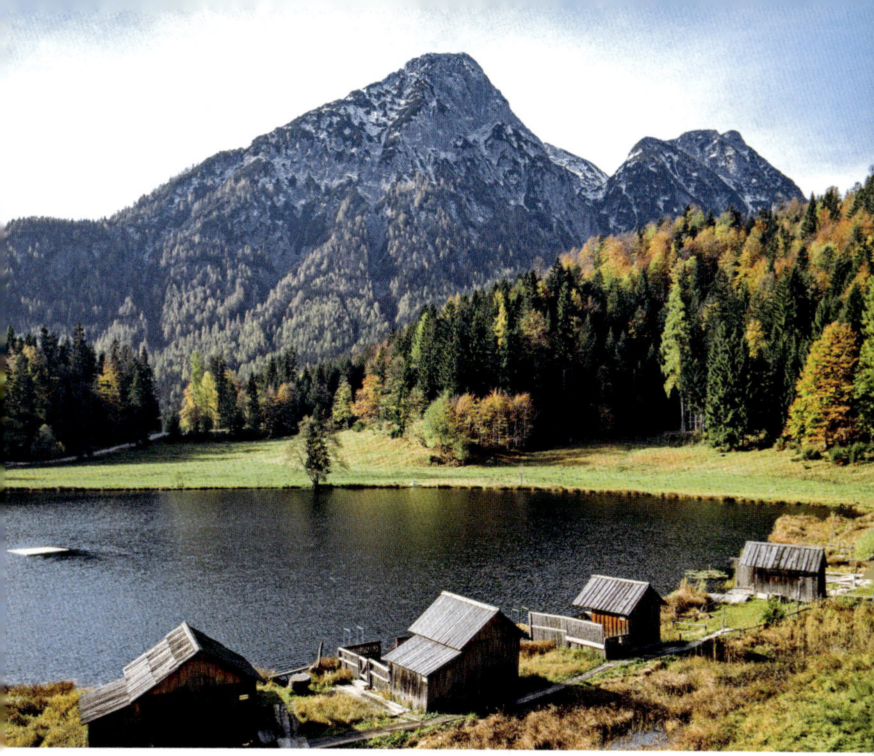

Der Sommersbergsee im Herbst.

Von **Bad Aussee ❶** (Kurhausplatz) durchqueren wir westwärts die Ischler Straße und erreichen über die Altausseer Traun das Hotel Steirerhof. Rechts gegenüber auf dem Fahrweg Nr. 14 neben der Traun geht es 200 m nach Nordwesten zu einer Teilung. Nun steigen wir links die Asphaltstraße steil zur **Wiesenhochfläche Schmiedgut ❷** empor und über sie nach Nordwesten, schließlich führt unser Weg nach rechts hinab zur Altausseer Zubringerstraße. Jenseits leitet ein Weg über Wiesen und durch Wald westwärts empor zur **B 145 ❸** (Bushalt Linie 952 »Bad Aussee Alpengarten«). Nun folgen wir der Naturstraße (Weg Nr. 14) durch den Wald nach Südwesten aufwärts zu einer Verzweigung bei einigen Häusern (nach rechts geht es zum Alpengarten). Auf dem bezeichneten Weg wandern wir am Waldrand gerade fort, dann im Rechtsbogen um den Ischlkogel herum zu dem westlich von ihm in einer Mulde gelegenen **Sommersbergsee ❹**, 856 m. Vom See steigen wir nach Südwesten hinauf zum Beginn einer Asphaltstraße. Diese führt uns in Kehren nach Süden hinunter, dann gehen wir ostwärts über Wiesen, am **Hotel Wasnerin ❺** vorbei, zur Linksabzweigung einer Straße. Auf ihr – die ehemalige Panoramapension Teichwirt bleibt links – gelangen wir zur B 145 und jenseits steil hinab nach **Bad Aussee ❶**.

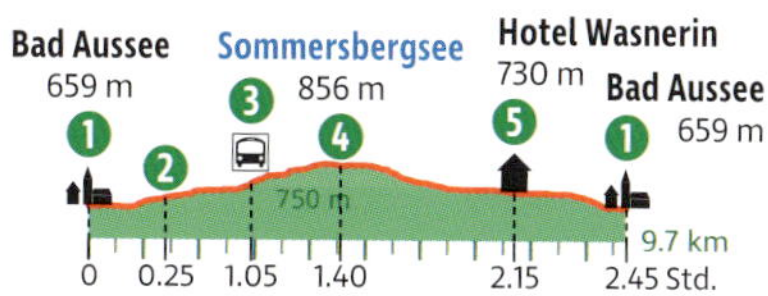

35 Um den Altausseer See

Im Banne von Dachstein und Trisselkogel

TOP | 2.00 Std. | 6,9 km | ↗ 30 m | ↘ 30 m

Highlight unter den Uferwegen des Salzkammerguts

Eine der beliebtesten Wanderungen des Salzkammerguts führt um den Altausseer See herum. Das ist eine ausgesprochen klassische Tour, die manche jährlich, viele sogar täglich absolvieren und die, der tollen Landschaft wegen, auch gutes Wetter verdient. Da fasziniert auf der einen Seite die unvermittelt und übermächtig aus dem See aufsteigende Trisselkogel-Westwand, auf der anderen der im gleißenden Schneegewand dastehende Dachstein. Einige Wegstrecken und Stationen der Runde sind zudem berühmt geworden: Die Seevilla und der Brahmsweg am Westufer, die Badebuchten beim Strandcafe und an der Jausenstation Kahlseneck sowie die paradiesisch schöne Seewiese am Ostufer mit zwei bekannten Gastbetrieben.

Ausgangspunkt: Fischerndorf, 719 m, östlicher Ortsteil von Altaussee, direkt am See gelegen. Eigentlicher Startplatz dort ist das »Hotel am See«.
Anforderungen: Problemlose Wanderung auf breitem Promenadenweg. Viel begangen.
Kinder: Erfüllt alle Voraussetzungen einer Kinderwanderung: Kurzweil, Badespaß und Einkehrmöglichkeit sowie geringe Anstiegshöhenmeter.
Einkehr: Jausenstation Kahlseneck (keine Nächtigung, ganzjährig geöffnet, außerhalb der Hauptsaison bei Schlechtwetter Mi. und Do. Ruhetag, Tel. +43/664/4102545, www.kahlseneck.at), Jagdhaus Seewiese (keine Nächtigung; 1. Mai–31. Okt. ab 10 Uhr offen, im Okt. Mo., sonst kein Ruhetag; Museum »Naturraum Altausseer See« Tel. +43/664/3387622, www.jagdhaus-seewiese.com), Ausflugsgasthaus Seewiese (keine Nächtigung, geöffnet 1. Mai –31. Okt.; Juli und August kein, sonst Mo., im Okt. Mo. und Di. Ruhetag, Tel. +43/3622/71205, www.seewiesealtaussee.at), Strandcafé (Apartments, vom 1. Mai bis 30. Sept. tägl. 11–23 Uhr geöffnet,). Mehrere Gaststätten am Westufer und in Altaussee.

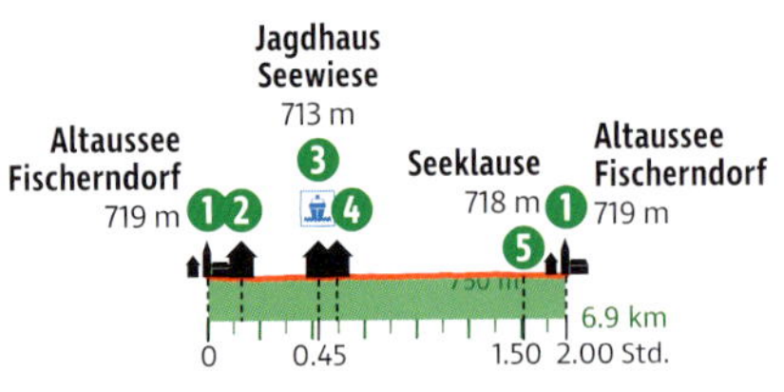

Kinderwagen: Der Weg um den Altausseer See ist zur Gänze kinderwagentauglich. Für den, der schiebt, dürfte allerdings hier die Weglänge (7 km) ein entscheidendes Kriterium sein. Etwa ab der Weghälfte (Seewiese) bietet sich jedoch eine (kräftesparende) Rückfahrt per Schiff nach Altaussee an.
Mountainbike: Auf dem Seerundweg sind Radfahrer nicht gerne gesehen. Im Sommer ist allerdings die Radzufahrt zu den Ufer-Badeplätzen erlaubt.
Bademöglichkeit: An heißen Sommertagen ist der Altausseer See unter Urlaubern überaus beliebt. Seine Ufer und damit die Badestrände und -wiesen sind ganzjährig frei zugänglich.
Variante: Von der Anlegestelle auf der Seewiese Rückkehr per Schiff (mehrmals täglich) nach Fischerndorf; 1 Std. Zeitersparnis.
Hinweis: Zur Zeit der Schneeschmelze oder nach längeren Regenfällen können die »Liager« bestaunt werden, aus einer Felswand nahe dem Jagdhaus Seewiese stoßweise heraussprühende Überlaufquellen (Wasserspeier).

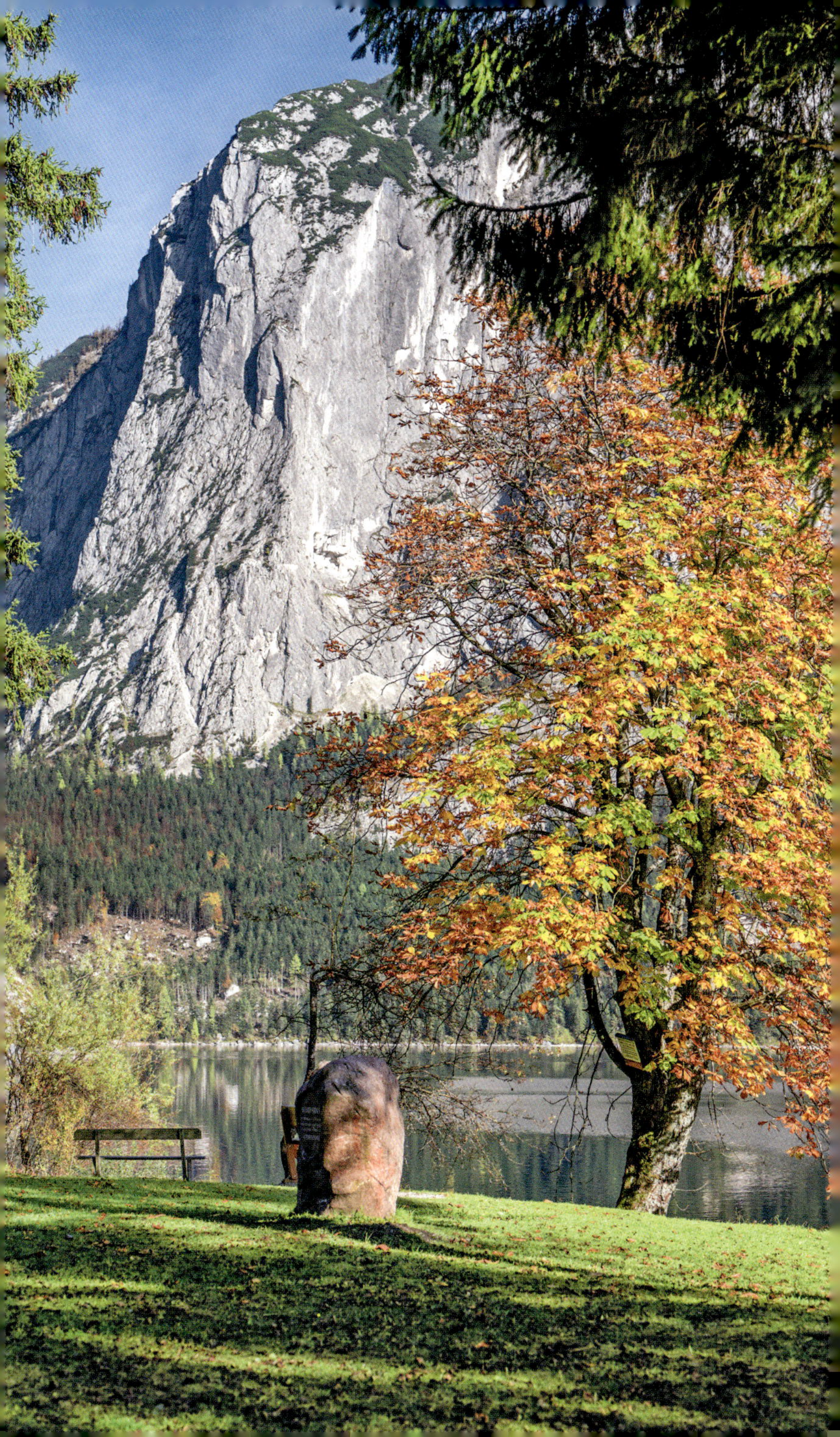

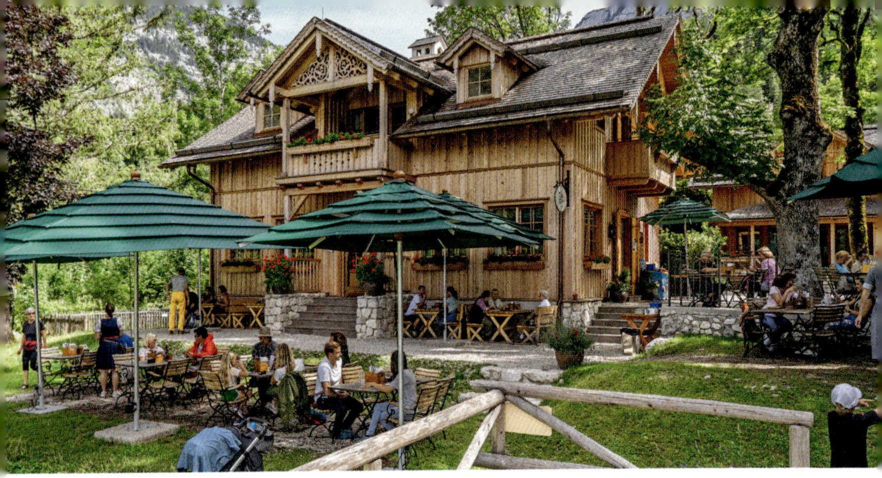

Bild Seite 117: Altausseer See mit der imposanten Trisselkogel-Westwand.
Oben: Das Ausflugsgasthaus Seewiese.

Vom »Hotel am See« in **Fischerndorf ❶** spazieren wir entlang der Uferpromenade (»Kerry-Weg«, Nr. 1a und 212) an der **Jausenstation Kahlseneck ❷** (schöner Freibadeplatz) vorbei, dann auf einem breiten Weg, am steilen, teilweise felsigen Nordufer zum Nordostende des Sees mit Weggabelung, bei der wir rechts abbiegen. Wir folgen einem unbezeichneten Fußweg zur nahen »Seewiese« mit dem **Jagdhaus Seewiese ❸** (713 m, Schiffsanlegestelle) und gehen über die Wiese nahe dem Seeufer ostwärts weiter zu dem im lichten Baumbestand gelegenen **Ausflugsgasthaus Seewiese ❹**, 715 m, wo man wieder den breiten Ufer-Rundweg erreicht. Auf ihm wandern wir durch Buschwerk und Wald nun am Ostufer des Sees unter der imposanten Trisselwand entlang, danach, mehrere Buchten ausgehend, zum Strandcafé und weiter zum westlichen See-Ende beim **Abfluss der Altausseer Traun ❺** (»Seeklause«).

Nun geht es nach rechts über den Bach zum Hotel Seevilla, dann auf dem »Johannes-Brahms-Weg«, am Westufer entlang, nach **Altaussee/ Fischerndorf ❶**.

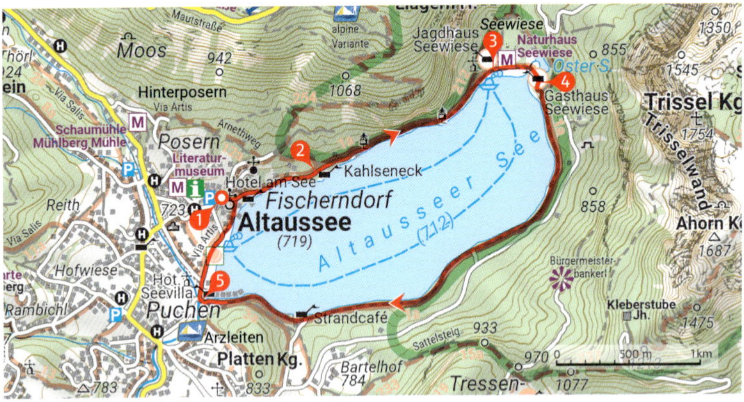

Augstsee, 1643 m: Erzherzog-Johann-Weg

Von der Loserhütte zum und um den See

36

1.15 Std. | 3,1 km | ↗190 m | ↘190 m

Anspruchslose Wanderung gegenüber Dachstein und Tauern

In einem grünen Kar am Westrand des Toten Gebirges gelegen, ist der Augstsee oberhalb von Loser-Alm-Parkplatz und Loserhütte eine Top-Adresse für Landschaftsliebhaber und Fotografen: Denn bei absolut geringstem Zeit- und Kraftaufwand lässt sich da ein Optimum an Eindrücken gewinnen. Oder gibt es etwas Schöneres als das ovale Seeauge zu umrunden, nach den besten Motiven Ausschau zu halten, wobei sich von erhöhten Standpunkten traumhafte Fernblicke zur Dachstein- und Tauern-Region ergeben? Dass hier aufgrund der Auffahrtsmöglichkeit (Loser-Mautstraße) der Besucherstrom bisweilen unerträgliche Ausmaße annehmen kann, sei jenen verraten, die den See unbedingt an Schönwetter-Wochenenden besuchen wollen.

Ausgangspunkt: Parkplatz Loserhütte (1504 m; Bushalt) bei Kehre 12 der Loser-Panoramastraße, 700 m vor dem Straßenende am Loser-Großparkplatz, 11 km von Altaussee. Die Loser-Panoramastraße (Maut!) ist von Ende April/Anfang Mai bis Ende Oktober/Anfang November geräumt bzw. befahrbar.

Anforderungen: Ganz bequeme, kurze Wanderung zu einem zwar wunderschönen, an Schönwettertagen leider extrem übervölkerten Bergsee.

Kinder: An heißen Tagen kann die Wanderung mit einem Badevergnügen an den Wiesenufern des Augstsees aufgepeppt werden.

Einkehr: Bergrestaurant Loser Alm beim Großparkplatz am Ende der Loser Panoramastraße (keine Nächtigung; mit der Loser-Mautstraße geöffnet, Tel. +43/3622/71 315-600 und +43/676/8781 3260, www.loseralm.at), Loserhütte (ÖAV, 25 B., 75 L.; von 10./15. Mai bis 1. Nov. geöffnet, Tel. +43/3622/71202, www.loserhuette.at).

Kinderwagen: Der Augstsee kann (vorteilhaft vom höher gelegenen Loser-Großparkplatz aus) auf geschottertem Fahrweg in etwa 10 Minuten auch mit dem Kinderwagen besucht werden.

Gipfelmöglichkeiten: Vom Parkplatz Loserhütte kann der stolze Felsgipfel des Loser von geübten Gehern auf

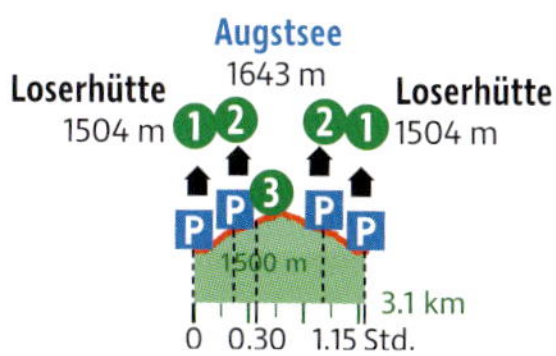

markiertem Steig in etwa einer Gehstunde erreicht werden. Vom Loser-Großparkplatz lohnt die Besteigung des Bräuning Zinken (1899 m, markierter Weg, 1 ½ Std. Zeitaufwand, tolle Rundsicht!).

Tipp: Wegen des großen Besucherandrangs im Hochsommer, vor allem an den Wochenenden empfiehlt sich die Wanderung vorwiegend an Wochentagen und außerhalb der Sommerferien (Juli, August).

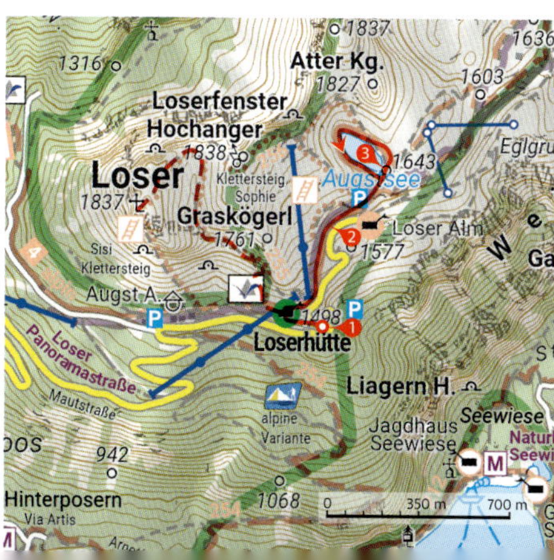

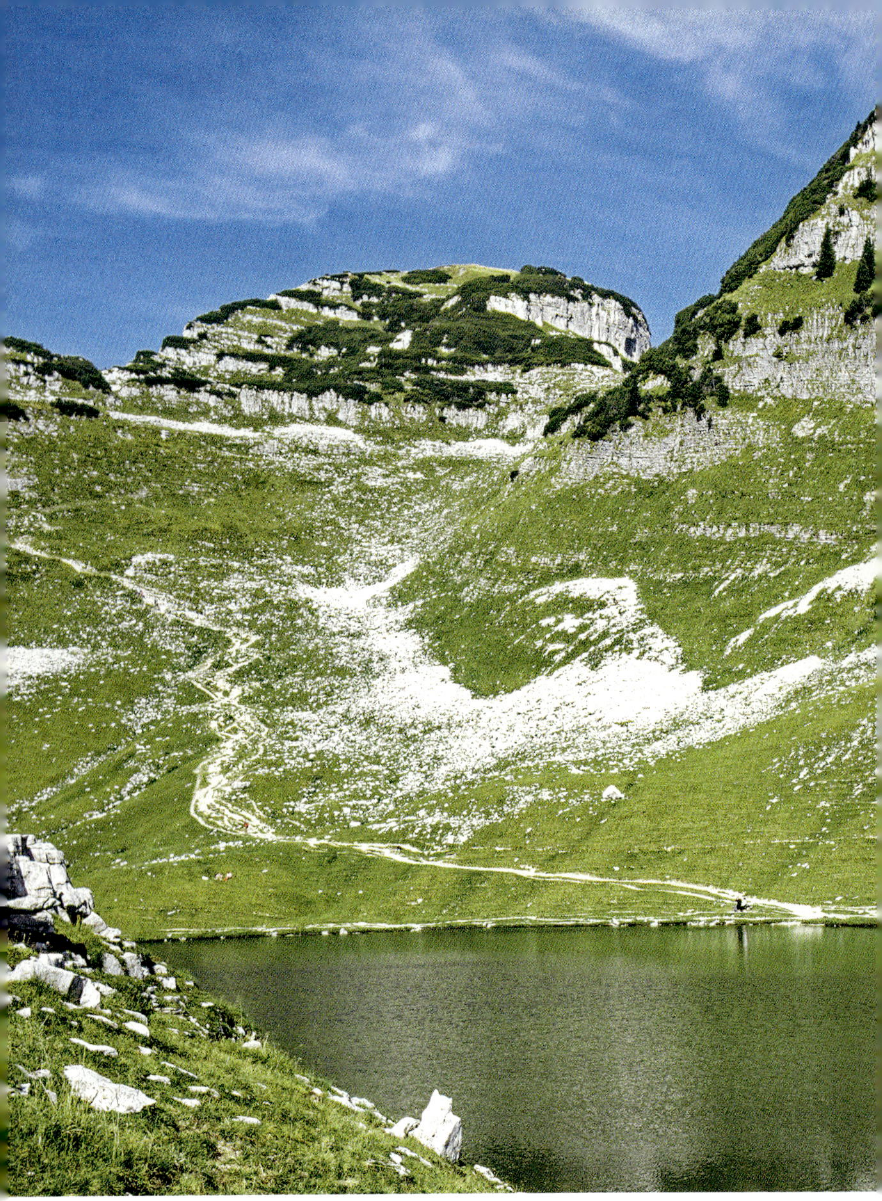

Der Augstsee mit dem markanten Atterkogel.

Vom Parkplatz **Loserhütte** ❶ folgen wir der Zufahrtsstraße 80 m eben nach Westen zur aussichtsreich gelegenen Loserhütte, 1504 m. Dort halten wir uns rechts und gehen auf dem Naturfahrweg Nr. 201 mäßig steil nach Nordosten aufwärts zum **Loser-Großparkplatz** ❷ (600 m – mit sehr empfehlenswertem Restaurant und herrlichem Dachsteinblick!) am Ende der Loser-Panoramastraße. Ohne den Parkplatz zu betreten,

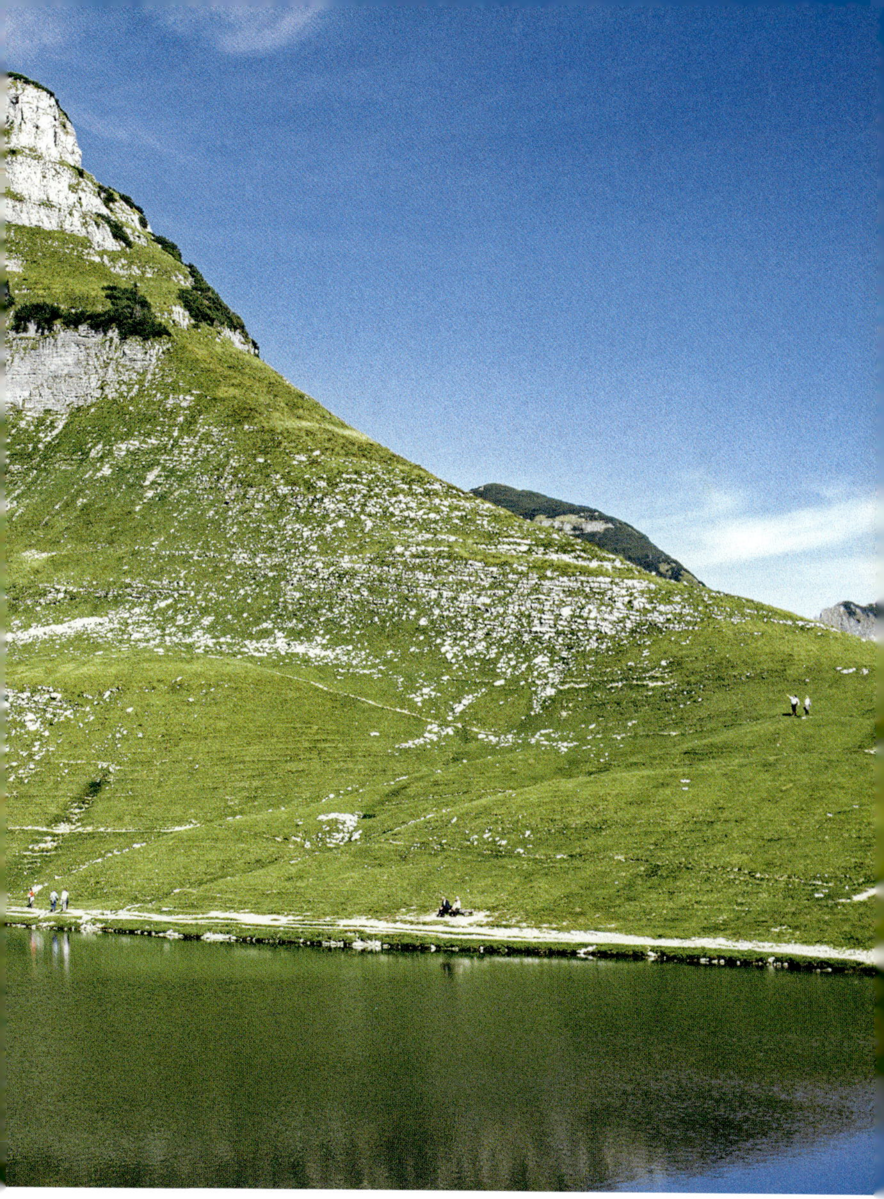

führt uns der Fahrweg in Nordostrichtung nun steiler weiter bergauf zum Südende des in einer geräumigen Wiesenmulde gelegenen **Augstsees** ❸, 1643 m.
Anschließend leitet uns der Erzherzog-Johann-Rundweg mit wunderbaren Ausblicken auf Dachstein und Tauern entgegen dem Uhrzeigersinn um das See-Oval (!) herum, bevor wir auf bekanntem Weg zurück zum **Ausgangspunkt** gelangen ❶.

37 Zimitz-Wasserfall und Zimitzalm

Wassergetöse und Einkehrfreuden nacheinander

2.00 Std. | 4,7 km | ↗ 260 m | ↘ 260 m

Zwei Top-Tourenziele überm Grundlsee-Nordufer

Neben Gößler Dreiseenblick, Toplitzsee-Runde und Süduferweg gehören Zimitzalm und -Wasserfall zu den lohnendsten Zielen im Grundlsee-Gebiet. Der Wasserfall findet sich im Mittelteil des Zimitztals zu Füßen des plattengepanzerten Reichenstein. Vor allem im Frühling sind die über senkrechte Felsen herabstürzenden Wassermassen eine Schau. Hat man Zeit, dann sollte man unbedingt bis zu der auf anmutiger Almweide im Talschluss gelegenen Zimitzalm weiterwandern, wo man sich in der kleinen Seidlhütte mit allerlei heimischen Schmankerln und kühlen Getränken verwöhnen lassen kann.

Ausgangspunkt: Parkplatz Zimitzbach (720 m; Gebühr 9–18 Uhr per Parkautomat 1 Euro pro Stunde, Tagesgebühr 4 Euro; Bushalt an der Straße 200 m weiter westlich) an der Grundlsee-Uferstraße beim Murbodenhüttl, 9 km von Bad Aussee.

Anforderungen: Unschwierige Wanderung auf gutem, aber unbez. Weg.

Kinder: Diese Tour ist für wanderfreudige Kinder wie geschaffen, denn mit vermoderten Bäumen und moosigen Felsen erweist sich der obere Zimitzbach als ideales Spielgewässer. Schlussendlich wartet als »Lockvogel« und Belohnung eine herzhafte Jause an der Seidlhütte der Zimitzalm.

Einkehr: Restaurant Murbodenhüttl (keine Nächtigung, ganzjährig 10–20 Uhr geöffnet, Tel. +43/3622/8588, www.murbodenhuettl.com, schöner Badeplatz am unverbauten Grundlsee-Ufer), Jst. Seidlhütte auf der Zimitzalm (keine Nächtigung, im Juli und August tägl. 10–16 Uhr geöffnet).

Variante: Fühlt man sich, an der Zimitzalm angelangt, noch bei Kräften, kann man auf aussichtsreichen Güterwegen südostwärts über die Waldschulter oberhalb der Bachwand zur Gößler Schwaiber Alm, 1113 m, und von dort auf den Wegen Nr. 213 und 214 über Schachen und die Grundlsee-Norduferstraße zum Ausgangspunkt zurückkehren. Zeitaufwand ab Zimitzalm: 1 ½ Std.

Auf der Zimitzalm.

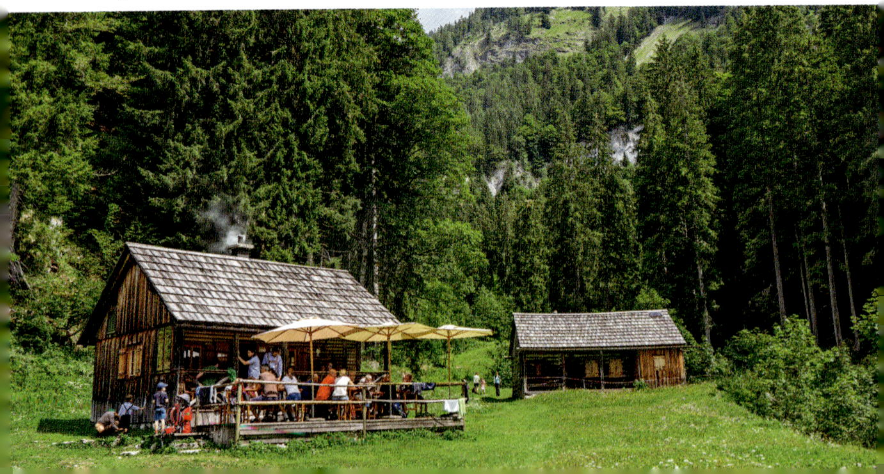

Der Zimitz-Wasserfall mit seinen über senkrechte Felsen hinabstürzenden Wassermassen.

Vom **Parkplatz Zimitzbach ❶** gehen wir auf der Forststraße im Wald nach Norden aufwärts zu einer aufgelassenen Schottergrube und 200 m weiter zur Abzweigung eines Fußweges scharf nach links hinauf. Dieser Fußweg führt uns durch lichten Wald im Rechtsbogen bergan zu einem schönen, breiten Waldweg. Diesem (Weg Nr. 5, keine Markierung) folgen wir an der linken Talseite nach Nordosten aufwärts zu einer Verzweigung. Hier biegen wir rechts ab und steigen auf einem unmarkierten Weg hinab zum abgezäunten Aussichtsplatz **Zimitz-Wasserfall ❷**, 860 m. Von hier können Geübte auf dem unbefestigten Pfad noch weiter bis in den Schluchtgrund, 850 m, absteigen.

Wir gehen wieder hinauf zum Hauptweg, auf dem wir uns nun rechts halten und an der linken Talseite neben dem rauschenden Zimitzbach weiterwandern, zuletzt über den Bach nach rechts und hinauf zu den auf einer schönen Waldwiese gelegenen Hütten der **Zimitzalm ❸**, 983 m. Sensationell ist der Blick in die grandiose Südwand des Reichenstein – inklusive einer imponierenden Fernschau zum Dachstein.

Der Abstieg erfolgt auf demselben Weg. Wer möchte, kann auch über die Gößler Schwaiber Alm zum Parkplatz Zimitzalm zurückkehren (siehe Variante, 90 statt 50 Minuten).

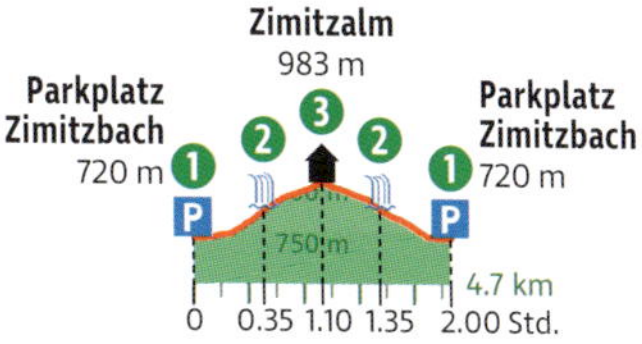

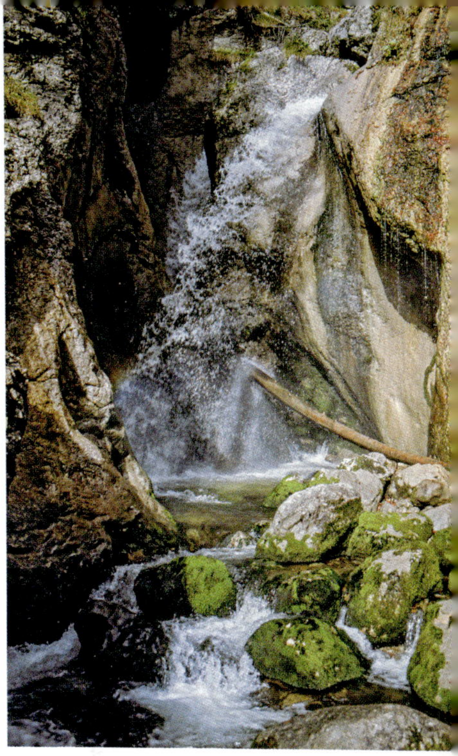

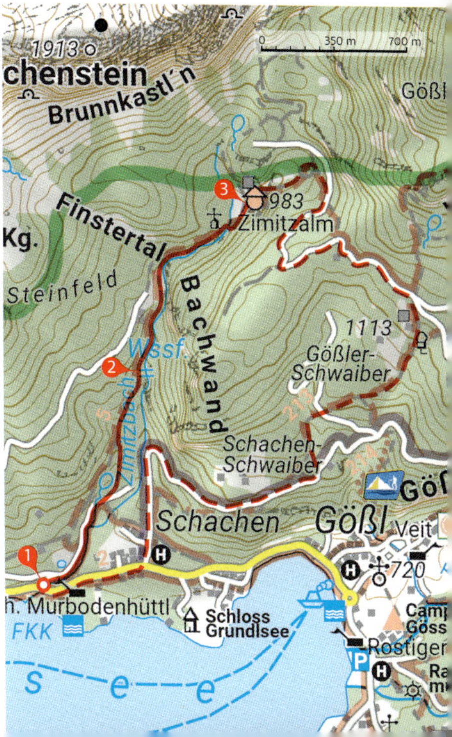

38 Vorderer Lahngangsee, 1494 m

Am Hochflächenrand des Toten Gebirges

TOP | 4.45 Std. | 13,1 km | ↗800 m | ↘800 m

Ein Meilenstein am Weg zur Pühringer Hütte

Eingeengt zwischen den steilen Bergflanken von Graswand und Neustein ist der Vordere Lahngangsee das große Schaustück am Zugang vom Grundlsee zur Pühringer Hütte. Oder ist es nicht erhebend, wenn sich an der Geländerampe des Schafbühels das Lahngangkar öffnet und der fjordartige Bergsee vor einem liegt? Und es lohnt sich, die Wanderung bis zur Pühringer Hütte fortzusetzen, wo man bestens verpflegt wird. Übrigens: Hier sowie am Hinteren Lahngangsee und am Elmsee besteht Bademöglichkeit, was die Tour auch in Begleitung gehfreudiger Kindern interessant macht.

Ausgangspunkt: Parkplatz bei den Häusern von Schachen (730 m; 9–18 Uhr Gebühr per Parkautomat 1 Euro pro Stunde, Tagesgebühr 4 Euro, Bushalt Linie 956) am Nordufer des Grundlsees, 10 km von Bad Aussee.
Anforderungen: Von dem zu bewältigenden Höhenunterschied abgesehen unschwierige Tour. Trittsicherheit im zerfurchten Karrengelände jedoch nötig.
Kinder: Wegen des im Auf und Ab zu bewältigenden Höhenunterschieds und der bis zum Wanderziel fehlenden Einkehr – eine solche wird in der eine Gehstunde entfernten Pühringerhütte geboten – kann diese Tour nur bedingt in Kinderbegleitung empfohlen werden.
Einkehr: Gasthaus Murbodenhüttl (keine Nächtigung, ganzjährig 10–22 Uhr geöffnet, Tel. +43/3622/8588, www.murbodenhuettl.com, schöner Badeplatz am unverbauten Grundlsee-Ufer). Unterwegs keine Einkehr!
Bademöglichkeit: Bei entsprechend hohen Sommertemperaturen können abgehärtete einen Sprung ins kühle Nass der beiden Lahngangseen oder des Elmsees wagen.
Variante: Vom Vorderen Lahngangsee kann man auf markierten Wegen weiter zu der auf der Hochfläche des Toten Gebirges gelegenen Pühringer Hütte gelangen: Von der Lahngangalm, oberhalb des im Wald verborgenen Hinteren Lahngangsees vorbei, durch Lärchenbestände in Nordostrichtung aufwärts zu den Jagdhütten der Elmgrube, 1622 m. Bei Verzweigung rechts auf Weg Nr. 201 und 214 durch sanft ansteigendes Gelände nach Nordosten zum Elmsee und weiter zur Pühringer Hütte, 1637 m. Gesamter zusätzlicher Zeitaufwand (hin und retour): 2 Std.

Von **Schachen** ❶ führt uns die Forststraße mit Weg Nr. 214 zunächst nordwärts durch den Graben des Zimitzbachs aufwärts, dann nach rechts (Osten) und an bewaldeten Hängen entlang hinauf zur **Linksabzweigung** ❷ des Wegs zur Pühringer Hütte. Diesem Weg folgen wir durch den Wald nach Nordosten empor zu einer licht bewaldeten Bergschulter, links neben uns die Wiesen der **Schwaiber Alm** ❸, 1113 m. Wir gehen weiter bis zu einer Wegteilung. Hier halten wir uns rechts und wandern auf dem Weg Nr. 214 durch den schönen Bergwald, dann über eine lang gestreckte Wiese in Nordostrichtung hinauf zum bewaldeten Kanzler-

Der Vordere Lahngangsee.

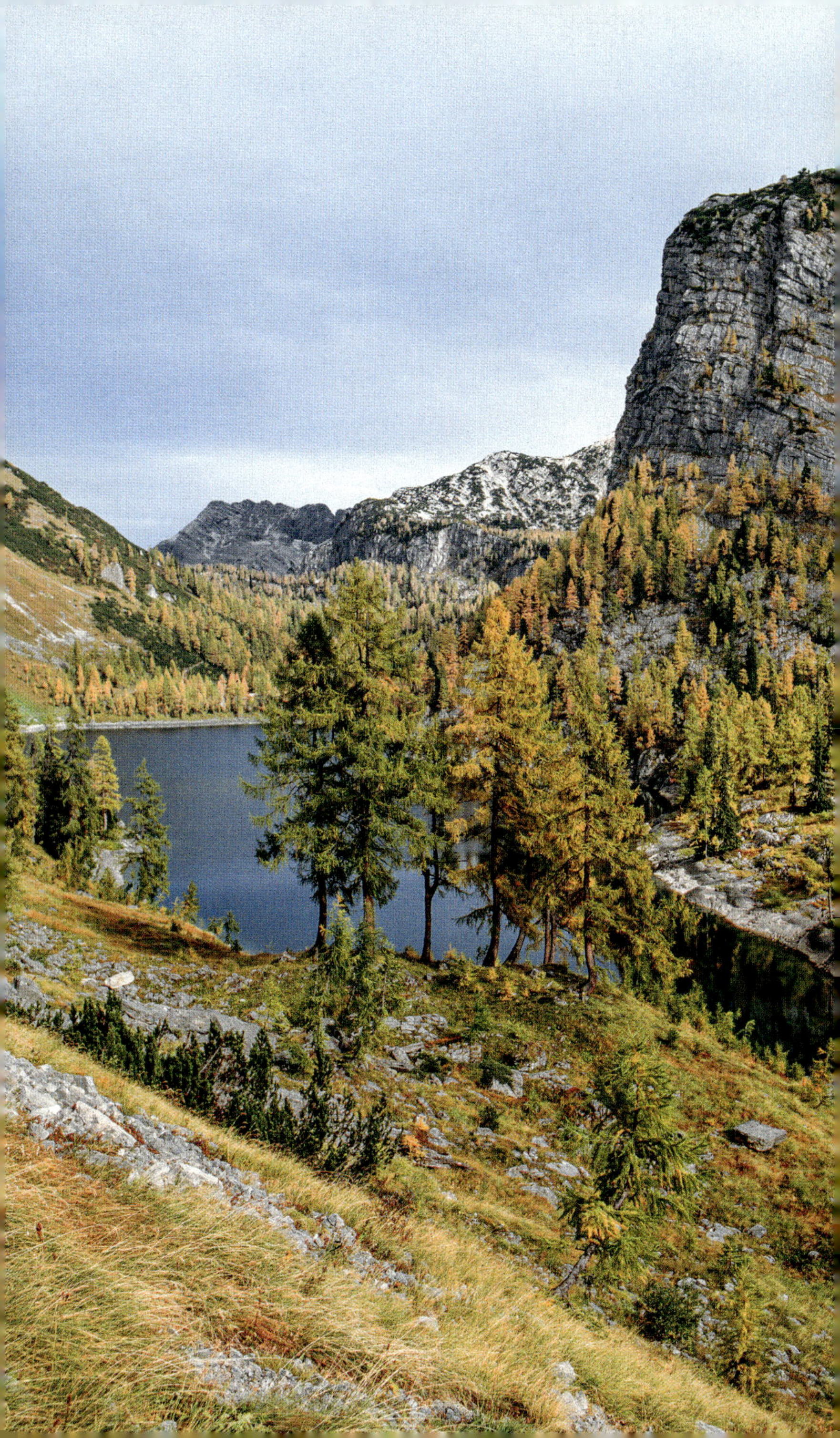

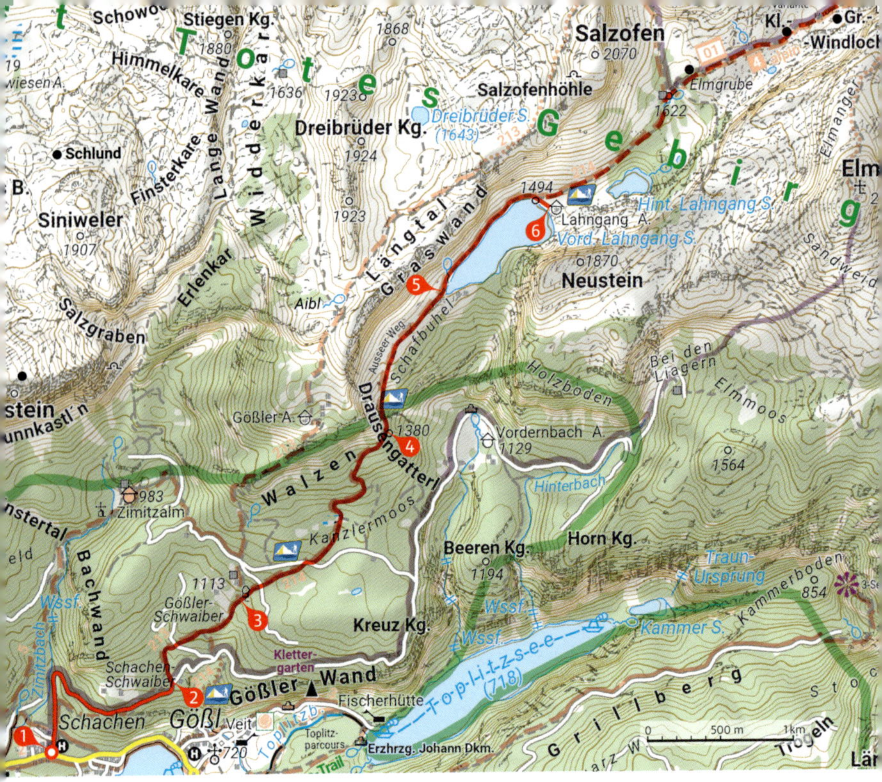

moos-Plateau. Dieses wird überquert, bevor wir an den Steilhängen des »Walzen« durch Wald und über Kahlschläge, an einer Quelle vorbei, nach Nordosten aufwärts zum Felsgrat des **Drausengatterls** ❹, 1380 m hinaufwandern.

Auf gutem Steig unter einer überhängenden Felswand geht es nach links hinab zu den steilen, angegrünten Schutthängen unterhalb der Graswand. Über sie steigen wir in langer Querung (am Vormittag wird es sehr heiß!) schräg nach rechts hinauf zur Geländerampe des Schafbühels. Über Karrenfelsen wandern wir eben weiter, dann durch die Mulde zwischen Schafbühel und Graswand hinab zum **Vorderen Lahngangsee** ❺, 1494 m. Am linken Seeufer (Westufer) gehen wir eben weiter zum Nordende bei der unbewirtschafteten **Lahngangalm** ❻, 1496 m.

Der Abstieg erfolgt entlang der Anstiegsroute.

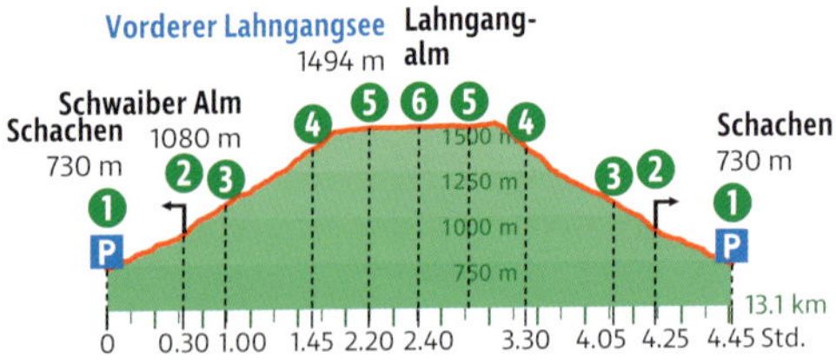

Grundlsee-Süduferweg

Von der Seeklause nach Gößl

2.15 Std. | 7,7 km | ↗ 140 m | ↘ 130 m

Anspruchslose Wanderung gegenüber den Felsriesen des Toten Gebirges

Flankiert von Backenstein und Ressen schiebt sich der Grundlsee fjordartig in die gewaltige Kalkscholle des Toten Gebirges. Mit rund vier Quadratkilometer Oberfläche ist er einer der bedeutendsten Seen des Salzkammerguts und der größte der Steiermark. Wer in seinem Umfeld wandern will, ist mit der Begehung des rund acht Kilometer langen, auch als »Geo-Trail« (zahlreiche Infotafeln) beworbenen Süduferwegs von der Seeklause nach Gößl gut beraten. Wundervolle Ausblicke auf zauberhafte Uferlandschaften und gegen die Südabstürze des Toten Gebirges begleiten ihn und lassen vergessen, dass die früher so spektakuläre Wegstrecke an den Abhängen des Ressen nach den Sturmattacken des Kyrill im Januar 2007 nicht mehr zur Gänze erhalten ist.

Der wuchtige Backenstein über dem Grundlsee.

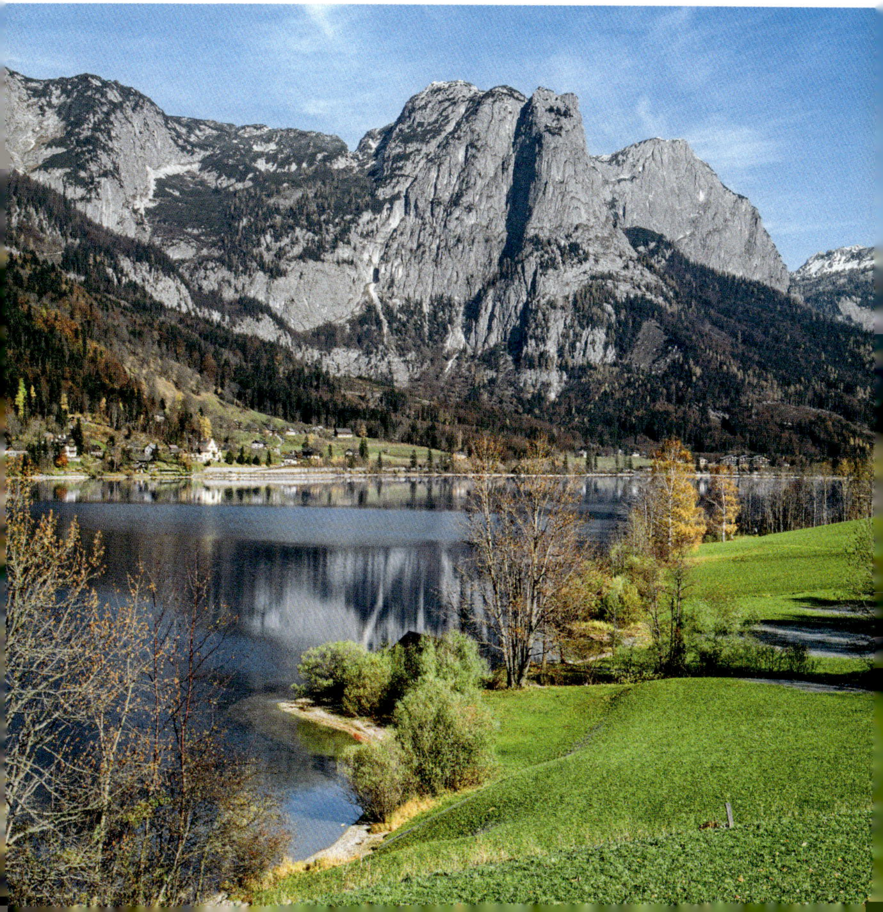

Ausgangspunkt: Bushalt und Großparkplatz Archkogel (700 m) an der Straße von Bad Aussee zum Grundlsee, 400 m vor dem Erreichen des Seeufers, 4 km von Bad Aussee. Der Parkplatz ist kostenpflichtig (Tagesticket: 8 Euro).
Zielort: Gößl, 710 m, am Ostende des Grundlsees. Rückfahrt zum Parkplatz Archkogel mit dem Regionalbus Linie 956 (ganzjährig und außer Samstag, Sonn- und Feiertage nahezu stündlich zwischen 7.00/ 8.30 und 18.50 Uhr) oder mit dem Schiff bis zur Seeklause (»Seehotel«; vom 1. Mai bis 15. Okt. zwischen 11 und 17 Uhr mehrere Kurse (Tel. +43/3622/86044 333, www.3-seen-tour.at).
Anforderungen: Unschwierige Wanderung auf markierten, gut beschilderten Fahr- und Fußwegen.
Kinder: Die Wanderung kann auch mit gehfreudigen Kindern unternommen werden. Einkehr- und Bademöglichkeit (Freibadestrände) gibt es unterwegs wie im Freizeitzentrum Gößl.
Einkehr: Mostschenke »Ressenstüberl« in Hinterau (keine Nächtigung, ganzjährig geöffnet, außer im Juli und August am Dienstag Ruhetag; Tel. +43/664/1060685). In Gößl: Restaurant »Rostiger Anker« (keine Nächtigung, vom 1. Mai bis 26. Oktober geöffnet, Donnerstag Ruhetag, www.rostiga-anker.at) und Büfett am Campinglatz Gößl (Tel. +43/3622/20155, www.campinggoessl.com).
Tipp: Wer im Mai unterwegs ist, sollte am Zielort den Besuch der Gößlerwiesen (Narzissenblüte!) nicht versäumen.
Hinweis: Am Grundlsee gibt es fast ausschließlich öffentlich zugängliche Badestrände. Mit Kindern empfiehlt sich außerdem der Besuch des Freizeitzentrums Gößl am Ostende des Sees (Liegewiese, Kinderspielplatz, WC-Anlagen).

Vom Parkplatz bzw. der Bushaltestelle **Archkogel** ❶ gehen wir auf dem staubfreien Fuß- und Radweg rechts von der Straße nach Nordosten aufwärts zur Seeklause am Westende des Grundlsees und dort zu einer Verzweigung. Rechts folgen wir dem asphaltierten Promenadenweg Nr. 1 am Seeufer entlang, dann geht es zwischen Häusern eben nach Süden und im Wald hinauf zu einer Naturstraße, die nach links traversiert wird. Auf dem breiten Fußweg, oberhalb von Schloss Grundlsee (Villa Roth) vorbei, wandern wir durch den Wald in Ostrichtung zu einem **Freibad** ❷ mit Prachtblick auf die Südabstürze des Toten Gebirges mit dem wuchtigen Backenstein!
Die querende Asphaltstraße im Wald leitet uns nach rechts (Süden) aufwärts zu einer Verzweigung (Bank). Links gehen wir auf dem breiten Fußweg hinauf zur Wiesenterrasse von Mitterau. Dort folgen wir der Asphaltstraße ostwärts weiter zur Mostschenke **»Ressenstüberl«** ❸, 740 m.

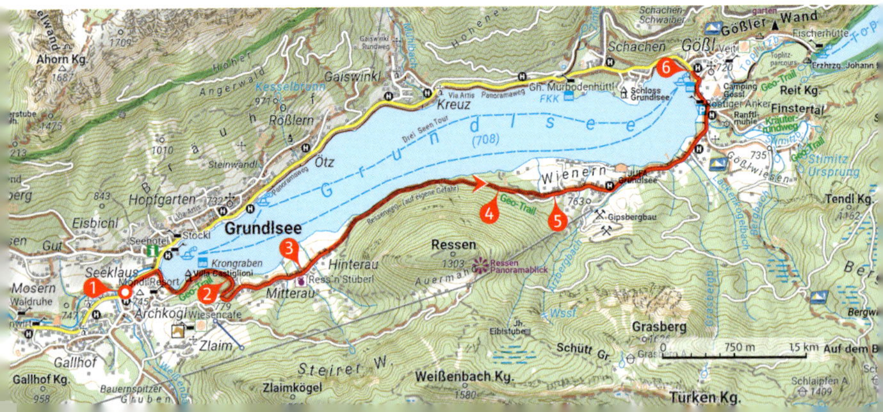

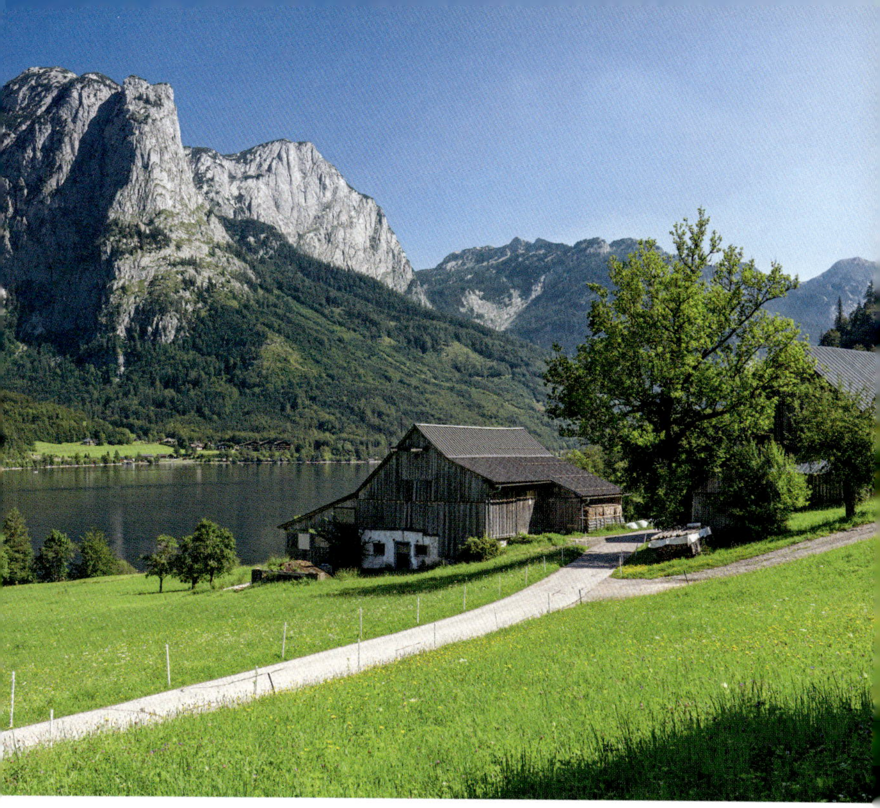

Der Süduferweg mit Blick auf Backenstein und Reichenstein.

Unterhalb der Einkehr wandern wir sanft bergab zum letzten Hof, wo die Asphaltstraße endet. Nun nimmt uns ein Naturfahrweg (Nr. 1, Fahrradverbot!) auf und führt uns in den Wald, leicht fallend in die steilen Nordhänge des Ressen (alte Windbruchzone) hinein.

Auf dem Fahrweg geht es nun in leichtem Auf und Ab dahin, später auf dem noch erhaltenen Fußweg (Geländersicherung) an der steilen Waldflanke direkt über dem See eben weiter und über eine neue Hangbrücke zum **Beginn eines Fahrwegs ❹** (770 m). Auf diesem steigen wir an den wieder aufgeforsteten Hängen in langer Hangquerung nach Osten aufwärts zu den Wiesen und Häusern von **Wienern ❺**, 760 m.

Ab nun setzen wir die Wanderung auf der Asphaltstraße fort, am Jufa-Hotel Grundlsee vorbei, durch Wiesen und Waldparzellen nach Nordosten abwärts, danach in einer Linksschleife zum Ostende des Grundlsees. Dort, am Restaurant »Rostiger Anker«, am Campingplatz und dem Freizeitzentrum (Strandbad) vorbei, gelangen wir Richtung Norden zum Kreisverkehr an der Schiffsanlege- und Bushaltestelle **Gößl ❻**, um per Bus zum Ausgangspunkt zurückzufahren.

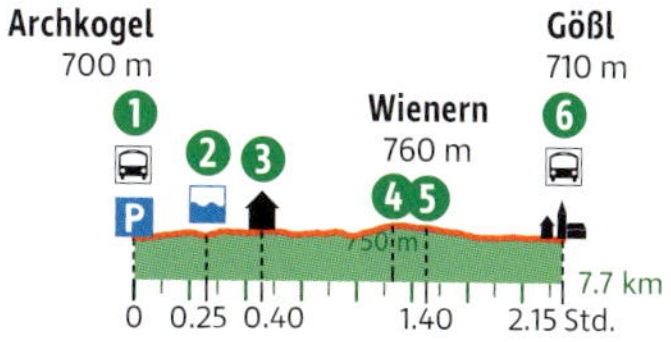

40 Toplitzsee-Runde

Geheimnisvolles Naturjuwel bei Gößl

1.45 Std. | 4,9 km | ↗ 60 m | ↘ 60 m

In das Quellgebiet der Traun

Wie ein norwegischer Fjord dringt er von Westen in die wuchtigen Kalkscholle des Toten Gebirges ein, der Grundlsee bei Bad Aussee. Mit rund sechs Kilometern Länge und einer Fläche von vier Quadratkilometern ist er der größte See der Steiermark, was seinen Beinamen »steirisches Meer« erklärt. Doch nicht ihm gilt hier unser Besuch, sondern dem noch weiter taleinwärts gelegenen Toplitzsee. Im Juli 1819 soll hier Erzherzog Johann seine spätere Gattin, die aus Aussee stammende Postmeisterstochter, Anna Plochl, kennengelernt haben. Gegen Ende des Zweiten Weltkriegs hat der See infolge seiner besonderen Natur (Schichtung durch salzhaltiges Tiefenwasser) durch Versenkungsmanöver und Minen-Erprobungen Berühmtheit erlangt. Eine Einkehr an der Fischerhütte am Westende des Toplitzsees ist unbedingtes Muss. In Ermangelung von Uferwegen geht es von dort mit einer Plätte – ein für das Salzkammergut typisches flachbödiges Holzboot, mit dem in früherer Zeit, Salz, Holz, Viehfutter usw. transportiert wurde – an das Ostende des Sees, von dem uns ein kurzer Anstieg zu dem im hintersten Talabschnitt, schon im Quellgebiet der Traun gelegenen, winzigen Kammersee bringt. Abschließend geht es, an der 1850 durch den Biedermeier-Maler Matthias Ranftl errichteten Ranftlmühle vorbei, zum Startplatz zurück.

Ausgangspunkt: Freizeitzentrum Gößl (710 m; Schiffsanlegestelle, Bushalt Linie 956; Parkplatz, von Mai bis Okt. kostenpflichtig) am Ostende des Grundlsees knapp südlich vom Gasthaus »Rostiger Anker«, 11 km von Bad Aussee.

Anforderungen: Einfache Wanderung meist auf Fahrwegen, verbunden mit einer Bootsfahrt über den Toplitzsee.

Kinder: Eine ideale Wanderung für Kinder jeden Alters. Lustige Bootsfahrt über den Toplitzsee, Einkehr in der Fischerhütte, Besuch der urigen Ranftlmühle und abschließendes Bad im Freizeitzentrum Grundlsee.

Einkehr: In Gößl mehrere Gastbetriebe. Restaurant Fischerhütte (keine Nächtigung, 5. Nov. bis 20. Dez. geschlossen, sonst immer offen, im Juli und Aug. kein, sonst Mittwoch Ruhetag, Tel. +43/3622/8296 und +43/676/5390 590, www.toplitzsee.at/).

Kinderwagen: Die hier beschriebenen Fahrwege können größtenteils auch mit Kinderwagen befahren werden.

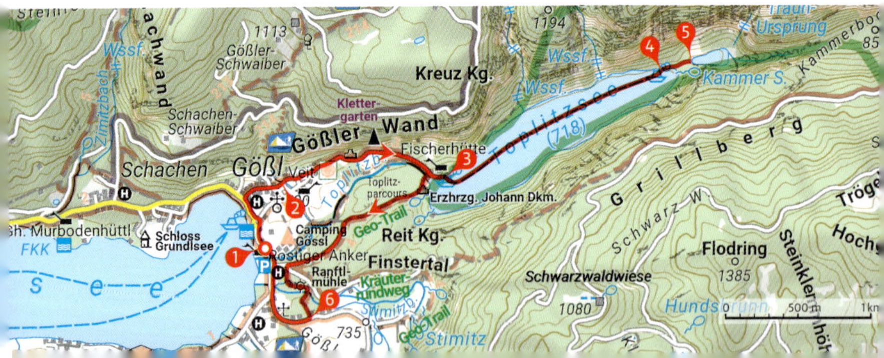

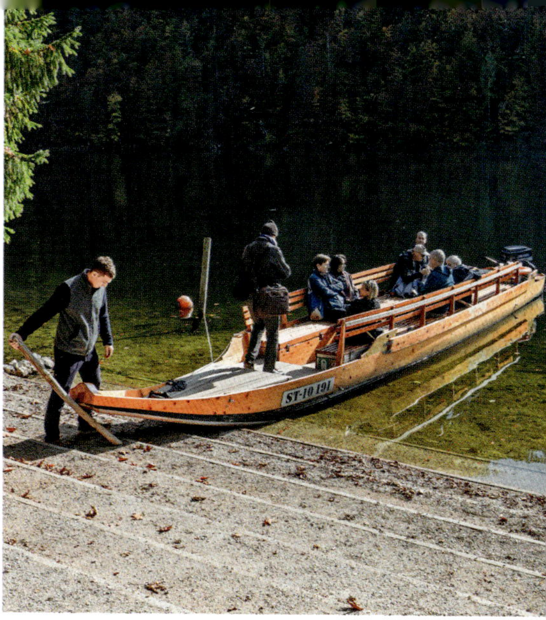

Mit der Motorplätte über den Toplitzsee.

Vom **Freizeitzentrum Gößl ❶** gehen wir auf der Uferstraße 200 m nach Norden zum Kreisverkehr und auf der Uferstraße 100 m gerade fort bis zu einer Rechtsabzweigung einer Asphaltstraße. Ihr folgen wir ostwärts durch den Ort **Gößl ❷**, 720 m, zu einer Verzweigung. Unser Weg geht geradeaus, wird zu einer Naturstraße (Schranke; Weg Nr. 3), unter der imposanten Gößler Wand entlang durch Wald und über Wiesen zur **Fischerhütte** am **Toplitzsee ❸**, 718 m. Von der Fischerhütte gibt es geführte Überfahrten mit Motorplätten (Betrieb vom 1. Mai bis 31. Oktober, 10.30 bis 15.30 Uhr, im Hochsommer bis 16.30 Uhr) zur »Villa Wolkenbruch« am **Ostende des Toplitzsees ❹**. Von dort erfolgt ein kurzer Anstieg durch Wald zum kleinen **Kammersee ❺**, 725 m.

Mit der Motorplätte geht es vom **Ostende ❹** wieder zurück zur **Fischerhütte ❸**. Dort gelangen wir über den See-Abfluss (Holzbrücke) zur schönen Uferwiese am Westufer mit Verzweigung beim Erzherzog-Johann-Gedenkstein. Hier folgen wir dem Fahrweg Nr. 4 (GeoTrail) im Wald nach rechts (Südwesten) aufwärts zu einer Anhöhe (rechts zu einigen Gletschermühlen), danach sanft bergab zur Weggabelung und dort links zu einem Querweg. Nun geht es 30 m nach links zur nächsten Verzweigung, an der wir rechts auf einem Fußweg durch den Wald eben nach Süden zur gut erhaltenen **Ranftlmühle ❻** (712 m; 1850 durch den Biedermeier-Maler Matthias Ranftl aus Holz errichtet) gehen. Wir passieren die Mühle und überqueren auf einer Holzbrücke den über eine Geländestufe herabstürzenden Stimitzbach (durch Wasserstrudel geformte runde Löcher, sog. »Fußkolke«). Jenseits der Brücke geht es kurz steiler hinauf, dann leicht fallend hinaus zu den Gößler Wiesen (Kruzifix, Bank) und dort zu einer Naturstraße. Auf ihr nach rechts (Westen), dann kurz durch ein Waldstück hinab zur Grundlsee-Ostuferstraße. Wir halten uns rechts, um zum **Freizeitzentrum Gößl ❶** zurückzukehren.

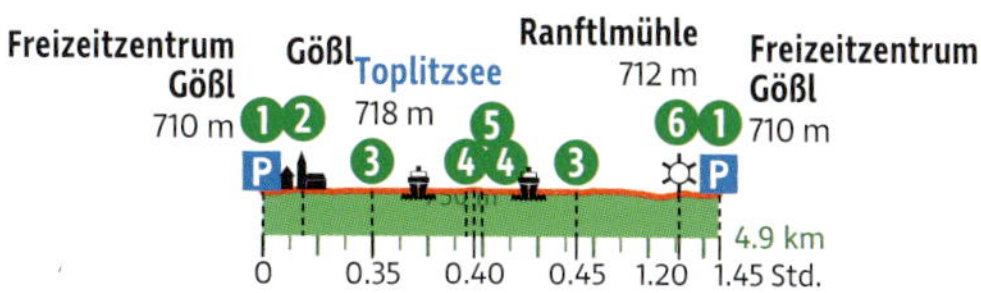

41 Gößler Dreiseenblick, 1190 m

Grundlsee, Toplitzsee und Kammersee

TOP | 4.30 Std. | 11,9 km | ↗540 m | ↘540 m

Zu einem Glanzpunkt des Salzkammerguts

Die 8 Kilometer lange Hangtraverse vom Grundlseeufer bei Gößl in den Hintergrund des Trauntales endet in den Steilwänden des Handhabkogels oberhalb der Traunquellen unerwartet und abrupt: Dort, vom Felsabsatz des »Dreiseenblicks«, tut sich eine unerhörte Schau auf zu den wie aufgefädelt daliegenden »Augen« des Kammer-, Toplitz- und Grundlsees. Das ist eine Wanderung für Landschaftsliebhaber, die sich zwar vom Wasser entfernt, dafür umso imponierende Ausblicke auf die drei Seen-Juwele zulässt.

Ausgangspunkt: Freizeitzentrum Gößl (710 m; Schiffsanlegestelle, Bushalt Linie 956, Parkplatz, von Mai bis Okt. kostenpflichtig) am Ostende des Grundlsees knapp südlich vom Gasthaus »Rostiger Anker«, 11 km von Bad Aussee.

Anforderungen: Lange, im felsigen Schlussabschnitt etwas beschwerliche Tour auf zwar gut beschilderten aber unmarkierten Wegen, unterbrochen durch ein 2 ½ km langes ebenes Forststraßenstück. Trittsicherheit nötig!

Kinder: Wegen des langen und – mit Kinderaugen gesehen – etwas einförmigen Zugangs keine prädestinierte Kindertour. Zudem besteht in den felsigen Steilabstürzen beim Dreiseenblick Absturzgefahr!

Einkehr: Im Umkreis des Freizeitzentrums Gößl mehrere Gastbetriebe. Unterwegs keine Einkehr!

Bademöglichkeiten: Im Freizeitzentrum Gößl (Parkplatz-Nähe) am Ostende des Grundlsee besteht Bademöglichkeit.

Hinweis: Besondere Vorsicht im Bereich der Steilwänden des Handhabkogels und des Dreiseenblicks (Absturzgefahr!).

Grundlsee und Sarstein vom Anstieg zum Dreiseenblick.

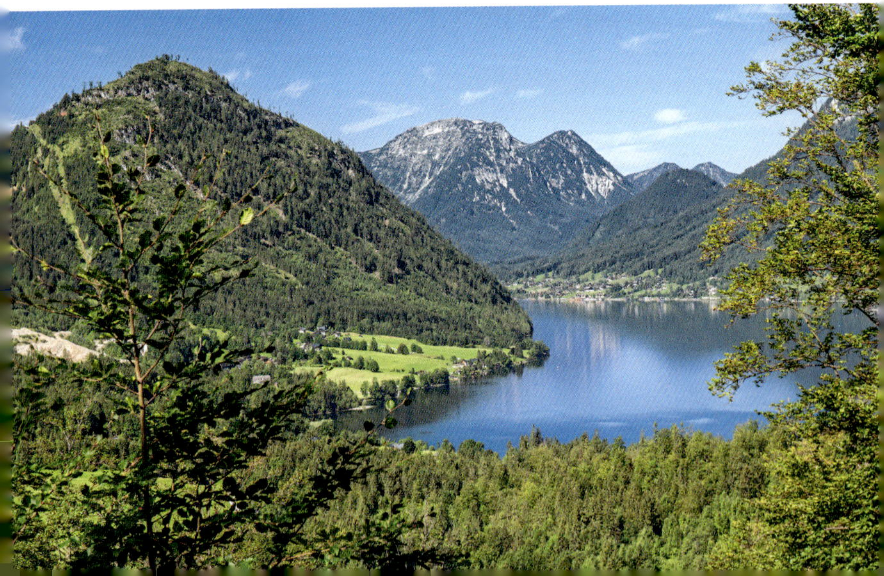

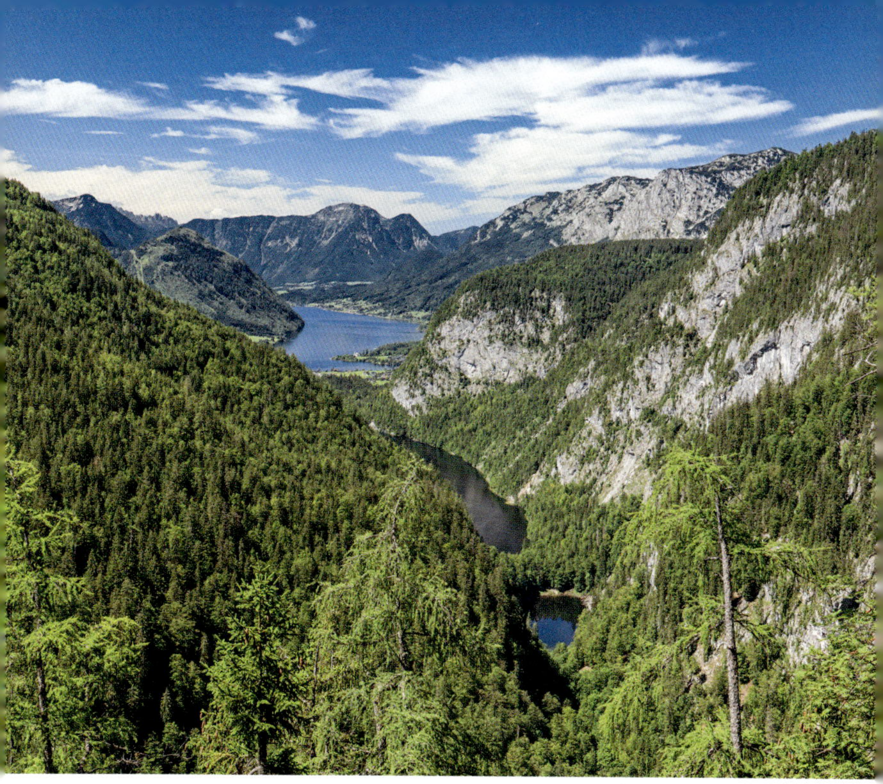

Blick auf Grundlsee, Toplitzsee und Kammersee.

Vom **Freizeitzentrum Gößl** ❶ gehen wir auf der Asphaltstraße Richtung Wienern kurz nach Süden zur Verzweigung gleich nach der Brücke über den Stimitzbach. Hier biegen wir links ab und folgen der Naturstraße ostwärts nach 50 m zu einer Gabelung. Rechts entlang der Schotterstraße (»Rundweg Gößler Wiesen«, »Kräuterrundweg«) wandern wir anfangs neben dem Stimitzbach, dann am Unterrand der Gößler Wiesen durch den Wald nach Nordosten aufwärts, bis wir in einigen Windungen hinauf zum **Straßenende** ❷ an einer Bauhütte gelangen.

Kurz vor der Hütte geht es rechts ab (kleine grüne Tafel) und ein unbezeichneter Fußweg führt uns vorerst in krautig bewachsenes Gelände, dann an den Waldhängen in Nordostrichtung aufwärts zu einem Aussichtspunkt (Blick auf Grundlsee und Sarstein). Wir kommen kurz durch ein bewaldetes Hochtal, dann steigen wir in langer Hangquerung an den

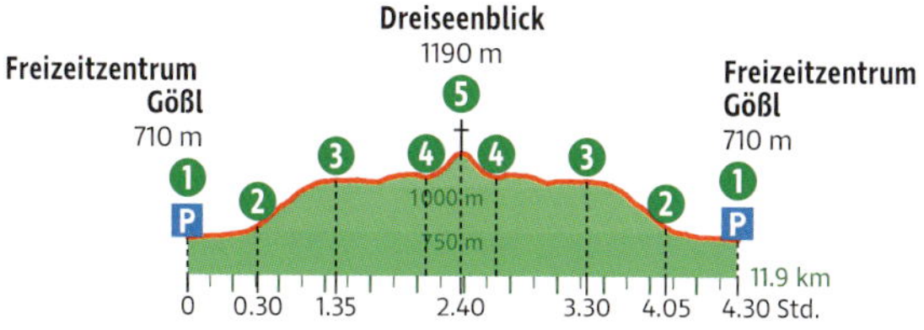

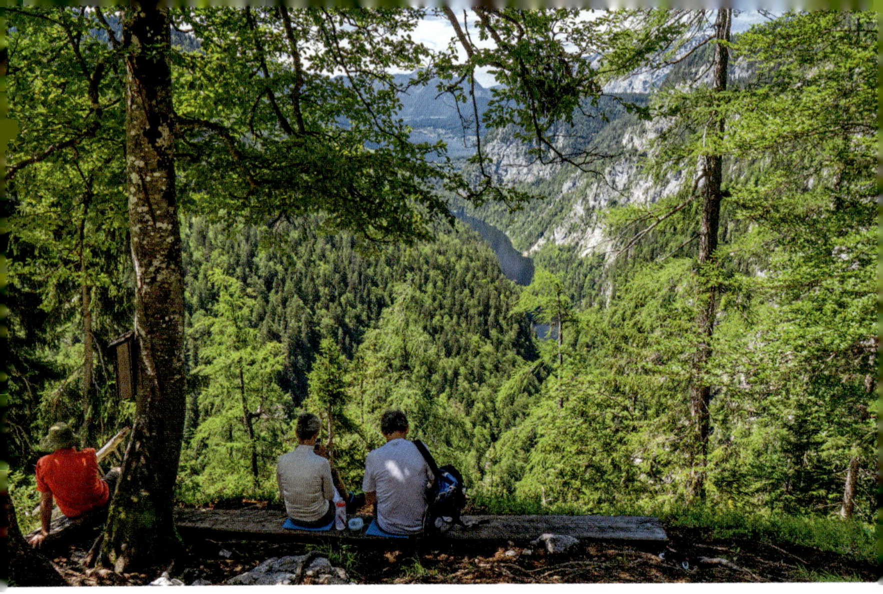

Am Ziel: Der Felsabsatz Dreiseenblick.

felsdurchsetzten Waldhängen oberhalb des Toplitzsees (Tiefblick!) steil bergauf, später weniger steil unterhalb von Felswänden weiter, zuletzt geht es eben zu einer querenden **Forststraße ❸**. An dieser halten wir uns links, wandern hoch über dem nicht einsehbaren Trauntal entlang, an den Waldhängen rund 2 ½ km eben nach Osten, zuletzt stärker fallend zu einer **Verzweigung ❹**.
Hier geht es rechts ab und wir setzen unsere Route fort auf einem Fußweg im lichten felsdurchsetzten Wald nach Osten aufwärts unter die Felswände des Sulzenofens. Die angegrünten Blockhänge »Im Winkel« (Vorsicht, bei Nässe rutschig!) querend, steigen wir nach links in die Steilwände des Handhabkogels hinein und dort nach Norden hinauf, zuletzt an einem Felswandl (mit Drahtseil) nach links empor zum licht bewaldeten Felsabsatz **Dreiseenblick ❺** (1190m; Gipfelbuch in der Holzschatulle, Sitzgelegenheit auf großen Brettern). Wir genießen den imponierenden Tiefblick auf Kammersee, Toplitzsee und Grundlsee, darüber erhebt sich der Sarstein. Weiter links der Gosaukamm (Mandlkogel) und links davor der Zinkenkogel über Bad Aussee.
Abstieg entlang der Anstiegsroute.

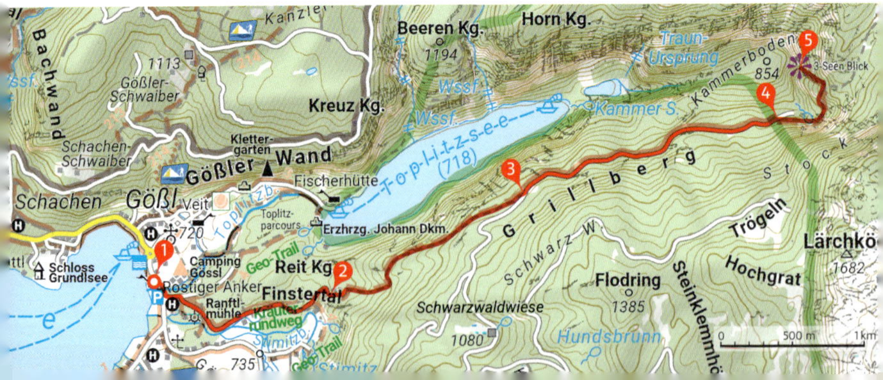

Tauplitzalm: Seen-Rundweg

Zu den Steirerseehütten

2.45 Std. | 7,4 km | ↗ 200 m | ↘ 200 m

Genusstour mit zahlreichen Einkehrmöglichkeiten

Lärchenwiesen, dazwischen eingestreute Dolinenseen unter hellen Kalkwänden, in der Ferne Grimming und Niedere Tauern, das ist die Tauplitz, mit Seilbahn und Auto erreichbare Höhenterrasse, Schauloge, Wander- und Ski-Eldorado über Hinterbergtal und Mitterndorfer Becken. Das Almenparadies auf bequemen Wegen zu durchwandern und zu erforschen, ist wohl vorrangiges Ziel eines Besuchs. Auf unserer Runde berühren wir vier Seen – Steirersee, Tauplitzsee, Großsee und Märchensee, jeder mit eigenem Flair, eigener Note. Zudem laden etliche Jausenstationen und Schutzhäuser zur Einkehr ein, sodass sich die Wanderung auch in Begleitung von Kindern bestens eignet.

Ausgangspunkt: Tauplitzalm-Großparkplatz (1590 m; Bushalt Linie 8610) am Ende der Mautstraße, 11 km vom Ortszentrum Bad Mitterndorf.

Anforderungen: Einfache Wanderung auf bezeichneten Wegen. Vor allem im Hochsommer rege frequentiert.

Kinder: Idealer hindernisloser Höhenspaziergang mit Spielwiesen, Einkehrmöglichkeiten und Seen, die sich bei heißem Wetter zum Baden eignen.

Einkehr: Almstüberl am Tauplitzalm-Parkplatz (keine Nächtigung, im Sommer geöffnet), Berggasthof Hollhaus (ÖAV, 64 B., 8 L.; Tel. +43/3688/2302, www.hollhaus.at/), Lenzbauer Hütte (10 B., Tel. +43/664/4432366), Linzer Tauplitzhaus (ÖAV, 47 B., 16 L.; Tel. +43/664/99707950, www.linzer-tauplitzhaus.com), Jst. Trawenghütte (keine Nächtigung Tel. +43/664/6323668), Grazerhütte (52 B.; Tel. +43/664/3579546, www.grazerhuette.at), Hotel Hierzegger (60 B.; Tel. +43/3688/2316, www.hierzegger.at); alle je nach Wetter und Schneelage vom 1./15. Juni bis 15./26. Okt. geöffnet).

Kinderwagen, Mountainbike: Vom Tauplitzalm-Parkplatz zu den Steirerseehütten kann, sofern man den Fahrwegen und nicht abkürzenden Fußwegen folgt, problemlos mit Kinderwagen gefahren werden. Die Strecke ist auch für Mountain- oder E-Bikes geeignet.

Gipfelmöglichkeiten: Vom Tauplitzalm-Parkplatz kann der aussichtsreiche Lawinenstein auf markierten Wegen unschwierig und lohnend bestiegen werden. Gesamter Zeitaufwand: 2 ½ Std.

Hinweis: Das Bergdorf Tauplitzalm im Zentrum der Höhenterrasse kann vom Ort Tauplitz auch mit der Tauplitzalm-Bergbahn (Vierersessellift) erreicht werden. Betrieb zwischen 25./30. Juni und 10./15. Sept. bei Schönwetter täglich von 8.30 bis 12.00 Uhr und von 13.00 bis 16.30 Uhr (Tel. +43/3688/2252, www.dietauplitz.com).

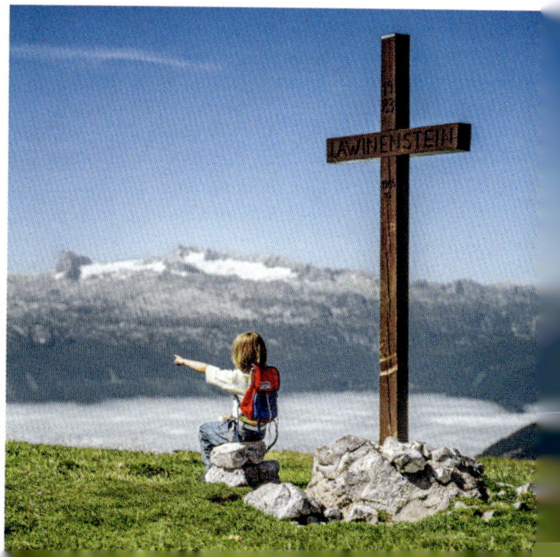

Der Lawinenstein als zusätzliche Variante. Im Hintergrund der Dachstein.

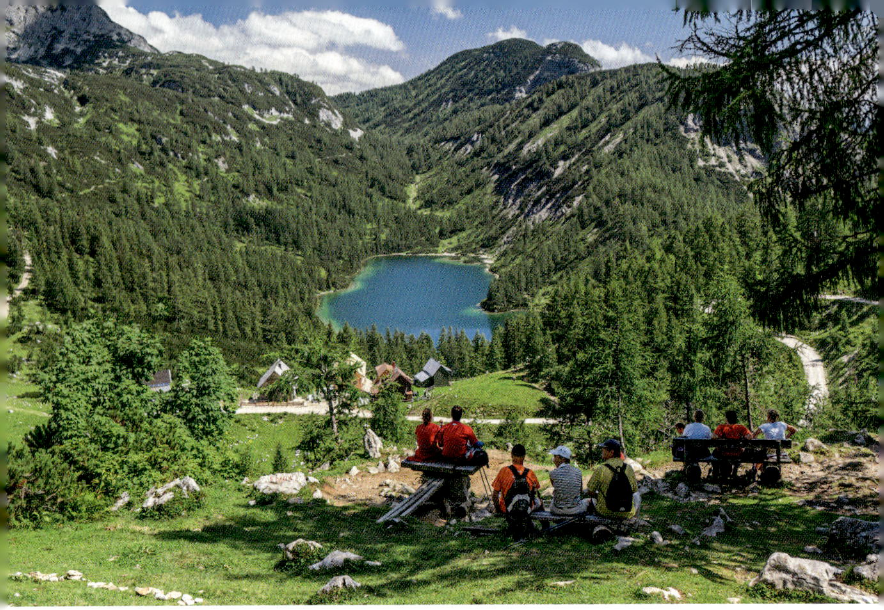

Traumhafter Steirerseeblick.

Vom **Tauplitzalm-Parkplatz ❶** folgen wir der Asphaltstraße 50 m nach Norden zur Teilung, an der wir uns rechts halten. Auf einem Fahrweg geht es über Almweiden zur nächsten Verzweigung. Rechts führt uns der »Waldweg ins Zentrum« durch lichten Bergwald, später über Wiesen nach Osten aufwärts zu einer Anhöhe, 1650 m. Nun unterqueren wir den Tauplitzalm-Sessellift und steigen hinab zu einer querenden Naturstraße. Diese leitet uns, an der Petzhütte (Selbstversorgerhütte der Naturfreunde Liezen) vorbei, eben nach links zu einer Asphaltstraße (Weg Nr. 209, 218 und 276) vom Bergdorf Tauplitzalm her. Dieser folgen wir, an der **Lenzbauer Hütte ❷** vorbei, nach rechts (Osten) aufwärts zu einer Anhöhe (rechts zum Linzer Tauplitzhaus) und jenseits hinab in eine Mulde mit Verzweigung. Rechts können wir auf einem Wiesenweg eben nach Osten abkürzen, um dann, die Straße traversierend, weiter zum Steirerseeblick (1620 m; Bänke, Kruzifix) zu gelangen. Einmalig ist die Schau auf den in einer Doline gelegenen Steirersee sowie der Blick hinauf zum Felshorn des Sturzhahns. Auf einem Fußweg wandern wir den Steilhang nach Osten hinab zur Straße und biegen auf dieser nach links ab zu den auf einer Terrasse über dem See gelegenen **Steirerseehütten ❸** (1560 m; Jausenstation Trawenghütte).

Nun wandern wir nicht entlang der Naturstraße, sondern kürzen auf dem Karrenweg ab zurück in die »Mulde mit Verzweigung«. Wir folgen dem Fahrweg geradeaus, an der **Grazerhütte ❹** vorbei, um über Wie-

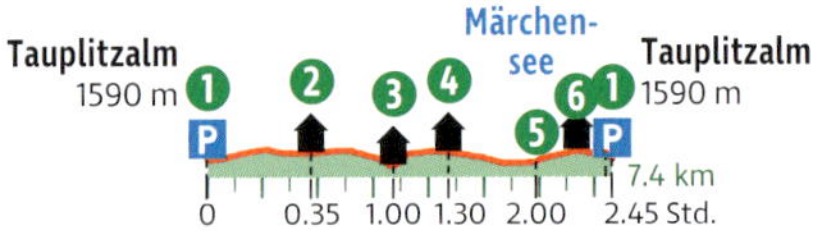

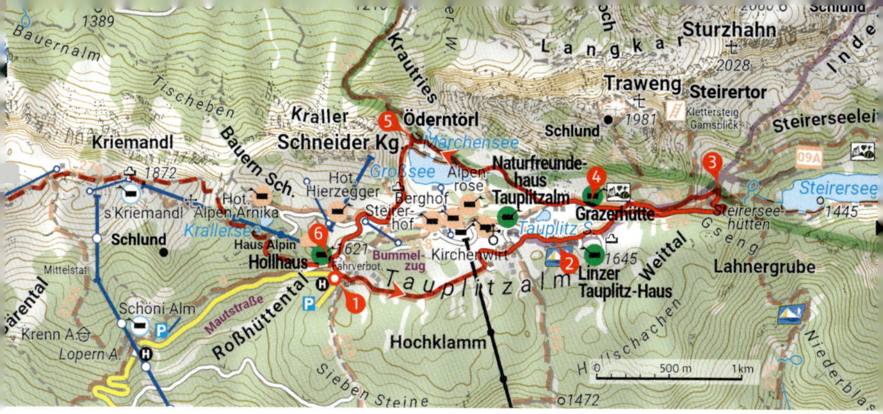

sen eben und abwärts zur Verzweigung am Nordufer des Tauplitzsees, 1605 m zu gelangen. Rechts leitet der Wiesenweg westwärts durch einen Graben hinab in die weite Dolinenmulde beim Großsee, 1565 m. Wir setzen unsere Wanderung rechts oberhalb der Moorwiesen eben fort, dann kommen wir am Nordufer des Sees in einen Sattel am Westende mit Wegteilung. Jenseits geht es kurz nach Norden in die Mulde um den zauberhaften **Märchensee 5**, 1579 m.

Anschließend geht es zurück in den Sattel und dort auf bezeichnetem Weg quer durch die begrünte Ostflanke des Schneiderkogels nach Süden hinauf zu einer Schulter. Jenseits steigen wir über Wiesen empor zu einigen Hütten und dort nach links in einen Sattel mit querender Naturstraße. Sie führt uns durch eine Wiesenmulde nach rechts hinab zur Straßenteilung. Hier folgen wir links der Asphaltstraße nach Süden hinauf zur Anhöhe beim **Berggasthof Hollhaus 6**, 1621 m, und jenseits hinab zum **Parkplatz 1**.

Am Märchensee.

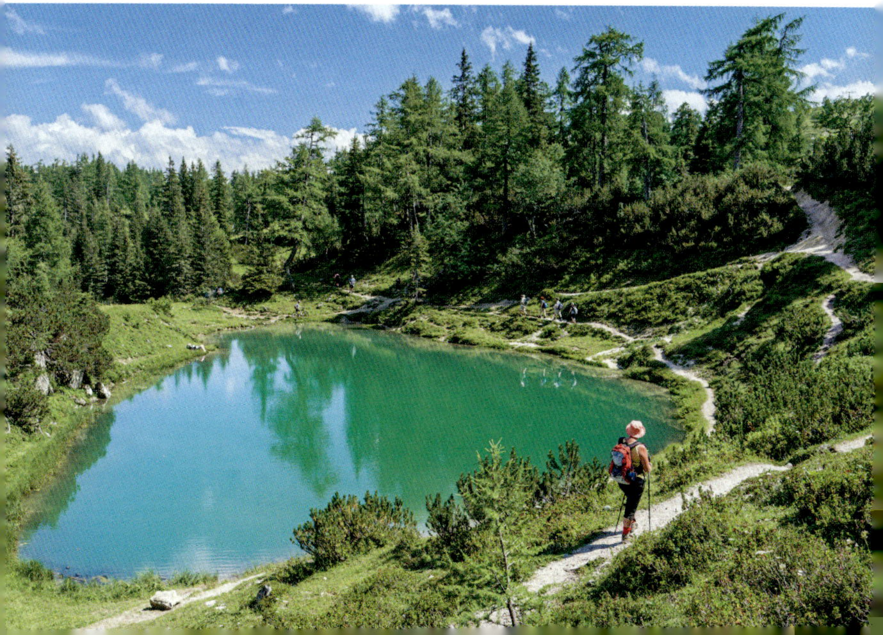

43 Ödensee und Karstquellen »Strumern«

Das Moor-, Karst- und Seengebiet bei Kainisch

3.00 Std. | 9,8 km | ↗100 m | ↘100 m

Im Frühsommer am schönsten ...

Der bei Kainisch zu Füßen des Dachstein-Massivs in dichten Wälder eingebettete Ödensee ist ein begehrtes Ziel der Aussee-Urlauber. Man erreicht ihn bequem mit dem Auto, doch ist es lohnender, sich dem Bergsee auf Wanderwegen zu nähern, wobei jener von Kainisch höchst abwechslungsreich an kleinen Dolinenseen vorbei und durch ein Hochmoor dorthin führt. Die weiter im Südosten gelegenen temporären Karstquellen »Strumern« bei Mühlreith sind im Walddickicht verborgen, aber an den auffallend grün bemoosten Felsblöcken leicht zu erkennen. Sie zeigen im Frühjahr und Frühsommer (Mai, Juni), zur Zeit der Schneeschmelze im Hochgebirge, ihr wahres Gesicht: Zwischen Bäumen, Wurzeln und Felsen drängt, sprudelt und quillt es mächtig hervor, so als wolle sich der gesamte Wasserinhalt des Dachsteinstocks partout an diesem einen Ort ergießen.

Am Ödensee.

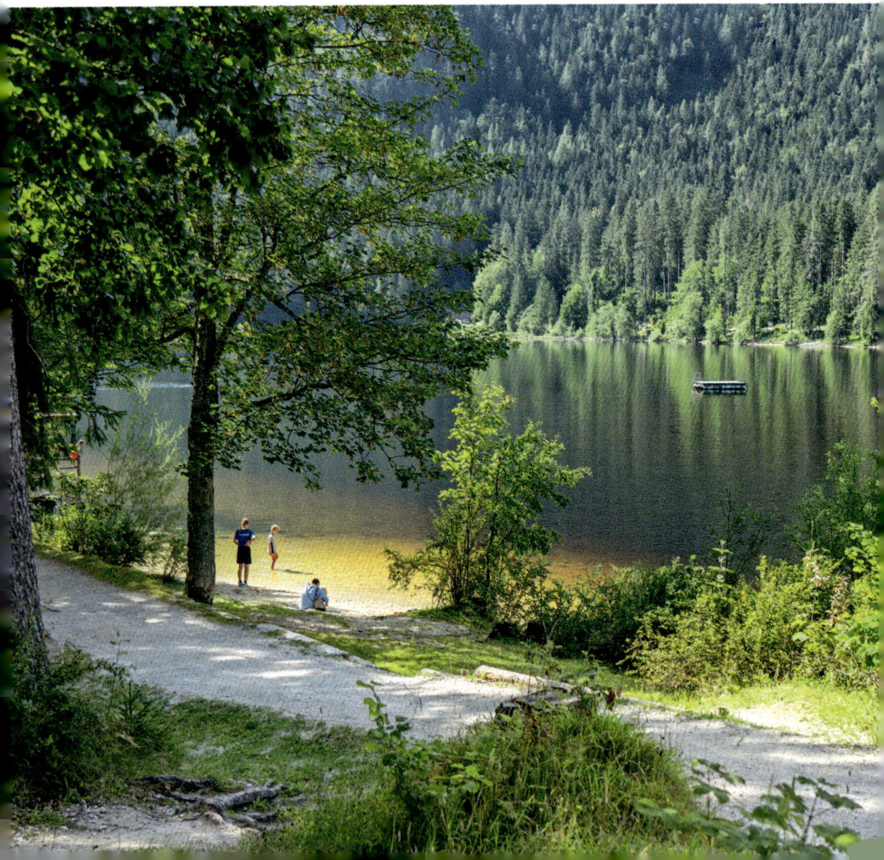

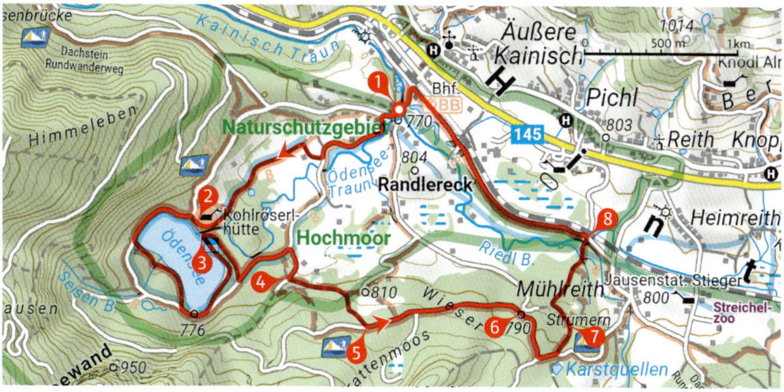

Ausgangspunkt: Kainisch, 780 m, Urlaubsort im Hinterbergtal. Eigentlicher Ausgangspunkt ist der Parkplatz Kainisch (auch Parkplatz »Altarm Riedlbach«, 770 m) südlich von Kainisch, jenseits der Brücke über die Kainisch-Traun. Man erreicht ihn auf der Ödensee-Zufahrtsstraße mit eigenem Kfz, ½ km von Kainisch.

Anforderungen: Einfache Wanderung auf zwar gut beschilderten, aber meist unmarkierten Fahr- und Fußwegen. Im Bereich der Strumern etwas unübersichtliches Waldgelände.

Kinder: Mit Einkehrmöglichkeit, Badestrand und Kinderspielplatz ist der Ödensee ein ideales Ziel für Jugendliche jeden Alters. Die anschließende Wanderung zu den Strumern ist jedoch in Kinder-Begleitung wegen der langen Forststraßen-Strecke weniger zu empfehlen.

Kinderwagen: Die Strecke vom Parkplatz Kainisch zum Ödensee kann auch mit Kinderwagen befahren werden.

Einkehr: Genuss-Gasthaus Kohlröserlhütte am Ödensee-Nordufer (keine Nächtigung, ganzjährig 11–20 Uhr geöffnet, kein Ruhetag, Tel. +43/3624/213, www.genussamsee.com).

Hinweis: Mit einer Größe von 20 ha und einer Tiefe bis 19 m gehört der Ödensee, ein Waldmoorsee, zu den kleineren Gewässern des Salzkammerguts. Er gilt als »meromiktischer« See, in dem eine Durchmischung nur in voneinander getrennten Zonen stattfindet, wodurch Bereiche verschieden alten Wassers entstehen. Dies wird im Sonderfall des Ödensees durch kalte unterirdische, chemisch geschichtete Höhlenzuflüsse erreicht, über denen das warme Oberflächenwasser abfließt.

Vom **Parkplatz Kainisch** ❶ führt uns die Asphaltstraße zum Ödensee nach 50 m zu einer Gabelung. Wir gehen links auf die »Alte Ödenseestraße« (Naturstraße) durch Wiesen eben nach Südwesten zur nächsten Verzweigung (Tafel, Bank). Hier biegen wir halb rechts ab und folgen dem Fahrweg Nr. 8 am linken Rand des Ödensee-Moors (Biotop, Info-Tafeln) südwestwärts in den Wald. Dort zweigt unsere Route vor einer Waldwiese (Zaun) links ab und es geht auf einem Fußweg bald durch ein Gat-

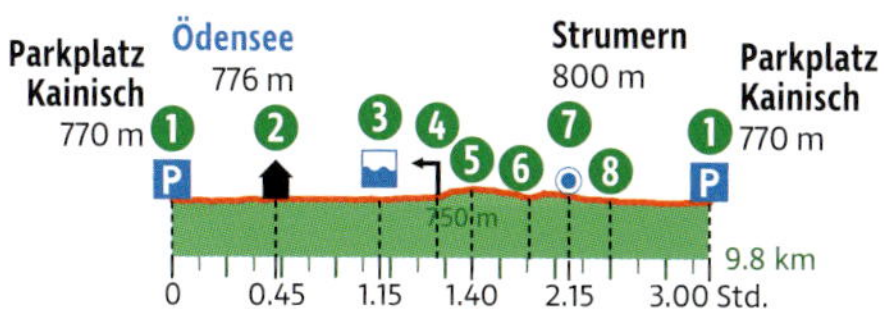

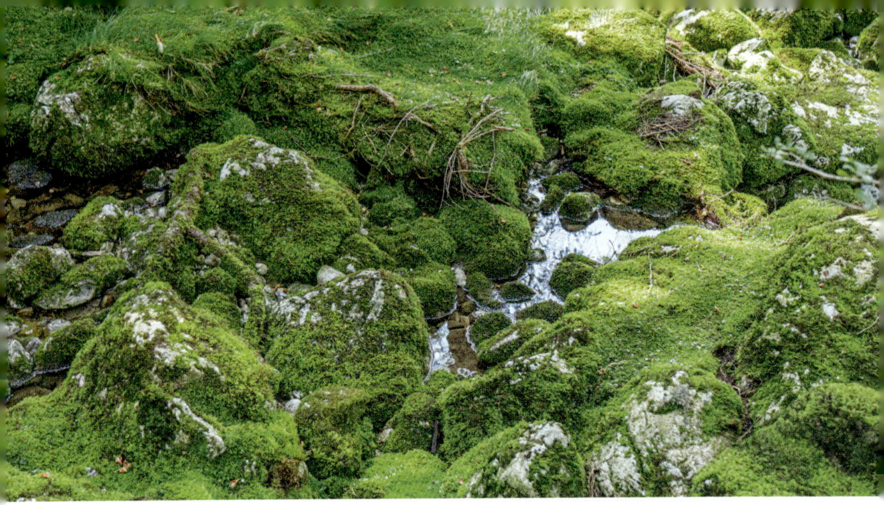

Die Karstquellen der Strumern.

ter, danach im Hochwald, an zwei Dolinenseen (»Kalter See«, »Warmer See«) vorbei, zu einem Querweg. Auf diesem halten wir uns links und gehen neben der Ödensee-Traun zum Nordufer des **Ödensees** ❷ und dort kurz nach rechts zum Gasthaus Kohlröserlhütte, 776 m.

Von der Hütte folgen wir dem Ringweg entgegen dem Uhrzeigersinn um den See herum (herrliche Blickpunkte; am Westufer Forststraße, sonst barrierefreier breiter Fußweg) wieder zurück zum Nordufer und dort westwärts zur Verzweigung beim **Bade- und Kinderspielplatz** ❸ (Tafeln) noch vor der Kohlröserlhütte.

Nun biegen wir scharf rechts ab (!) und wandern auf einem Fahrweg im Wald sanft nach Osten aufwärts zu einer Forststraße, auf der wir uns links halten. Nun geht es durch Hochwald zu einer Querstraße und auf ihr rechts zu einer **Verzweigung** ❹ vor einer Linkskehre. Hier biegen wir links ab und folgen dem Fußweg im Wald sanft nach Osten aufwärts zu einer Kreuzung, dort nach rechts hinauf zu einer **Forststraße** ❺. Diese schlagen wir nach links ein und gehen ostwärts, in langer Geraden leicht bergab zu einer **Querstraße** ❻, 790 m. Nun halten wir uns rechts (südwärts) bergauf zur nächsten Kreuzung und dort ein Stück nach links bergab zur Verzweigung vor (!) dem Erreichen einer Forststraße.

Jetzt wenden wir uns nach links zu einem schönen Waldweg, der uns in Nordrichtung abwärts führt, später nach rechts in einen seichten Graben und dort zur ersten Holzbrücke im Quellgebiet der **Strumern** ❼. Wir gehen den Fußweg in Nordrichtung (zahlreiche Holzbrücken) weiter und kommen über eine Anhöhe hinweg in ein weiteres Quellgebiet. Zuletzt geht es auf einem Fahrweg abwärts und über den Riedbach (Holzbrücke). Jenseits des Bachs steigen wir kurz bergauf zur **Fahrwegkreuzung** ❽ vor dem Bahngleis der Salzkammergutbahn, 780 m, bei Mühlreith. Nun folgen wir dem asphaltierten Fahrweg (Salzkammergut-Radweg R19), wobei wir uns links halten neben der Bahn entlang zur Ödenseestraße von Kainisch her. Nach links über das Bahngleis und Kainisch-Traun erreichen wir wieder den **Parkplatz Kainisch** ❶.

Spechtensee, 1051 m

Zugang von Lessern über den Leistensattel

4.30 Std. | 12,1 km | ↗ 600 m | ↘ 600 m

Paradiesisches Seeauge an der Warscheneck-Südseite

Als seerosengeschmückter Moorsee mit Bademöglichkeit ist der Spechtensee bei Tauplitz ein von Kennern geschätztes Kleinod. Dazu trägt auch die im Sommer bewirtschaftete kleine Spechtenseehütte am Nordufer bei, die zu Rast und Verbleib einlädt. Von dem unter dem wuchtigen Grimming gelegenen Ort Lessern kann der See in angenehmer Wanderung erreicht werden. Man kommt dabei nicht nur an einem weiteren Gewässer, dem winzigen Leistensee, vorbei, sondern berührt am Rückweg auch den Gasthof Dachsteinblick, wo man landschaftlich mit prächtigem Rundblick und gastronomisch mit allerlei bodenständigen Leckereien verwöhnt wird.

Ausgangspunkt: Der Parkplatz beim Ghf. Gewessler im Ortsbereich von Lessern (789 m; Bushalt), einem zur Gemeinde Pürgg-Trautenfels gehörenden Ort an der Mündung des Wörschachwald- in das Grimmingbachtal.

Anforderungen: Leichte Wanderung auf nicht immer gut bezeichnete Fahr- und Fußwegen.

Kinder: Mit Einkehrmöglichkeiten unterwegs und dem schönen Badesee ist die Wanderung trotz der Länge auch mit Kindern sehr zu empfehlen.

Einkehr: Ghf. Dachsteinblick (11 B. und zwei Appartements für 4–6 Personen; Mitte Nov. bis Anf. Dez. geschlossen, sonst immer offen, Di. und Mi. Ruhetag; Tel. +43/3688/2328 oder +43/664/3962588, www.gasthof-dachsteinblick.at). Spechtenseehütte (6 B., 15 L.; 15. Mai bis 26. Okt. geöffnet; Di. Ruhetag; Tel. +43/3688/2666, www.spechtensee.com). Zwei Gasthöfe in Lessern.

Bademöglichkeit: Das reine Wasser des Spechtensees – es hat Trinkwasserqualität – mit angenehmen Temperaturen lädt an warmen Sommertagen zum Baden ein.

Variante: Der Spechtensee kann auf schönem Uferweg in 30 Minuten umrundet werden.

Die Spechtenseehütte bietet eine gute Einkehrmöglichkeit.

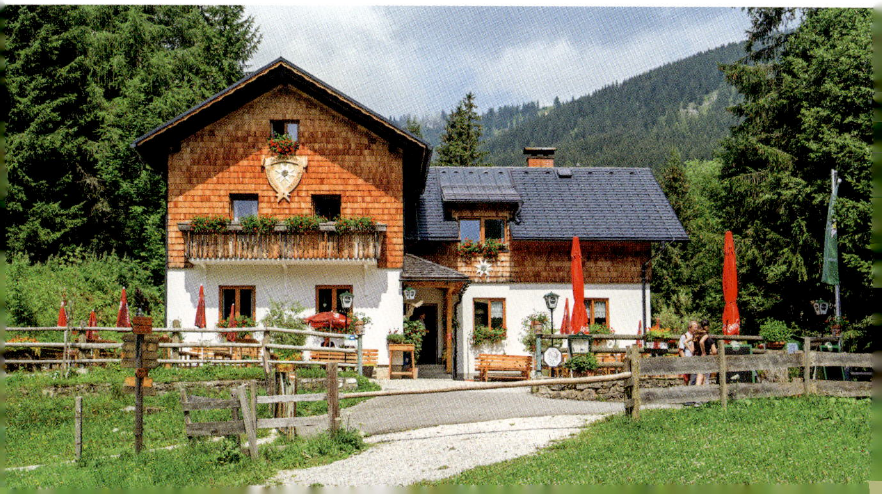

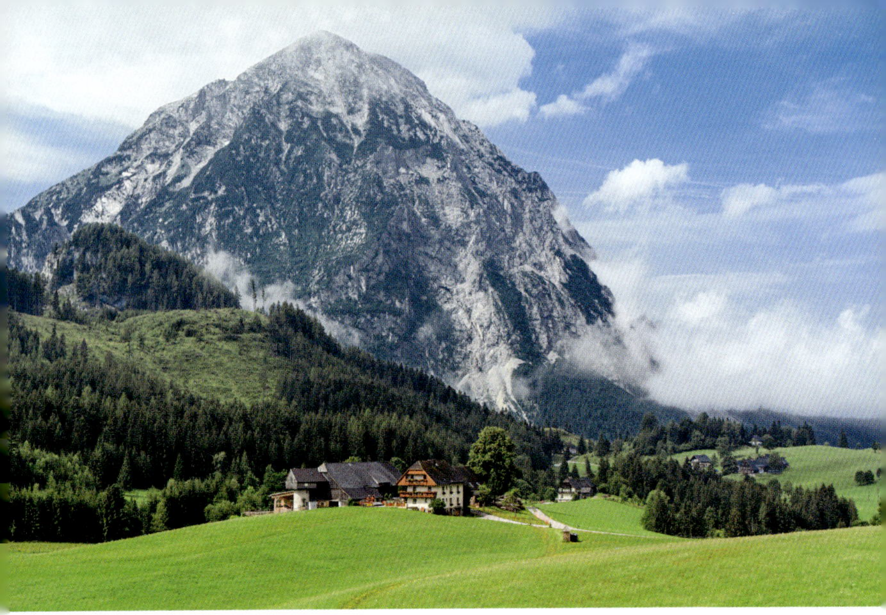

Die imposante Felsmasse des Grimming über dem alten Rohrmooser Hof.

Von **Lessern 1** gehen wir auf der Naturstraße nach Nordosten aufwärts zu einer Verzweigung gleich nach der Bahnunterführung. Links folgen wir dem begrünten Weg Nr. 288 an der linken Seite eines Waldgrabens nach Nordosten hinauf, später über eine steile Flanke empor zu einer Asphaltstraße. Diese 50 m nach links zu den Wiesen beim Gindlhof. Noch am Waldrand biegen wir scharf rechts ab, um auf dem Weg Nr. 288 nordostwärts empor zur privaten Lomhütte zu gelangen. Wir folgen dem breiten Weg weiter in den Sattel beim **Gasthof Dachsteinblick 2**, 1049 m.

Nun geht es auf der Asphaltstraße durch den Wald eben nach Nordosten zu einer **Teilung 3** (1035 m; Ferienhäuser) vor dem auf einer Anhöhe stehenden Rohrmooser Hof. Rechts führt uns der Fahrweg Nr. 288 ostwärts in den Wald und dort hinauf in den Leistengraben. Durch ihn kommen wir zu einer querenden Forststraße und auf ihr in der Grabensohle weiter zu einer Teilung. Die Straße in Richtung Stainach leitet uns gerade fort zur nächsten Verzweigung (Bank). Links auf Forststraße, am größtenteils verlandeten Leistensee vorbei, eben nach Osten, dann steigen wir auf einem Fußweg einen Waldgraben hinauf in den **Leistensattel 4** (1250 m; Verzweigung). Bei einer Bank zweigen wir links ab und folgen dem Weg Nr. 288 in Nordrich-

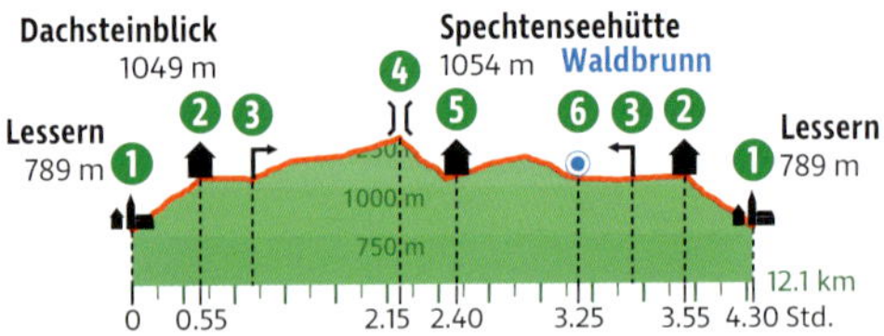

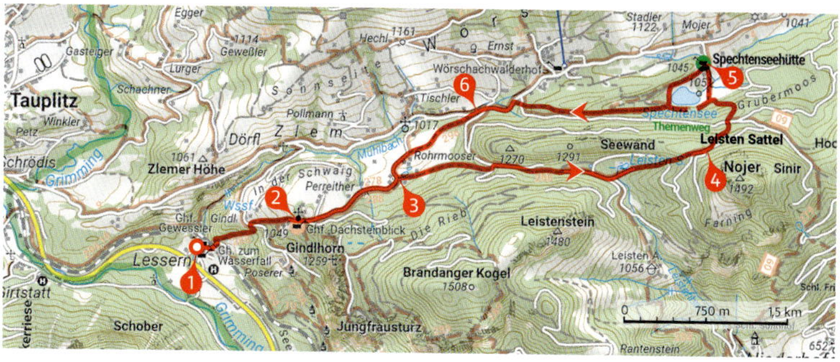

tung abwärts zum Uferweg um den Spechtensee, 1051 m und geradeaus über Wiesen zur **Spechtenseehütte** **5** (1054 m; Parkplatz).

Der Fahrweg am Nordufer des Sees leitet uns durch Wiesen und Wald nach Westen, dann biegen wir links ab und gelangen auf dem Uferweg südwärts zu einer Teilung. Wir halten uns rechts auf dem Fußweg Nr. 296 durch einen Waldgraben, gehen nach Westen empor in den Sattel, 1150 m, zwischen Seewand links und einem Rücken rechts. Jenseits wandern wir hinab zur Spechtensee-Zufahrtsstraße, auf der wir uns links halten und (bezeichnete Abkürzer) abwärts **Waldbrunn** **6** (1040 m; Quelle, Bank) erreichen. 20 m danach geht es links ab und auf dem bezeichneten Fahrweg aufwärts zu einer aussichtsreichen Anhöhe. Jenseits der Anhöhe wandern wir über Wiesen abwärts und eben zum Rohrmooser Hof (14. Jh.). Die Asphaltstraße führt uns nach links hinab zu der vom Hinweg bekannten **Teilung** **3** bei den Ferienhäusern und über den **Gasthof Dachsteinblick** **2** zurück nach **Lessern** **1**.

Am Spechtensee mit dem markanten Hochtausing.

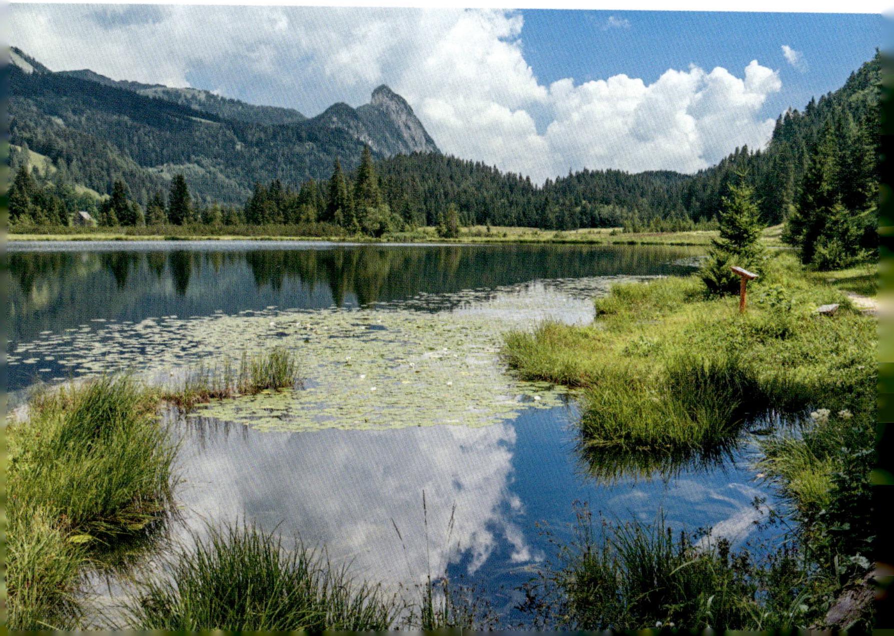

45 Almsee-Umrundung

Vom Gasthof Jagersimmerl zum Seehaus

2.45 Std. | 9,7 km | ↗ 50 m | ↘ 50 m

Ein »Romantikweg« für Verliebte

Ein Juwel alpiner Schönheit ist die Landschaft des inneren Almtals, besonders die Umgebung des in einem weiten Kessel zu Füßen des Toten Gebirges gelegenen Almsees. Die Zufahrtsstraße zum Gasthof Seehaus ausgenommen, sind seine Ufer, an denen Quellen unterhalb des Seespiegels austreten größtenteils noch unberührt. An dem romantischen Ostufer wandert man durch Auwälder und Schilfbuchten den Felsriesen des Toten Gebirges entgegen, ein Traumweg gleichermaßen für Liebespaare und Familien mit gehfreudigen Kindern.

Ausgangspunkt: Parkplatz Ghf. Jagersimmerl (577 m; Bushalt) in der Habernau, an der Verzweigung von Hetzau-Tal und Almtal, 10 km von Grünau.
Anforderungen: Bequeme Uferpromenade für Jung und Alt.
Kinder: Eine Paradetour für Kinder, die gern baden, im Wasser planschen wollen, dabei aber auch Gelegenheit zur Tierbeobachtung haben. Und es gibt eine Einkehr gerade am entferntesten Punkt der Wanderung!
Einkehr: Gasthof Jagersimmerl (Restaurant nur für Hotelgäste, Tel. +43/7616/8505, www.jagersimmerl.at). Gasthof Seehaus (zwei Ferienwohnungen, vom 30. März bis 3. Nov. geöffnet, außer an Feiertagen, Montag Ruhetag, Tel. +43/7616/8366, http://gasthof-seehaus.at.
Gipfelmöglichkeiten: Ab dem Gasthof Seehaus kann man statt dem Almsee-Westufer zu folgen auch über den Ameisstein (776 m, fantastische Schau auf Almsee und Totes Gebirge!) zum Ausgangspunkt zurückkehren, wobei die Westuferstraße noch vor dem Almsee-Nordufer erreicht wird. Größtenteils Forststraßen, nur im Gipfelanstieg Fußwege. Weder markiert oder beschildert, jedoch Steinmänner. Zusätzlicher Zeitaufwand: 1 Std.
Bademöglichkeit: An einigen Stellen am Ostufer wird Gelegenheit für ein Bad in den kühlen Fluten des Almsees gegeben.
Hinweis: Vom Seehaus kann man auch per Bus (täglich um 10.25, 12.25 und 16.25 Uhr) zum Ausgangspunkt zurückkehren; 1.15 Std. Zeitersparnis.

Vom Parkplatz am **Gasthof Jagersimmerl** ❶ folgen wir der Straße in die Hetzau (Almtaler Haus) 100 m nach Osten, über den Almbach, und gleich danach zur Rechtsabzweigung des Ostuferweges. Auf dem bezeichneten Fahrweg Nr. 404 wandern wir durch schönen Wald im Auf und Ab nach Süden, dann auf einem breiten Wanderweg weiter und etwas abwärts zum Nordende des Almsees beim **Jagdhaus Schwarzenbrunn** ❷ (591 m; Wehr, Bushalt). Nun dem Promenadenweg folgend gelangen

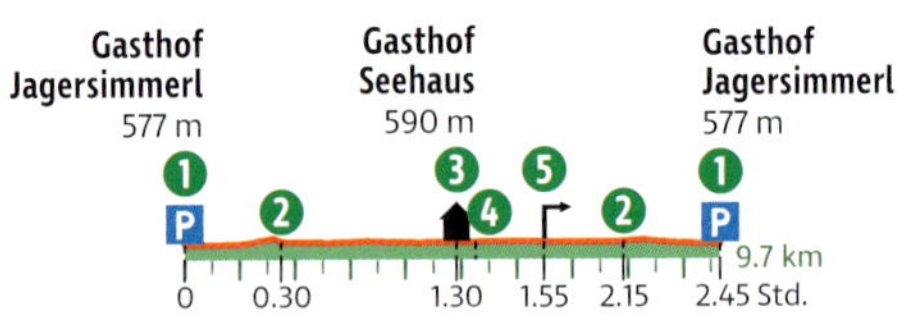

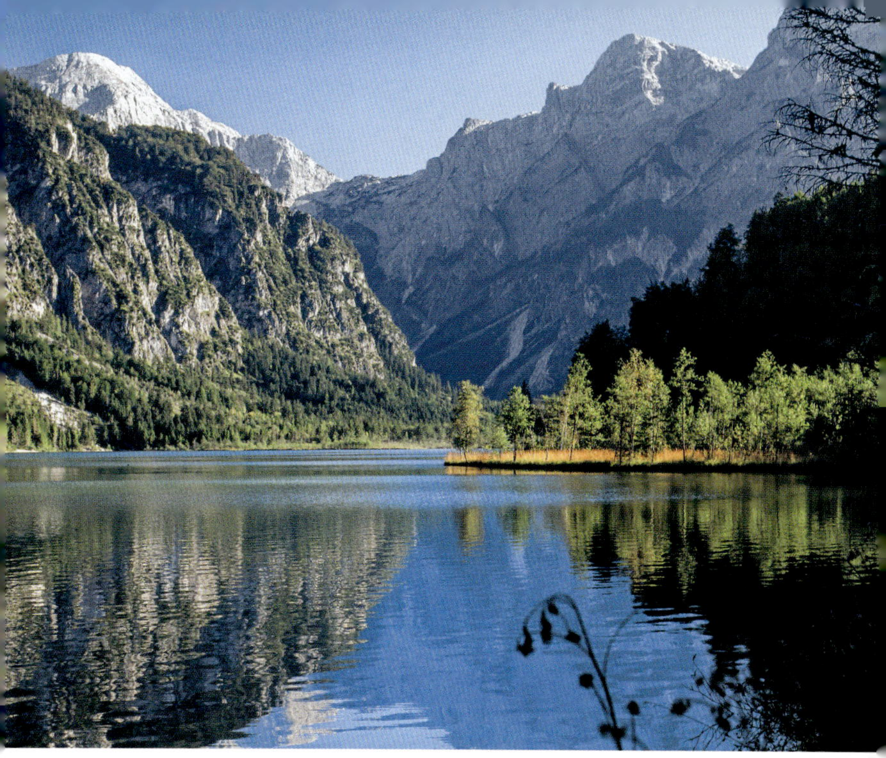

Der Almsee.

wir am bewaldeten Seeufer nach Süden, zuletzt durch eine Au mehr nach rechts (Südwesten) eben zum **Gasthof Seehaus ❸** (590 m; Großparkplatz, Bushalt).

Vom Parkplatz beim Gasthof Seehaus leitet uns neben der Zufahrtsstraße ein Fußweg nahe dem südlichen Seeufer zum Ferienhaus **»Deutsches Haus« ❹** (geschlossen; hier beginnt die Linksabzweigung der Variante über den Ameisstein). Nun geht es am Almsee-Westufer entlang zur **Verzweigung ❺** unter dem Ameisstein. Wir gehen von der Straße ab und setzen unsere Route auf dem Fußweg im Auwald rechts der Straße fort zum Nordende des Sees (Wehr) beim **Jagdhaus Schwarzenbrunn ❷**. Danach gelangen wir auf bekanntem Weg zurück zum Parkplatz beim **Gasthof Jagersimmerl ❶**.

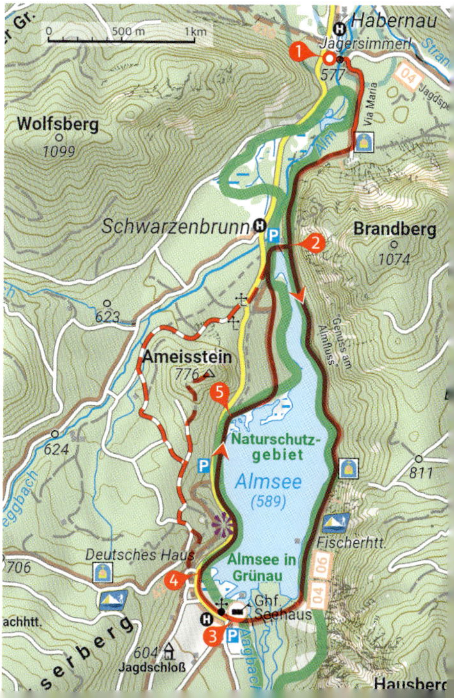

46 Kleiner und Großer Ödsee

Zwei Waldseen nahe dem Almtalerhaus

1.30 Std. | 4,5 km | ↗100 m | ↘100 m

Intensive Landschaftseindrücke für wenig Aufwand

Von besonderem Reiz ist die Landschaft des inneren Almtals mit den beiden Talkesseln der Hetzau und des Almsees. Unter den Nordabstürzen von Schermberg und Priel gelegen, ist die Hetzau mit dem Almtalerhaus ein richtiger Publikumsmagnet. Wir besuchen die nahe dem Almtalerhaus in dichte Wälder (Naturschutzgebiet) eingebetteten beiden Ödseen im Zuge einer Runde, auf der auch Gelegenheit für ein erfrischendes Bad gegeben wird. Dass am Weg zum Kleinen Ödsee auch die idyllisch gelegene Aussichtskanzel »Herrentisch« mitgenommen wird, ist wohl keine Frage, oder?

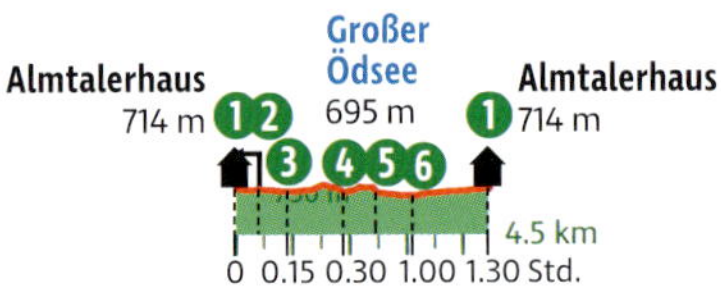

Ausgangspunkt: Parkplatz Almtalerhaus, 714 m, in der Hinteren Hetzau, am Nordfuß des Toten Gebirges, 17 km von Grünau im Almtal. Wichtig: Die Straße vom Gasthof Jagersimmerl in die Hetzau ist vom 15. Sept.–15. Okt. und vom 1. Nov.–30. April gesperrt (dann zu Fuß entlang der Straße, 6 km, 1 ½ Std.).

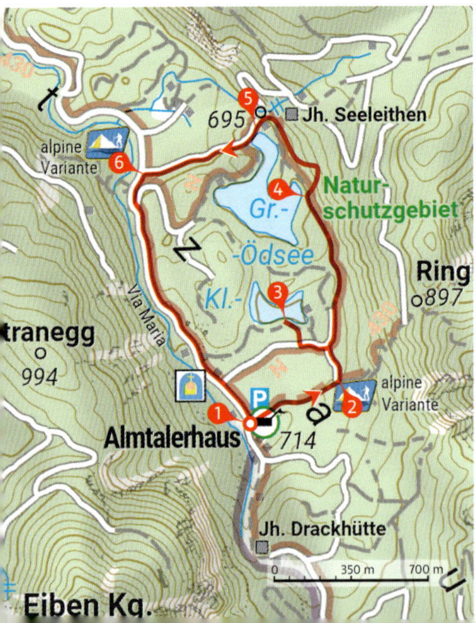

Anforderungen: Unschwierige Wanderung auf bez. Straßen.

Kinder: Mit Kindern sehr zu empfehlen, zumal an den Ufern beider Ödseen (kristallklares Wasser, im Sommer angenehme Temperaturen) gebadet werden kann und danach im Almtalerhaus Einkehrmöglichkeit besteht.

Einkehr: Almtalerhaus (ÖAV, 24 B, 37 L.; vom 1. Mai bis 15. Sept. durchgehend geöffnet, Tel. +43/664/2374442, www.almtalerhaus.com).

Kinderwagen: Beide Seen können auf den zuführenden Fahrwegen auch mit dem Kinderwagen besucht werden. Auf der hier beschriebenen Runde ist das Gelände zwischen beiden Seen nur bedingt kinderwagentauglich.

Tipp: Trittsichere können ab der Wegteilung ❷ nach dem Almtalerhaus, Weg Nr. 430 in Richtung Steyrling folgend, die baumfreie Aussichtskanzel »Herrentisch«, 800 m (Tische, Bänke) besuchen, mit eindrucksvollem Tiefblick in die Hetzau und zu den beiden Ödseen. Gesamter Zusätzlicher Zeitaufwand (auf und ab): 35 Min.

Hinweise: Das Almtalerhaus kann zwischen 1. Mai und 15. Sept. ab Grünau auch per Wandertaxi (Tel. +43/7616/8365 und +43/664/2301910) erreicht werden. Vom 16. Sept.–15. Okt. ist die Straße in die Hetzau aus Jagdgründen gesperrt. Auch das Almtalerhaus ist dann geschlossen!

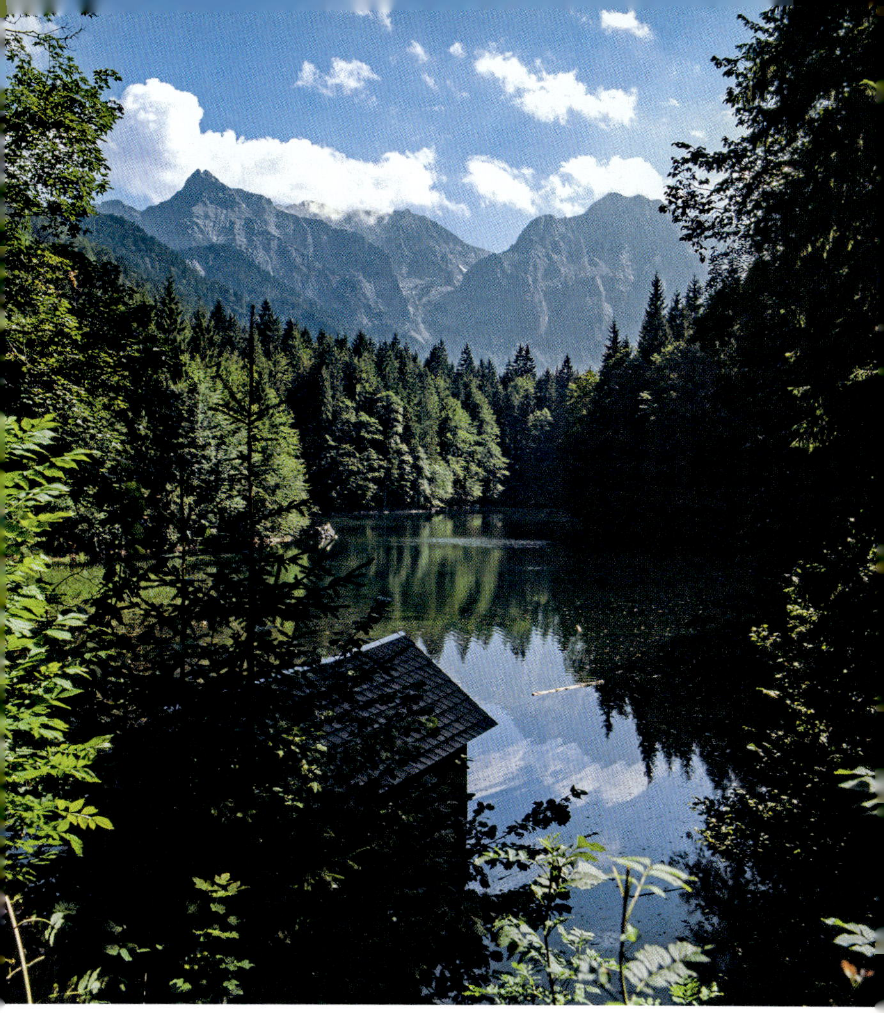

Der Große Ödsee mit den Nordabstürzen des Toten Gebirges.

Vom Parkplatz **Almtalerhaus ❶** folgen wir dem Fahrweg Nr. 404 und 430 durch den Wald nach Nordosten zu einer **Teilung ❷** (710 m; geradeaus weiter lohnt sich ein Abstecher zur Aussichtskanzel Herrentisch). Wir zweigen links ab (gelbe Markierung) in Nordrichtung zur nächsten Linksabzweigung des Weges zum **Kleinen Ödsee ❸**, 700 m, der von hier in wenigen Minuten erreicht wird. Anschließend geht es retour zur erwähnten Verzweigung, dort wandern wir auf dem gelb bezeichneten Weg auf und ab nach links (Norden) zum **Großen Ödsee ❹**, 695 m.

Parallel zum rechten (östlichen) Ufer gehen wir im Wald weiter zu einer Forststraße, die am **Nordende des Sees ❺** quert (rechts oberhalb befindet sich ein schöner Wasserfall). Wir folgen der Straße nach links (Westen) abwärts zur asphaltierten **Hetzau-Straße ❻**, auf der wir uns links halten, um zurück zum Parkplatz **Almtalerhaus ❶** zu gelangen.

47 Steyrschlucht und Rinnende Mauer

Ein Konglomerat-Canyon bei Molln

3.00 Std. | 7,6 km | ↗ 220 m | ↘ 220 m

Auf abenteuerlichen Pfaden durch ein Naturjuwel

Nicht nur bei Klaus, auch flussabwärts bei Molln durchfließt die Steyr imposante Konglomeratschluchten. Wurde jene bei Klaus 1975 mit Errichtung eines Stausees (Laufkraftwerk) Opfer der modernen Technik, so kann die Mollner Steyrschlucht auf romantischen Schluchtwegen nach wie vor bewundert und durchwandert werden. An ihrem Ende gelangt auf 50 Meter Länge aus einer porösen begrünten Felswand Sickerwasser zutage, die »Rinnende Mauer«, eine sogenannte Kalktuffquelle, bei der das hinter der Konglomeratwand aufgestaute Grund- und Hangwasser als Sprühregen austritt. Die Begehung der Schlucht vermittelt ein unvergessliches Erlebnis, allerdings sind auf den teilweise exponierten Schluchtwegen bergsteigerische Übung, Achtsamkeit und etwas Ausdauer gefordert.

Ausgangspunkt: Molln (442 m; Bushaltestelle). Eigentlicher Startplatz ist das Gasthaus Stefaniebrücke (412 m, Parkplatz) am westlichen Ortsrand von Molln.
Einkehr: Gasthaus Stefaniebrücke (Bed and Breakfast, 8 B., ganzj. geöffnet, Mi. ganztägig und Do. bis 15 Uhr Ruhetag, Tel. +43/7584/2314 und +43/676/6204 410, www.stefaniebruecke.at). Unterwegs keine Einkehr!
Anforderungen: Anspruchsvolle Wanderung auf gut beschilderten, aber schmalen, teilweise exponierten Steigen. Begehung wegen der zahlreichen frei liegenden Baumwurzeln etwas beschwerlich. Trittsicherheit, Schwindelfreiheit und Ausdauer nötig. Nach längeren Regenfällen abzuraten!
Kinder: Bei einiger Vorsicht kann die Begehung der Mollner Steyrschlucht auch mit Kindern empfohlen werden, wobei an den Flussufern Bademöglichkeit besteht.
Hinweis: Am »Schluchtblick« und allen weiteren Aussichtspunkten im Bereich der oberen Schluchtkante besondere Vorsicht mit Kindern!

Bademöglichkeit am Ufer der Steyr.

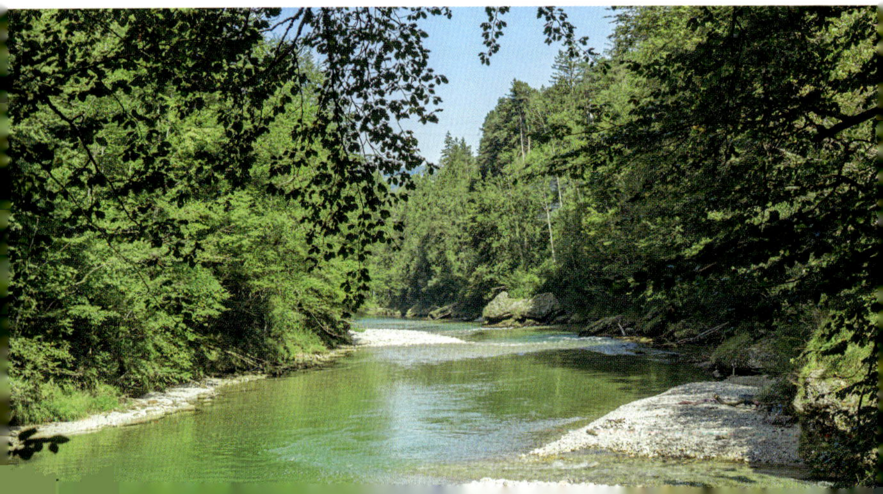

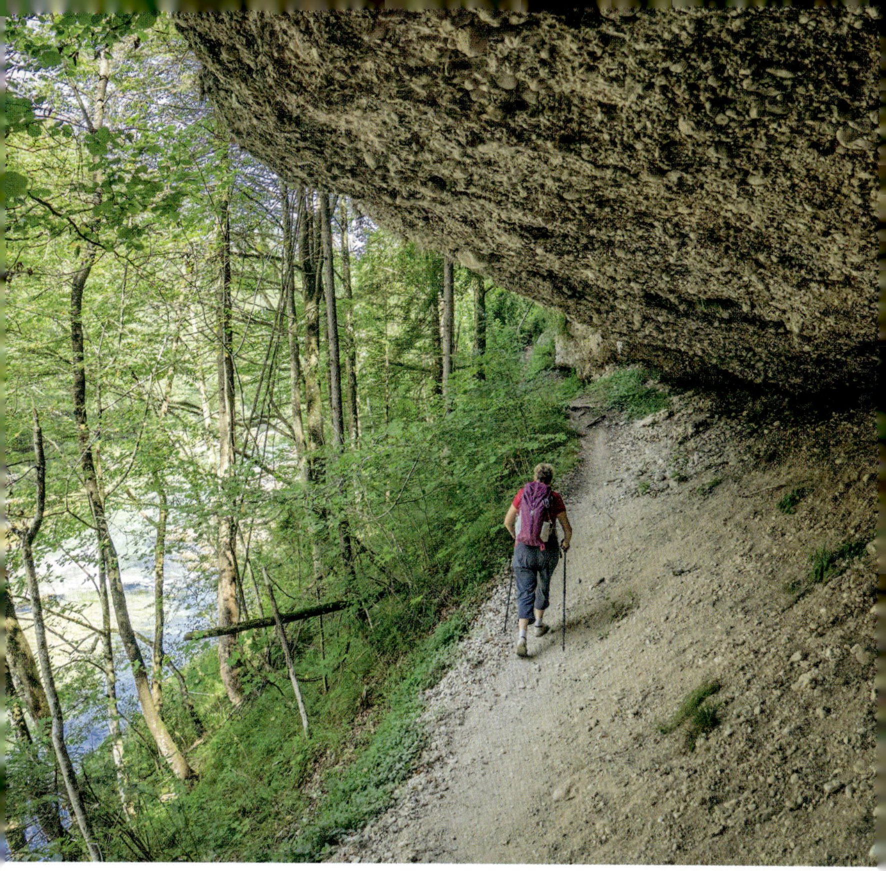

Trittsicherheit wird vorausgesetzt an den Schluchtkanten.

Vom Parkplatz beim **Gasthaus Stefaniebrücke ❶** leitet uns die Straße mit Weg Nr. 406, 409, 479A und 479B in Richtung Zinkensteg/Rinnende Mauer 150 m eben nach Süden (flussaufwärts) zu einer Verzweigung. Hier geht es halb rechts auf einer schmalen Asphaltstraße steiler bergab zu einem Haus, danach steigen wir auf einem Naturfahrweg im Rechtsbogen hinab zur Steyr und dort zum Ende des Fahrwegs unmittelbar unterhalb der **Stefaniebrücke ❷**. Anschließend wandern wir geradeaus auf nun bezeichnetem Steig am rechten Ufer der smaragdgrünen Steyr an steilen Waldhängen entlang auf und ab nach Norden zur Rechtseinmündung der Krummen Steyrling und dort zu einer dreifachen Verzweigung vor der Brücke **»Zinkensteg« ❸** über die Steyrling. Wir über sie auf dem Holzsteg und gehen jenseits weiterhin am rechten Steyrufer an steilen Waldhängen und unter vorkragenden Konglomeratwänden entlang, zuletzt steiler bergauf zum **Querweg an der oberen Schluchtkante ❹** (Tafeln).

Nun biegen wir scharf rechts ab und wandern auf dem Fußweg Nr. 479B am Abgrundrand entlang eben nach Süden zum **Schluchtblick ❺** direkt über dem Vereinigungspunkt von Steyr und Krummem Steyrling (Bank). Achtung, hier nicht weiter

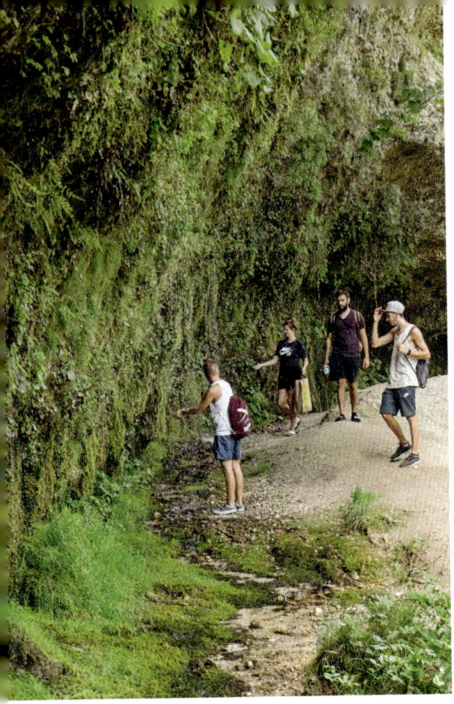

Links: Die triefend grüne Felswand der Rinnenden Mauer.
Rechts: Schluchtblick.

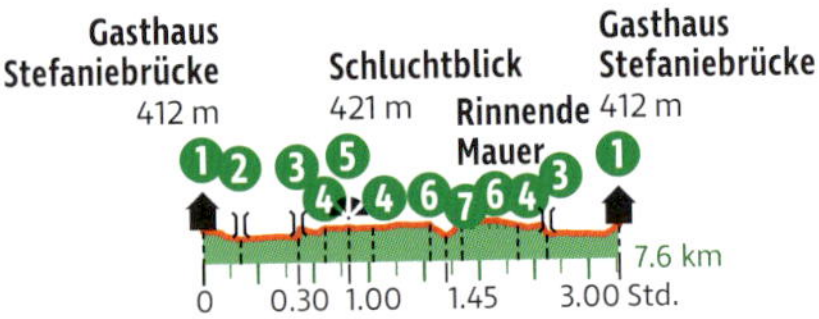

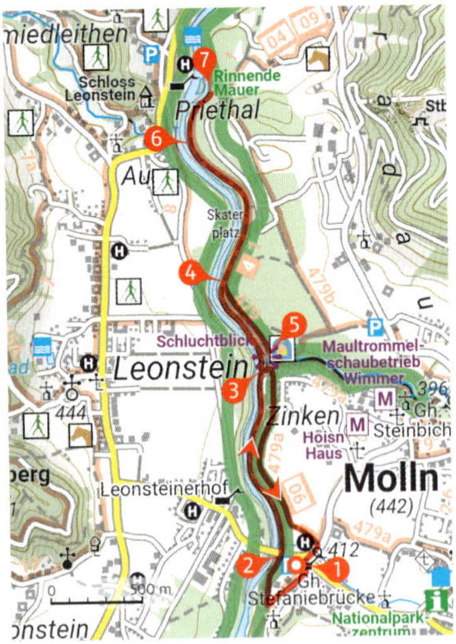

dem Weg zum Parkplatz Gradau folgen, sondern auf demselben Weg wieder retour zur **Wegverzweigung an der oberen Schluchtkante ❹**! Dort gehen wir geradeaus auf dem stark erodierten Waldweg Nr. 479 und 479B, an Aussichtspunkten und einem rechts gelegenen Schotterwerk vorbei, größtenteils eben nach Norden zu einer alten aufgelassenen Seilbahnstation und gleich danach zu einer **Verzweigung ❻**. Hier biegen wir halb links ab und steigen auf einem markierten Fußweg durch den Wald steil nach Norden hinab zum Steyrufer. Dort halten wir uns rechts und gelangen, am Fluss entlang, zu der im unteren Teil vor Nässe triefenden grünen Felswand der **Rinnenden Mauer ❼**.

Rückweg: Auf bekanntem Weg (ohne erneuten Abstecher zum Schluchtblick), zunächst halb links zur **Verzweigung ❻**, zur **Wegverzweigung an der oberen Schluchtkante ❹** und zurück zur dreifachen Verzweigung nach dem **»Zinkensteg« ❸**. Nun folgen wir dem Weg Nr. 479A durch den Wald in einigen engen Serpentinen, zuletzt über eine kurze Betonstiege steil nach Süden hinauf zur Siedlung Zinken an der Schlucht-Oberkante.

Ein Naturfahrweg führt uns rechts an den Häusern vorbei, danach gelangen wir stets nahe der Abbruchkante im Wald eben weiter zu einer großen Wiese schon am Rand des Ortsgebiets von Molln. Am rechten Wiesenrand geht es eben fort und, die Straße Molln–Leonstein traversierend, kehren wir zurück zum Parkplatz beim **Gasthaus Stefaniebrücke ❶**.

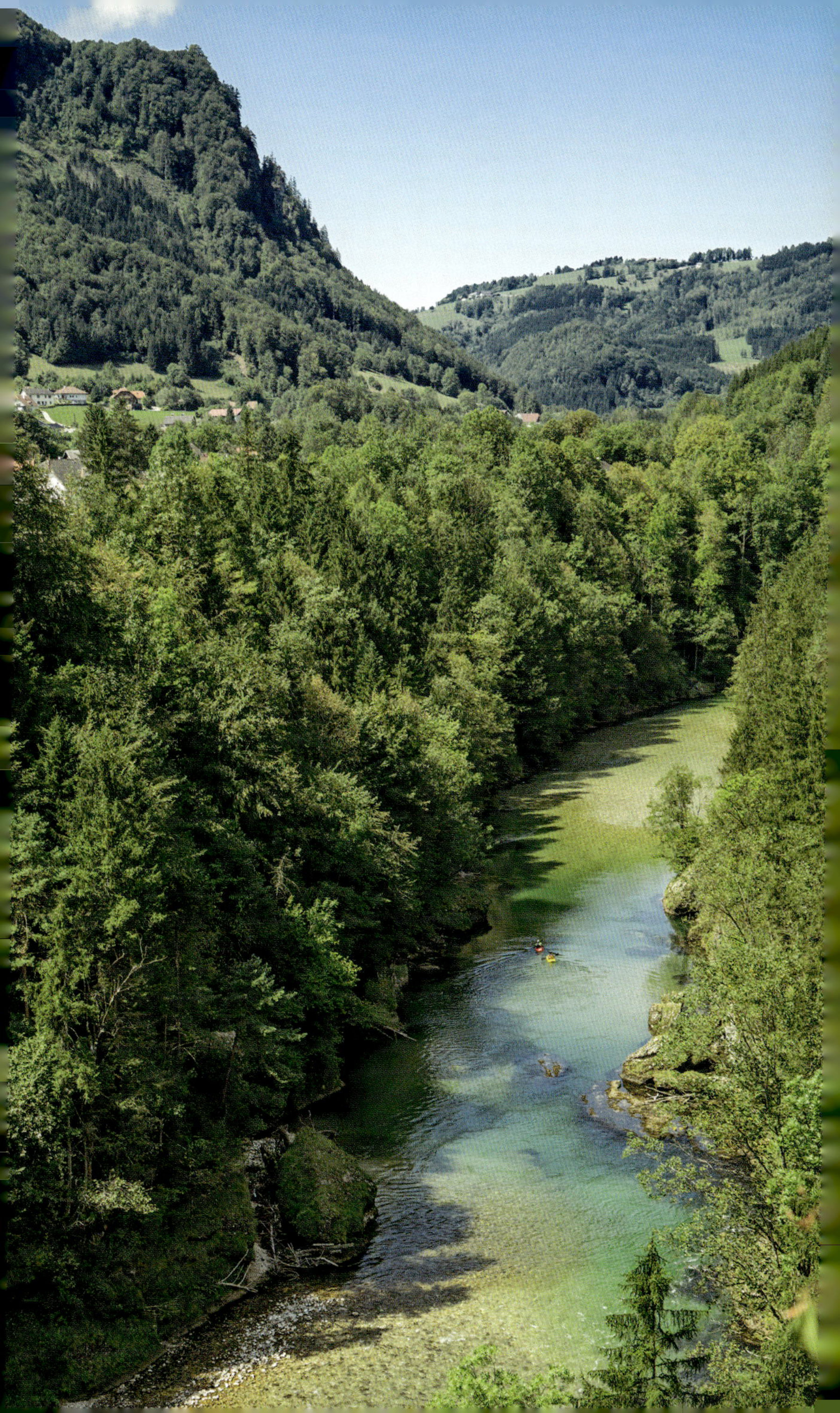

48 Stausee Klaus: Ostuferweg

Auf dem Fischersteig entlang der Steyr

4.00 Std. | 11,4 km | ↗ 260 m | ↘ 210 m

Des einen Freud, des anderen Leid ...

Da klaffen die Meinungen auseinander: Trauern Naturliebhaber dem großartigen Konglomerat-Canyon der Steyr nach, so sehen die anderen in dem 1974/75 errichteten Stausee Klaus nicht nur eine Energiequelle, sondern sogar eine Bereicherung. Denn auch frühere Gegner räumen dem entstandenen fjordartigen Gewässer landschaftliche Reize ein, fügt er sich doch gut in die Landschaft ein. Das nahe dem Nordende des Sees entstandene Freizeitzentrum ist sogar zu einem Tourismusmagnet geworden mit einem Wassersport-Angebot, das sich sehen lassen kann. Wir begehen auf dem seinerzeit als Rundweg angelegten Fischersteig zwar nur das Ostufer, also die Hälfte, doch an der gut 10 Kilometer langen Wanderstrecke gibt es ungemein viel zu schauen. Zuletzt kann aus der Mündungsschlucht des Vorderen Rettenbachs alternativ die Teufelskirche – ein imposanter Felsendom mit Karstquelle darunter – besucht werden, was auf bequemen Fahrwegen geschieht und eine halbe Stunde zusätzliche Gehzeit beansprucht.

Ausgangspunkt: Bahnhof Klaus an der Pyhrnbahn (461 m, großer Parkplatz).
Zielpunkt: Bahnhof Hinterstoder in Dirnbach, 510 m. Rückkehr zum Start per Bahn Richtung Linz. Verkehrt zwischen 5 und 22 Uhr (außer um 9, 11, 13, 15, 19 und 21 Uhr) täglich zur vollen Stunde.
Einkehr: Gasthaus Schinagl in Klaus (keine Nächtigung, ganzjährig geöffnet, Mo. und Di. Ruhetag, www.gemeinde-klaus.at/), Gasthaus Seeblick im Freizeitzentrum Klauser See (keine Nächtigung, Mai–August durchgehend, Sept. und Okt. an Wochenenden, wochentags nur bei Schönwetter geöffnet, www.stauseeklaus.com), Autobahn-Raststätte nahe dem Bahnhof Hinterstoder.
Anforderungen: Einfache Wanderung auf markierten, aber zum Teil schmalen ungesicherten Wegen. Trittsicherheit nötig. Nur bei trockenem Wetter!
Kinder: Die mittellange Wanderung kann lohnend auch mit Kindern unternommen werden. Im Freizeitzentrum Klaus Naturbadesee mit Gasthaus, Kajakschule, Tennisplätze, Kinderspielplatz, Bungeejumping, großem Kinderspielplatz, Boots- und SUP-Verleih; schwimmende Almhütte.
Variante Teufelskirche: An der Verzweigung 5 nach der Helmalm-Terrasse (2¾ Std. von Klaus) die Forststraße kurz nach links hoch zu einer Querstraße, die sich nach rechts dreifach verzweigt. Wir folgen der mittleren Forststraße (Weg Nr. 409 und 460) an der linken Seite des Vorderen Rettenbachtals durch Wald nach Südosten aufwärts und über die Pyhrnautobahn A9 hinweg zur Linksabzweigung von

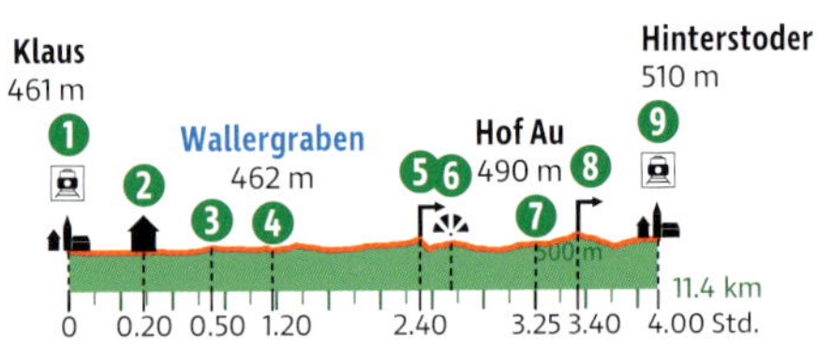

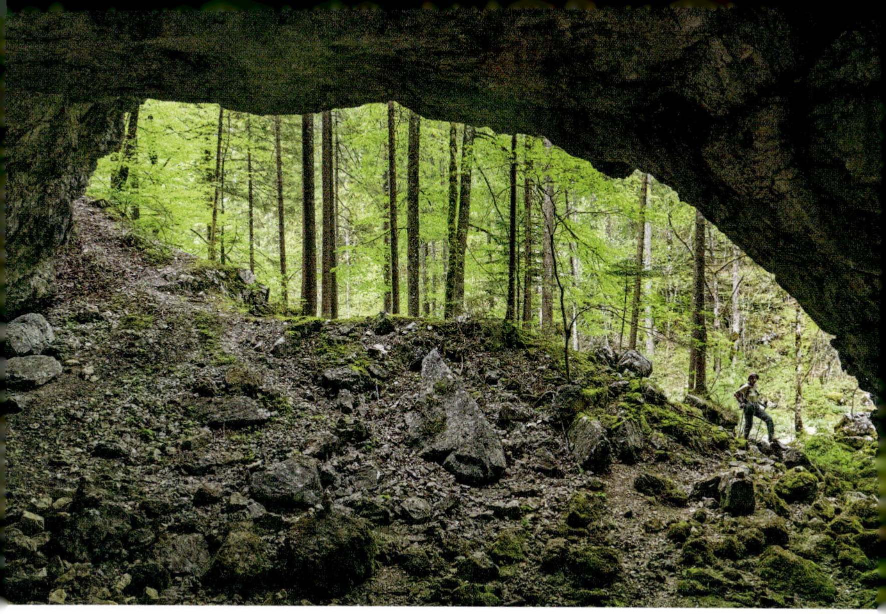

Sehr reizvoll ist die Variante zur Teufelskirche, einem gewaltigen Felstor mitten im Wald.

Weg Nr. 460. Auf der Straße (Weg Nr. 409) gerade fort zu den Wiesen rings um den Hof Spering, 533 m, und in Ostrichtung weiter zu einer Verzweigung (Rechtsabzweigung zum Bahnhof Hinterstoder), danach zu einem Parkplatz. Entlang der Forststraße durch das nun schluchtartig verengte Tal 500 m bergauf zur Rechtsabzweigung des Steiges zur Teufelskirche (Tafeln). Auf diesem kurz hinab zur Karstquelle und über bemooste Felsen unter das gewaltige Felstor der Teufelskirche, 580 m, das durchschritten werden kann, 3 ½ Std. von Klaus.

Rückweg: Zurück zur Verzweigung nach dem Parkplatz. Links haltend bald auf Asphaltstraße durch Wald nach Südwesten abwärts und über den Vorderen Rettenbach, 515 m, danach in Windungen aufwärts in den Wiesensattel zwischen Falkenstein und Rieser. Jenseits, am Hof Pernkopf (bleibt rechts) vorbei, hinab zur Straßenverzweigung 8 am Fischersteig. Die Straße links haltend wie beschrieben zum Bahnhof Hinterstoder 9, 4 ½ Std. ab Bahnhof Klaus.

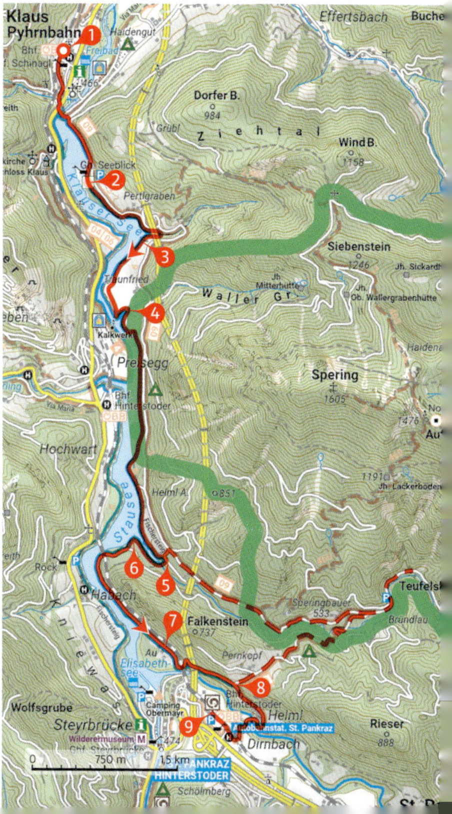

Vom **Bahnhof Klaus ❶** (Parkplatz) folgen wir der Ortsstraße nach Süden zur B138 und gehen auf ihr kurz weiter zur Linksabzweigung der Straße nach Frauenstein. Sie leitet uns über die Staumauer des Klauser Sees zur Gabelung. Auf der Asphaltstraße halten wir uns rechts und gehen 500 m am Ostufer des Klauser Sees entlang, zum **Freizeitzentrum Klauser See ❷**, 456 m. Wir passieren das Gasthaus Seeblick (bleibt rechts), und erreichen das Straßenende bei einem Tennisplatz. Beeindruckend ist der Blick hinauf auf das über dem Westufer des Sees aufragende mächtige Schloss Klaus!

Wir folgen dem blau markierten Fußweg (»Fischersteig«) am linken Rand des Platzes nach Süden in den Wald. Dort führt ein schöner Wanderweg zu einem querenden Fahrweg, dem wir 50 m nach rechts zu einer Verzweigung folgen. Nun geht es links ab und auf einem Fußweg im Rechtsbogen um die Bucht des Pertlgrabens herum unter die Hangbrücke der Pyhrnautobahn. Wir wandern weiter an steilen Waldhängen entlang, dann in einigen steilen Kehren empor zur großen **Wiesenterrasse beim Hof Traunfried ❸**, mit imponierendem Weitblick gegen den Kleinen Priel (Totes Gebirge) im Süden. Ein reizvoller Wanderpfad leitet am rechten Wiesenrand entlang der Abbruchkante zum See eben weiter, dann steigen wir im Wald scharf nach links hinab in den urtümlichen **Wallergraben ❹**, 462 m, dessen Bachlauf an Steinen überquert wird. Nun geht es steil empor zu der etwas verbuschten Mühlwiese (Blick auf das mächtige Kalksteinwerk Steyrling am jenseitigen Stausee-Ufer), dann auf einem schmalen Pfad in langer Hangquerung an den steilen Waldflanken der Bäckerschütt entlang in Südrichtung weiter, bis sich das Gelände verflacht. Wir nehmen nun nicht den hier ansetzenden Fahrweg, sondern (Pfeil) den Fußweg rechts unterhalb von ihm in schöner Wanderung direkt am Seeufer entlang, schließlich in leichter Steigung zur Wiesenterrasse beim Hof Helmalm. Am rechten Wiesenrand, jedoch außerhalb des Weidezauns, wandern

Das imposante Schloss Klaus über dem gleichnamigen Stausee.

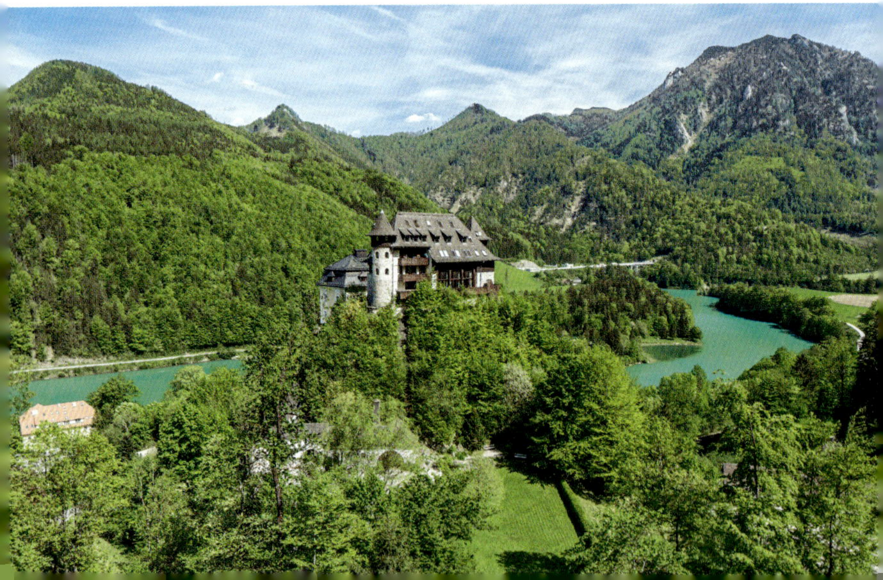

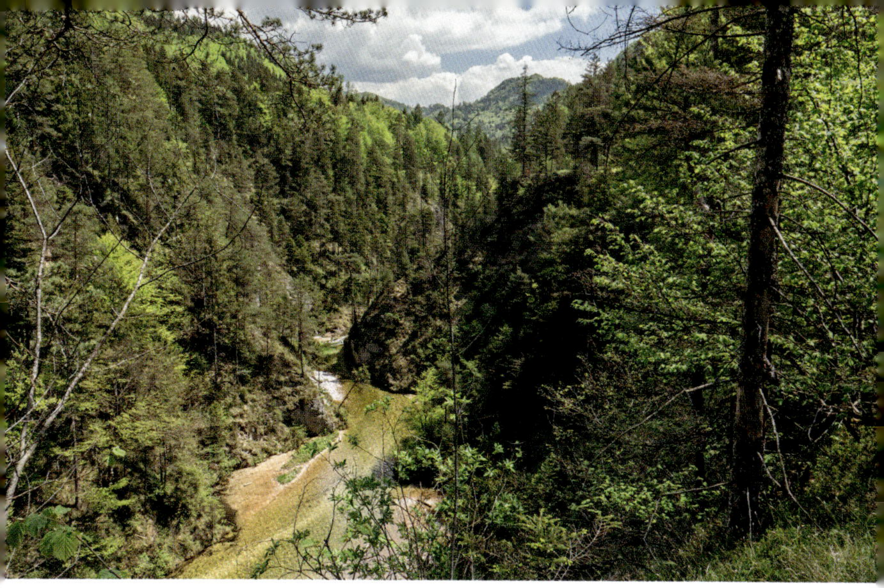

Tiefblick in die Konglomeratschlucht des Vorderen Rettenbachs.

wir entlang der Abbruchkante zum See bzw. gegen die Schlucht des Vorderen Rettenbachs, sanft nach Südosten aufwärts zu einer querender Forststraße (der die Variante zur Teufelskirche nach links folgt) und auf ihr 20 m nach rechts zu einer wichtigen **Verzweigung ❺** (515 m; Bank, Tafeln).

Hier biegen wir rechts ab und wandern auf einem schmalen Pfad im Zickzack hinab in die tief eingeschnittene Konglomeratschlucht des Vorderen Rettenbachs, 466 m, der auf solidem Steg traversiert wird. Jenseits steigen wir in Kehren steil hinauf auf eine bewaldete Terrasse, 490 m, mit breitem Querweg. Dieser führt uns, am Schluchtrand (Tiefblick!) entlang, eben nach rechts (Nordwesten) zum **Aussichtspunkt ❻** (494 m, Bank) direkt über der Rettenbach-Mündung in den Klauser See.

In Westrichtung gehen wir eben weiter zu einem Strommast, danach entlang eines Zauns (Drehtür) zu einer Asphaltstraße und auf ihr unter die beiden Steyrflussbrücken (Bahnbrücke aus Stahlbeton von 2015, die ältere von 1906 dient heute als Radweg).

Die Asphaltstraße leitet uns in energischer Linkskurve unter den Brücken durch, dann wandern wir in Südostrichtung aufwärts zu einer ebenen Wiese beim **Hof Au ❼**, 490 m. Wir überqueren die Wiese, dann geht es nach links durch die Bahnunterführung und jenseits, über die Pyhrnautobahn A9 hinweg, an den Waldhängen steil nach Südosten aufwärts zu einer **Straßenverzweigung ❽**. Dort halten wir uns rechts, folgen der Asphaltstraße an den Waldhängen nach Südosten abwärts, gelangen zuletzt in einer Rechtskehre zur Teichlbrücke und jenseits, an einem Wildschwein-Gehege vorbei, nach Südwesten empor zu den Häusern von Dirnbach. Wir gehen durch das Dorf im Linksbogen aufwärts, dann nach rechts durch die Bahn-Unterführung und jenseits 200 m auf und ab nach rechts zum **Bahnhof Hinterstoder ❾**, 510 m.

49 Stodertaler Flötzersteig

Von St. Pankraz nach Hinterstoder

3.00 Std. | 10,3 km | ↗ 220 m | ↘ 100 m

Genusswanderung entlang der Steyr

Er ist der alte Weg der Holzflößer, ein Landschaftspfad besonderer Güte, dem wir von der Steyrbrücke bei St. Pankraz nach Hinterstoder folgen. Der abwechslungsreiche 10-Kilometer-Trip führt an etlichen Attraktionen wie dem Stromboding-Wasserfall (auch Strumboding) vorbei, der bei hohem Wasserstand im Frühling ein richtiges Inferno abgibt. Doch erst an unserem Wanderziel Hinterstoder öffnet sich das Tal, lässt den Blick hinauf zu den Felsriesen des Toten Gebirges – Großer Priel und Spitzmauer – zu.

Ausgangspunkt: Gasthaus Steyrbrücke (474 m, Parkplatz, Bushalt »Kniewas-Steyrbrücke« Linie 431 Klaus-Hinterstoder) westlich der Steyr nahe dem Zusammenfluss mit der Teichl, 3,5 km von St. Pankraz, 10 km von Hinterstoder.
Zielpunkt: Hinterstoder, 591 m, bekannter Sommer- und Wintersportort im inneren Stodertal. Rückfahrt von Hinterstoder zur Steyrbrücke mit Bus Linie 431/911 mehrmals täglich.
Anforderungen: Einfache Wanderung auf bezeichneten Fahr- und Fußwegen.
Einkehr: Gasthaus Steyrbrücke (derzeit geschlossen!), Mostheuriger Flötzerstub'n (6 B. »Urlaub am Bauernhof«; im Nov. geschlossen, sonst immer geöffnet, Montag Ruhetag; Tel. +43/7564/5325 und +43/676/5461140, https://floetzerstubn.stadtausstellung.at), Mehrere Gastbetriebe in Hinterstoder.
Kinder: Das ist eine mittellange Flusswanderung, die auch in Begleitung von Kindern empfohlen werden kann. Für Einkehr unterwegs und Bademöglichkeit in den kühlen Fluten der Steyr ist gesorgt.
Hinweis: Wegen der nötigen Busrückfahrt zum Startplatz wird ein früher Aufbruch empfohlen.

Rast an der Steyr.

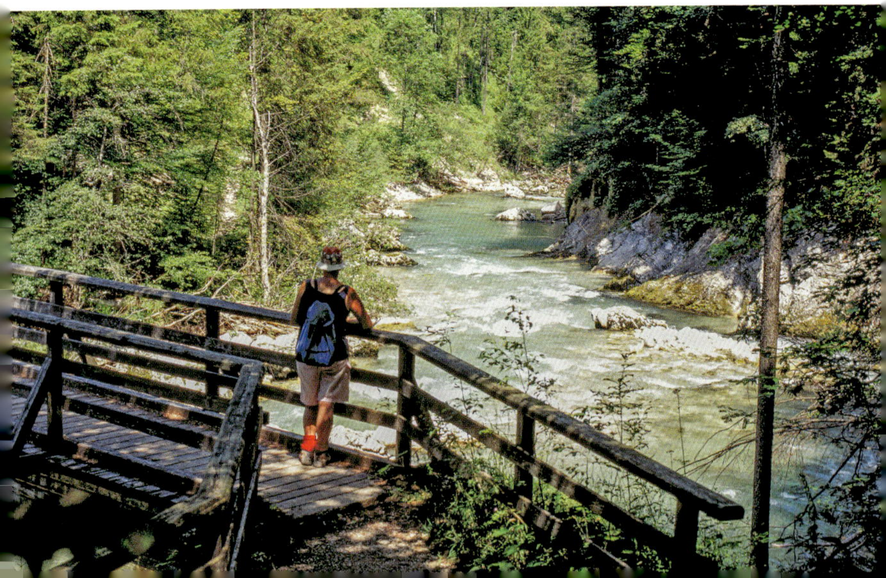

Vom **Gasthaus Steyrbrücke ❶** gehen wir an das Ostufer der Steyr und dort auf dem »Flötzersteig« (Weg Nr. 209) unter der Brücke durch zum Fluss. An den Waldhängen oberhalb der Steyr entlang gelangen wir südwärts durch eine Talenge zur ehemaligen Gaissulzsperre (Auffangrechen). Nun wandern wir am Flussufer weiter zur Steyrbrücke beim Haus Tambergau, welches wir oberhalb passieren. Später folgen wir einem Fahrweg im Wald und am Rand einer Wiese (Privathaus) zur Stodertalstraße. Sie leitet uns über die Schrattentaler Brücke an das Westufer. Dort zweigen wir links ab und gehen auf dem Fahrweg neben der Steyr weiter zur nächsten Brücke. Nun wandern wir auf dem Fahrweg Nr. 209 gerade fort und über Wiesen aufwärts, später nach rechts (Westen) empor zur Asphaltstraße am Waldrand. Auf ihr halten wir uns links und erreichen, südwärts, im Auf und Ab das **Schnablgut ❷** mit der Mostheurigen Flötzerstub'n.

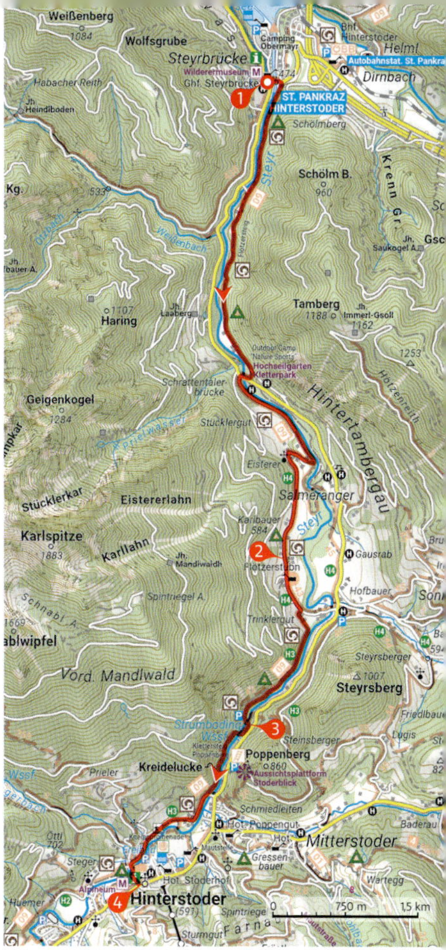

Die Straße nach Süden führt uns hinab zum Gürtlergut (in der Karte »Trinklergut«). Wir biegen rechts ab und kommen auf dem Fußweg Nr. 209 durch das sich verengende Waldtal zur Dörrhüttn, danach auf einem Fahrweg zu einer Wiese mit Verzweigung. Links gehen wir zur Steyr hinab und neben ihr taleinwärts, später gelangen wir an das Ostufer und dort hinauf zum **Stromboding-Wasserfall ❸**, 575 m.

Oberhalb von diesem geht es nach Süden bergauf, zurück an das rechte Ufer und dort, an einer Verzweigung (rechts in 5 Minuten zur Kreidelucke) vorbei, zum Schachingersteg über die Steyr. Nun wandern wir stets rechts von ihr auf einem staubfreien Fahrweg gerade fort zur Pension Prielkreuz, danach, an einer alten Mühle vorbei, zur Kneipp-Anlage (Stoderzeit-Organuhr) und weiter zu einer querenden Asphaltstraße (Prielerweg). Nun geht es links über die Steyrbrücke in das Ortszentrum von **Hinterstoder ❹**, 591 m.

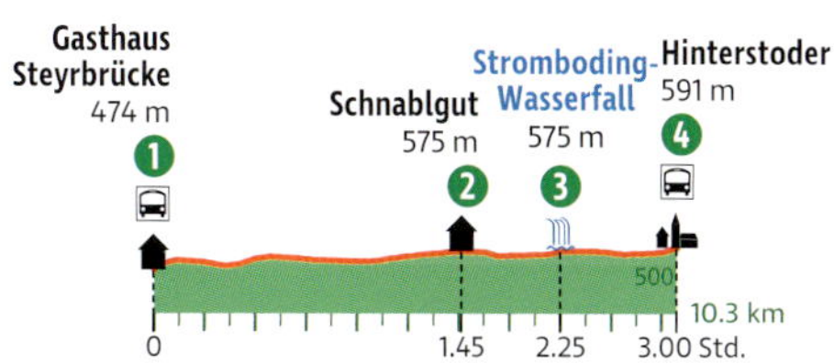

50 Schiederweiher, 612 m

Von Hinterstoder zur »Perle des Stodertales«

TOP | 2.30 Std. | 8,6 km | ↗50 m | ↘50 m

Zu einem der schönsten Plätze Österreichs gekürt

2018 in der TV-Sendung »9 Plätze – 9 Schätze« schlagartig berühmt gemacht, hat sich der Schiederweiher mittlerweile zu einem Massenausflugsziel im Umkreis von Hinterstoder entwickelt. Am Zugangsweg zum Prielschutzhaus gelegen, gibt es die tausendfach bestaunte »Perle des Stodertales« jedoch schon über 120 Jahre: Am 28. August 1887 erwarb der k.u.k. Hofbaumeister Johann Schieder von Friedrich Eckbrecht Graf von Dürckheim-Montmartin die nahe Hinterstoder gelegenen Güter Klinser und Stegbauer (Johannishof). Der zwischen 1897 und 1902 ursprünglich als Fischteich angelegte, von der Krummen Steyr durchflossene Stausee besticht durch sein glasklares, türkisblaues Wasser, in dem sich die Glanzlichter des Toten Gebirges, Spitzmauer und Großer Priel, so unvergleichlich spiegeln. Doch lohnt es sich, die Wanderung auf dem »Panoramaweg« noch bis zum Polsterstüberl fortzusetzen, wo man mit allerlei Stodertaler Schmankerl verwöhnt wird.

Herbststimmung auf dem Weg zum Schiederweiher.

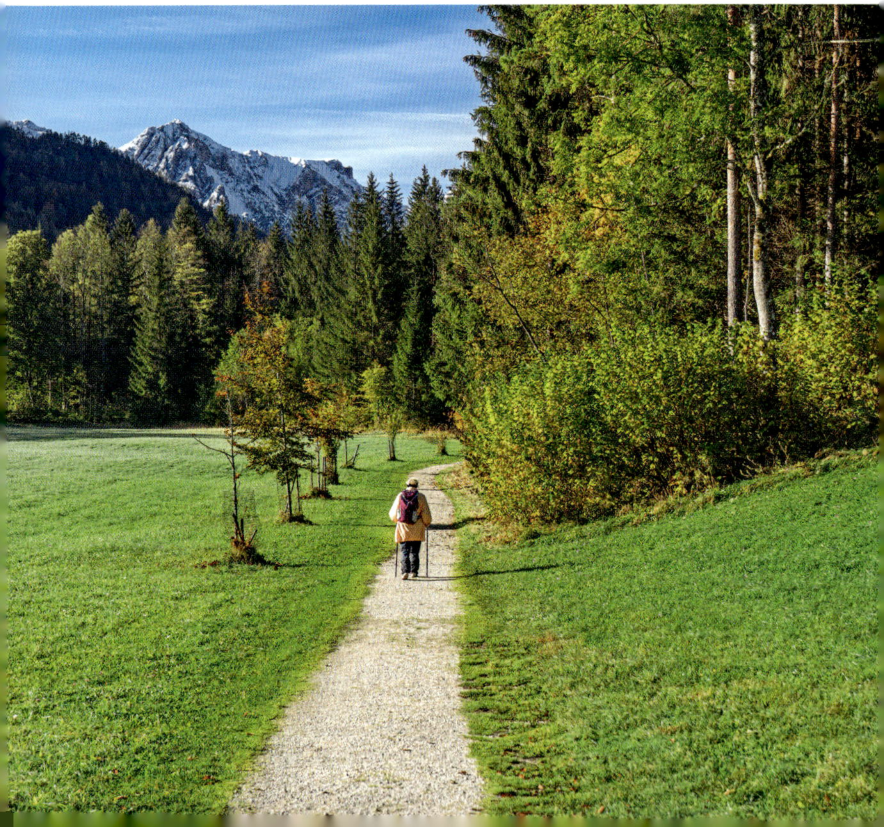

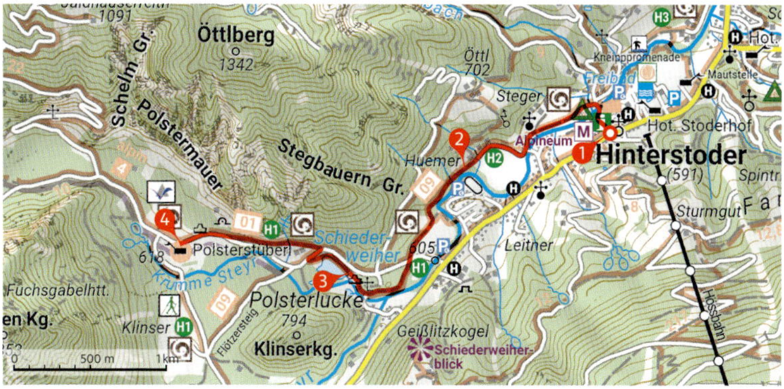

Ausgangspunkt: Hinterstoder, 591 m, Sommer- und Wintersportort im Stodertal. Bushalt, kostenfreier Seilbahnparkplatz, kostenpflichtiger Parkplatz bei der Hösshalle. Startplatz ist das Tourismusbüro im Ortszentrum.
Anforderungen: Einfache Wanderung auf beschilderten Fahr- und Fußwegen.
Kinder: Herrliche Halbtagswanderung, die problemlos auch mit Kindern unternommen werden kann. Einkehrmöglichkeit am entferntesten Punkt (Montag Ruhetag!). Der Schiederweiher ist kein Badesee!
Einkehr: Mehrere Gastbetriebe im Ortsgebiet von Hinterstoder. Polsterstüberl (keine Nächtigung, Mai bis Okt. ab 10 Uhr geöffnet, Montag Ruhetag; Tel. +43/7564/54822 und +43/664/52 86 092, www.polsterstueberl.at).
Kinderwagen: Auf dem beschriebenen Weg kann der Schiederweiher von Hinterstoder auch mit dem Kinderwagen besucht werden.
Tipp: Im Retourweg kann man bei gleichem Zeitaufwand, statt dem Fußweg über die »Anhöhe« zu folgen, einfacher auf dem Radweg, die Steyr zweimal überschreitend zur Wegfortsetzung bei der Villa Huemer ❷ gelangen. Vor allem dann zu empfehlen, wenn man mit Kinderwagen unterwegs ist.
Hinweis: Weil meist gespurt, ist der Wanderweg zum Schiederweiher auch im Winter möglich und lohnend. Das Polsterstüberl hat von Dezember bis März ab 11 Uhr geöffnet (Montag Ruhetag).

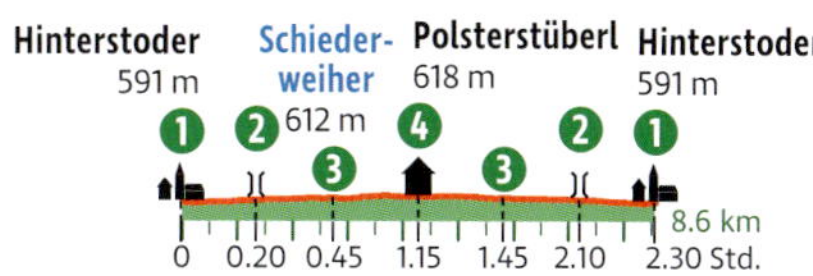

Vom Tourismusbüro im Zentrum von **Hinterstoder** ❶ folgen wir der Ortsstraße westwärts über die Steyr in den Ortsteil Prielerweg. Dort biegen wir gleich links ab und gehen zunächst auf einem Fahrweg, dann auf einem breiten Fußweg (Nr. 201 und 209) durch Wiesen.

Wir passieren eine malerische Barockkapelle, wandern eben taleinwärts durch das Stodertal zur nächsten Steyrbrücke, danach geht es in Schleifen zur Villa Huemer, gleich danach zur **dritten Steyrbrücke** ❷ (über die der Radweg geradeaus weiterführt).

Wir zweigen rechts ab und gelangen auf dem Fußweg an den Waldhängen über eine Anhöhe hinweg wieder zum Radweg. Auf ihm halten wir uns rechts, südwestwärts, wandern am Waldrand eben fort, dann steigen wir kurz aufwärts zu einer Asphaltstraße, die traversiert wird. Jenseits folgen wir dem Fußweg durch Buschwerk und Wald eben

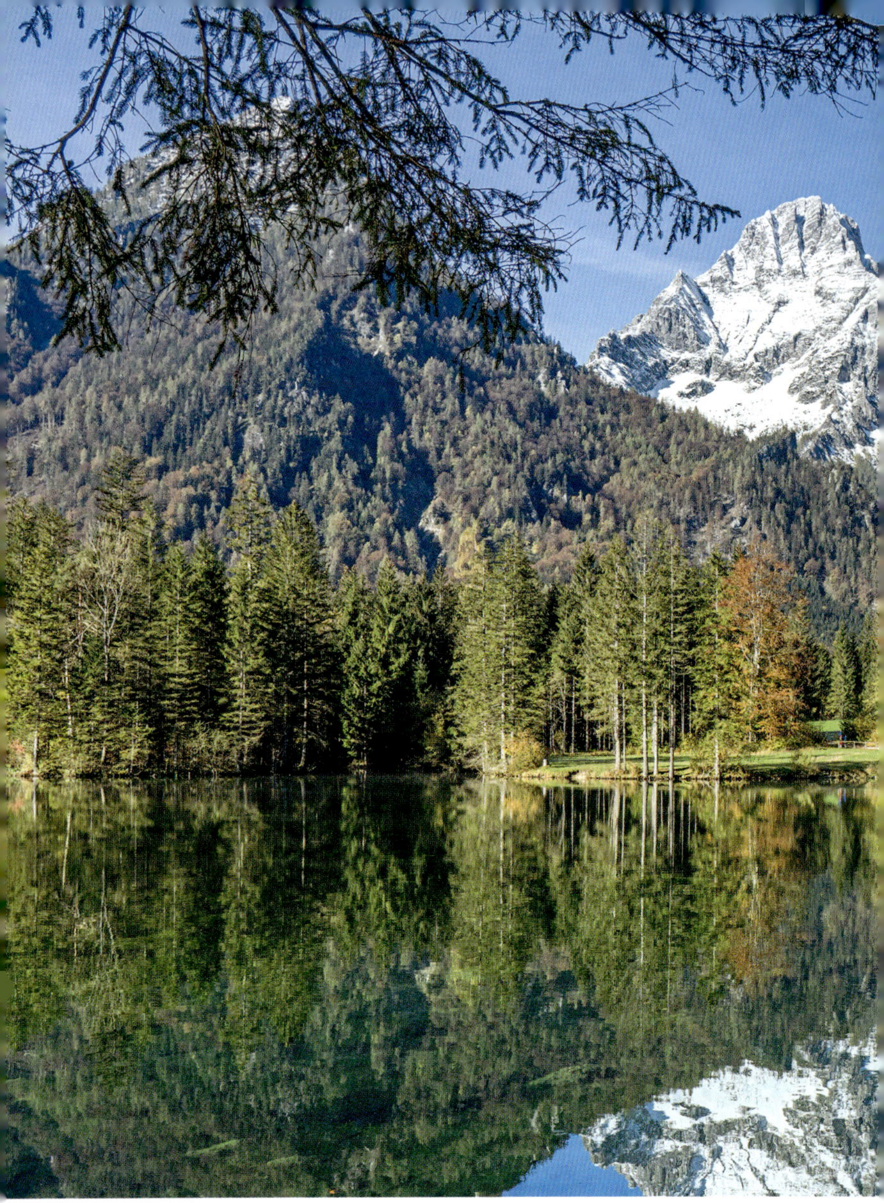

Am Schiederweiher mit Blick zur Spitzmauer, dem »Matterhorn« des Toten Gebirges.

zur Steyr und oberhalb von ihr zur Rechtseinmündung der Krummen Steyr. Neben dieser wandern wir im Wald sanft nach Nordwesten aufwärts zum **Schiederweiher ❸**, 612 m, überragt von Felsgewalten des Toten Gebirges, Spitzmauer und Großem Priel, ein Bild von seltener Harmonie und Schönheit!

Am rechten Seeufer geht es weiter zu einer querenden Naturstraße, dieser folgen wir 100 m nach rechts

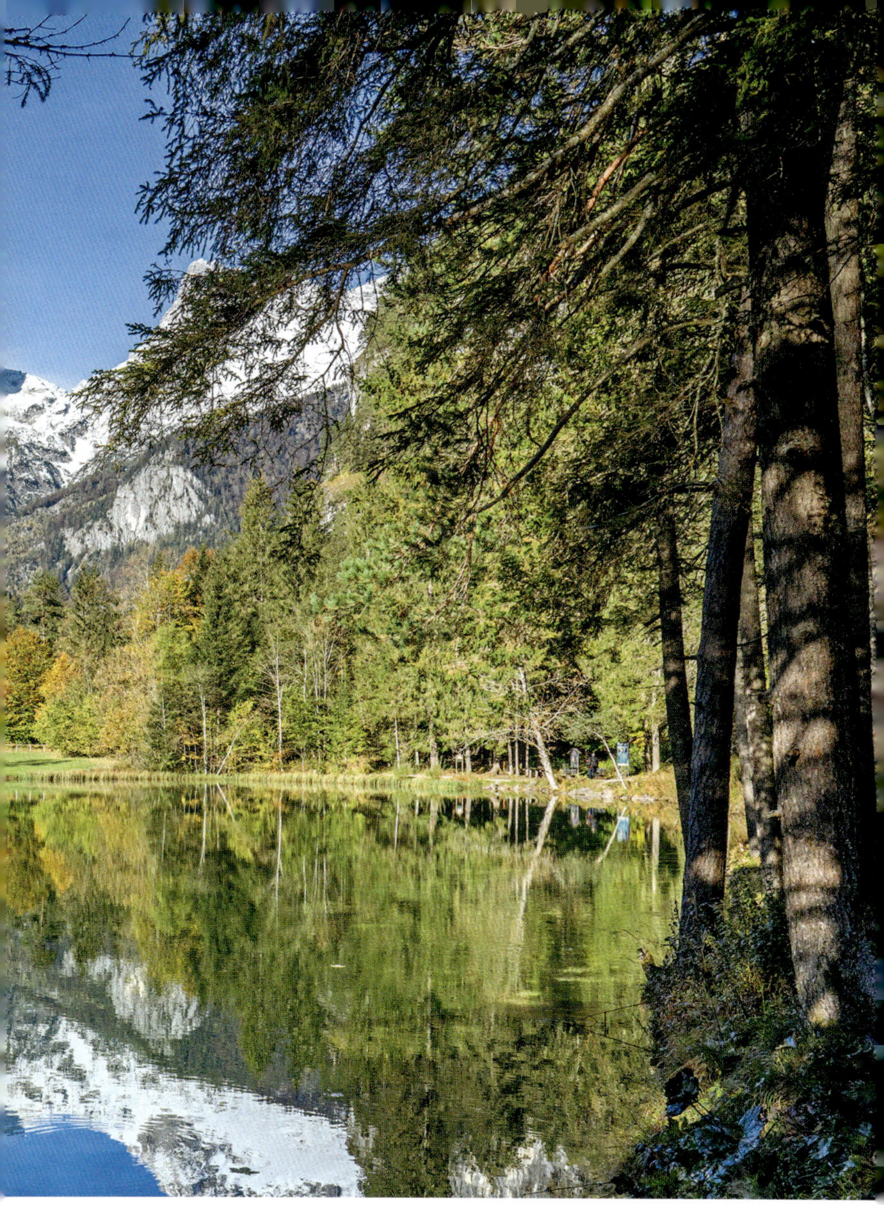

(!) zu einer Rechtskurve. Nun biegen wir links ab und wandern auf einem schönen Waldweg (»Welser Höhenweg« Nr. 201), Spitzmauer und Großem Priel entgegen, westwärts nahezu eben taleinwärts. Später erreichen wir, leicht bergab, eine querende Naturstraße. Auf ihr gelangen wir gerade über eine große Wiese das **Polsterstüberl** ❹, 618 m.
Der Rückweg erfolgt entlang der Zugangsroute.

51 Gleinkersee und Pießling-Ursprung

Am Nordfuß des Warscheneck

2.00 Std. | 5,5 km | ↗150 m | ↘150 m

Abwechslungsreiche Familienrunde mit Bademöglichkeit

Am Nordfuß des Warscheneck nahe Rossleithen, dort, wo der Zugangsweg zur Dümlerhütte ansetzt, liegt der Gleinkersee. Dank einer Zufahrtsstraße von Windischgarsten (und der Pyhrnautobahn) ist er ein rege besuchtes Ausflugsziel, das zum Baden, Bootsfahren und einer Umwanderung einlädt. Wir begnügen uns allerdings nicht mit dem Seebesuch, sondern peilen einen weiteren Hit, die westlich gelegene Riesenquelle des Pießling Ursprungs an. Mit 2000 Liter Wasser »Output« pro Sekunde aus der siphonförmigen Höhle – während der Schneeschmelze oder nach Unwettern sind es sogar 7000 Liter (entspricht dem täglichen Wasserbedarf von rund 700.000 Menschen) – gehört sie zu den größten Karstquellen der Ostalpen, durch die das rund 100 km² große Warscheneck-Massiv fast im »Alleingang« entwässert wird. Zurück geht's über Roßleithen mit seinem berühmten, an der Pießling gelegenen Hammer, dem Sensenwerk Schröckenfuchs, eines der ältesten Industrieunternehmen Österreichs.

Ausgangspunkt: Parkplatz, 815 m, 200 m nördlich des Gleinkersees, am Ende der Zufahrtsstraße von Windischgarsten (7 km).

Anforderungen: Leichte Wanderung auf markierten Wegen ohne große Steigungen.

Kinder: Bestens geeignet auch mit Kindern. Bei mäßiger Länge und geringen Höhenunterschieden wird Einkehr am Start und am entferntesten Punkt geboten. Außerdem besteht im Gleinkersee Bademöglichkeit.

Einkehr: Gasthaus »Zum Sengsschmied« (keine Nächtigung, ganzjährig geöffnet, Mo. Ruhetag, Tel. +43/664/5883388 sowie +43/664/1624058, www.gasthaus-atzlinger.sta.io/) in Roßleithen. Gasthaus Seebauer (keine Nächtigung, vom 1. Mai bis 26. Okt. geöffnet; Juli und August kein, sonst Mo. und Di. Ruhetag, im Okt. nur Sa. und So. offen, Tel. +43/7562/7503, www.gleinkersee.at) am Gleinkersee-Nordufer.

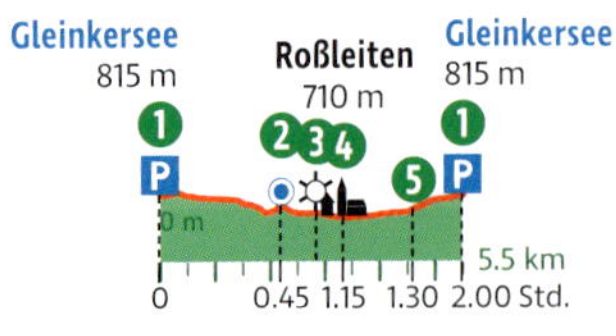

Bademöglichkeit: Der Gleinkersee gilt als Badesee mit Trinkwasserqualität (Sommertemperatur bis 25 Grad). Freibadeplätze rings um den See, am Nordufer beim Gasthaus Seebauer große Liegewiese und Kinderspielplatz.

Gipfelmöglichkeiten: Vom Gleinkersee lohnt ein Besuch des aussichtsreichen Seespitz, 1574 m; Gesamter zusätzlicher Zeitaufwand 3½ Std.

Tipp: In Roßleithen empfiehlt sich eine Besichtigung des berühmten Sensenwerks Schröckenfuchs, eines der ältesten Industrieunternehmen Österreichs. 1540, also vor fast 500 Jahren, als Sensenschmiede gegründet, werden dort heute noch Qualitäts-Sensen, Mähmesser und -bestandteile produziert und in alle Welt exportiert. Von einem Besuchersteg (keine Voranmeldung, kein Eintritt!) gewinnt man interessante Einblicke in die Sensenschmiede. Besichtigung Mo.–Do. 8.30–11.00 und 12.30–15.00 Uhr Freitag 8.30–11.00 Uhr.

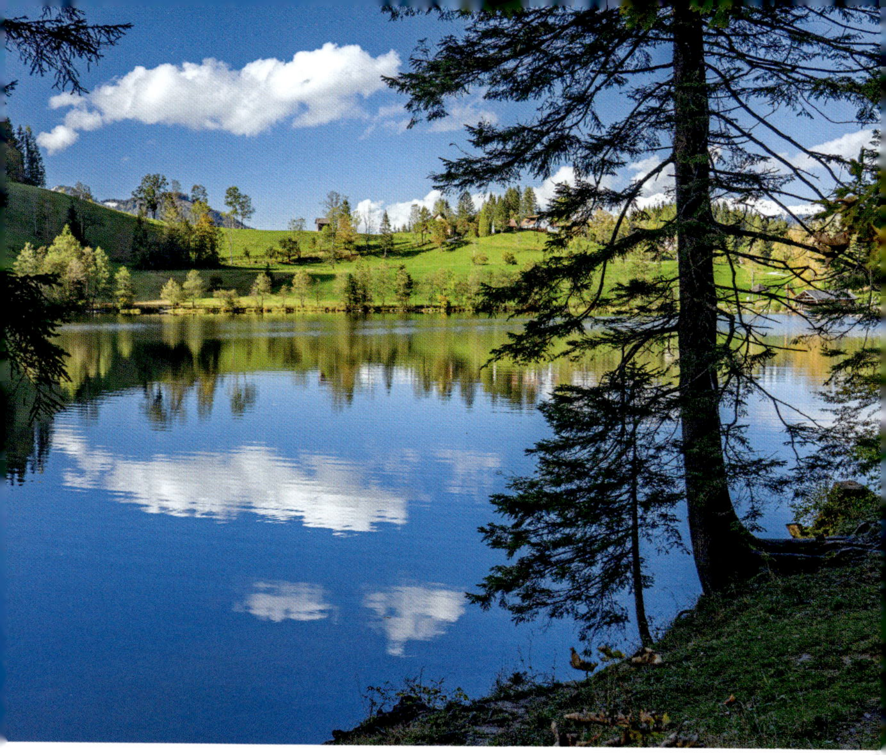

Am Gleinkersee.

Vom **Gleinkersee-Parkplatz 1** gehen wir auf der Asphaltstraße mit Weg Nr. 1 westwärts durch Wiesen empor zu einer Anhöhe mit Verzweigung beim ehemaligen Gasthaus Tommerl. Dort biegen wir rechts ab und folgen dem Fußweg durch den Wald nach Nordwesten hinab zu einer Forststraße. Auf ihr (Roßleithen-Sensenthemenweg mit Logo »braune Sense«) durchqueren wir den Wald nach links (Westen) zum Ferienhaus Koglerhütte, danach geht es durch Wiesen in einer Linkskurve nach Süden hinab zu einer Verzweigung (Tafeln, Bank). Hier halten wir uns links und gehen auf dem Fußweg steil hinunter in das Pießlingtal, wo wir den Bach und eine Rohrleitung überqueren und zu einem querenden Naturfahrweg kommen. Dieser leitet uns neben dem Bach nach links aufwärts zu einer Verzweigung (rechts Weg Nr. 293 zur Dümlerhütte). Wir halten uns erneut links zu einem Informationspunkt (Tische, Bänke), danach folgen

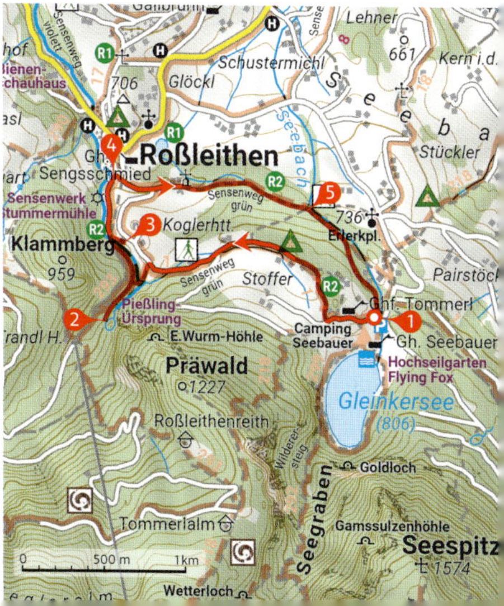

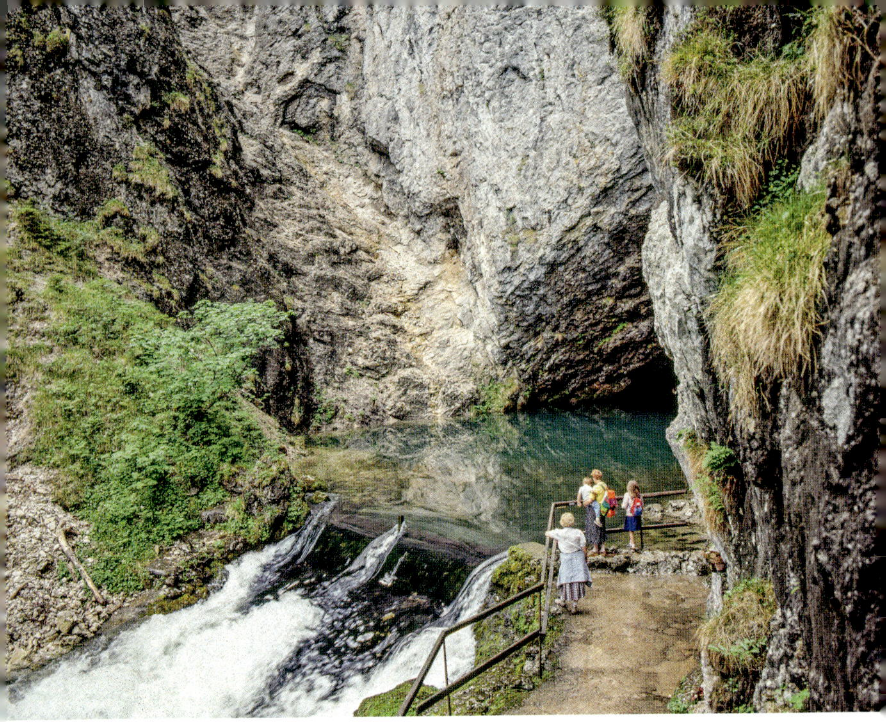

Quelltopf des Pießling-Ursprungs.

wir dem mit Holzgeländer gesicherten Fußweg in einigen Kehren nach Süden hinauf zu einer Anhöhe und jenseits kurz bergab zum **Quelltopf des Pießling-Ursprungs** ❷ (760 m; 30 m im Durchmesser, 32 m tief) am Fuß einer senkrechten Felswand.
Wir kehren zurück zu der Stelle, an der das Pießlingtal erreicht wurde und gehen auf dem Naturfahrweg links neben Bach talauswärts, bis dieser über eine Holzbrücke überschritten wird. Am jenseitigen Ufer führt uns ein Fahrweg nach rechts zur nahen **Stummermühle** ❸ (730 m; Juni bis September montags 10–12 Uhr geöffnet, Sonderführungen: Tel. +43/7562/7488), sie ist eine der letzten noch erhaltenen Bauernmühlen der Region.
Nun geht es zurück zum Hauptweg und auf diesem durch das Pießlingtal nach Roßleithen. 706 m. Dort, am Waldhammer, dem Sensenwerk Schröckenfuchs und den beiden Herrenhäusern vorbei, kommen wir zu einer Verzweigung noch im Werksgelände und auf der Straße 20 m nach rechts zu einer erneuten Gabelung. Hier folgen wir links dem verblasst rot markierten Güterweg Nr. 15 (**Roßleithen-Sensenthemenweg** ❹ mit Logo »grüne Sense«), an einem Bauernhof vorbei, und gelangen ostwärts durch eine Wiesenmulde in den Wald und dort durch einen Graben aufwärts zu einer **Verzweigung** ❺. Hier gehen wir geradeaus auf einem schönen Waldweg ostwärts weiter bergauf zur nächsten Gabelung. Halb rechts leitet uns ein Fahrweg an den Waldhängen in Südostrichtung hinauf, später wandern wir eben entlang eines Zauns zum Seebach und neben diesem nach Süden zum **Gleinkersee-Parkplatz** ❶.

Dr.-Vogelgesang-Klamm

Durch die längste Felsschlucht Oberösterreichs

52

2.45 Std. | 5,0 km | ↗ 310 m | ↘ 310 m

Eine Klamm mit Doktortitel

Das Hochtal des Klammbachs an der Nordseite des Bosruck fällt in einem gewaltigen Canyon gegen das Talbecken von Spital am Pyhrn nieder, der Dr.-Vogelgesang-Klamm. Mit eineinhalb Kilometern Länge gilt sie als längste Klamm Oberösterreichs und zweitlängste auf österreichischem Boden. Benannt nach dem ehemaligen Obmann des Verschönerungsvereins und Gemeindearzt von Spital, Dr. Moritz Vogelgesang, wurde die Klamm 1906 auf seine Initiative teilweise begehbar gemacht, jedoch bereits 1908 durch ein Hochwasser zerstört. In den Jahren 1926–27 wurde der Felsspalt mit Treppen, Stegen, Stiegen und Brücken versehen. Seither ist es möglich, die Schlucht – heute eine Hauptattraktion der Region – gefahrlos zu begehen, wobei 500 Stufen zu bewältigen sind.

Die längste Felsschlucht Oberösterreichs: die Dr.-Vogelgesang-Klamm.

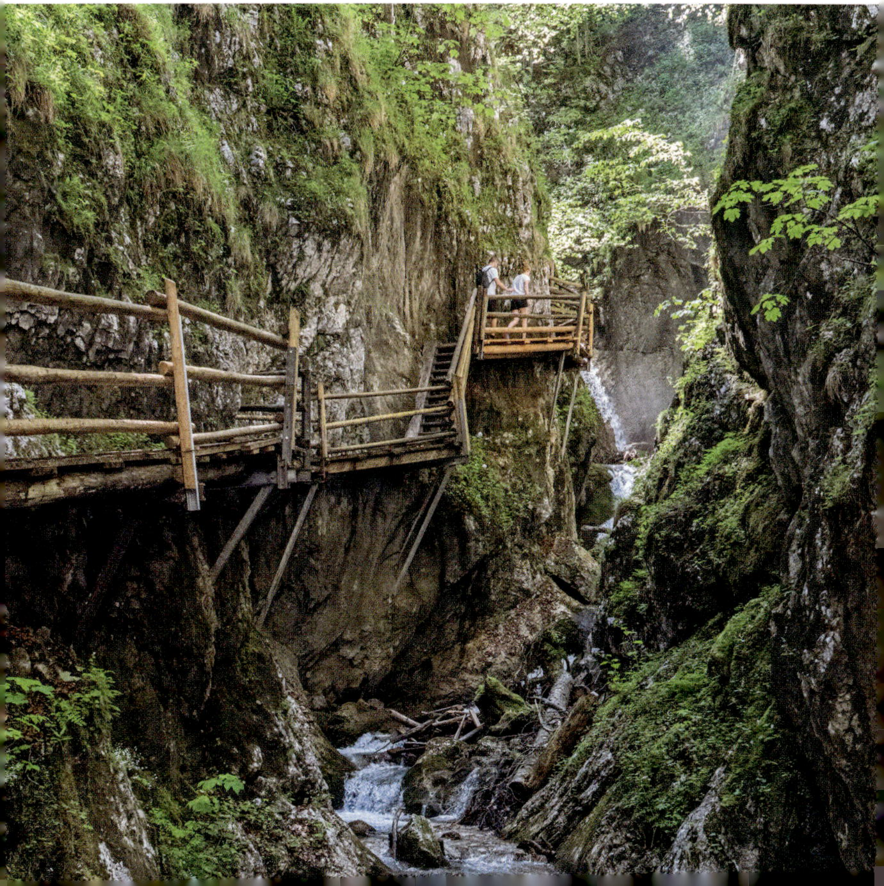

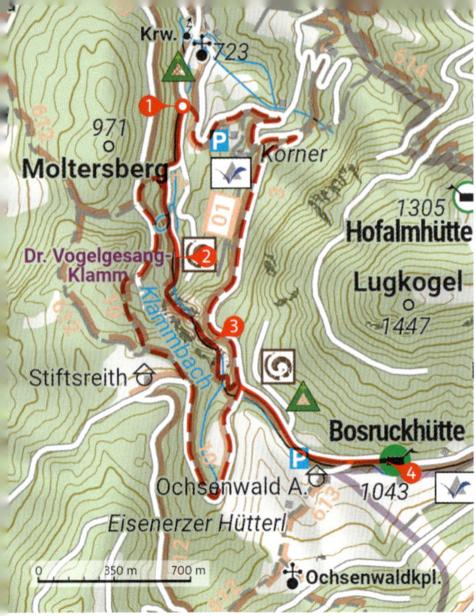

Ausgangspunkt: Parkplatz (730 m) in dem zu Spital am Pyhrn gehörenden Ortsteil Grünau, 2 km südlich von Spital. Zufahrt auf schmaler Asphaltstraße zur Straßengabelung Bosruckhütte/Vogelgesangklamm in Grünau, dort rechts und auf Schotterstraße nach 350 m zum Parkplatz.
Anforderungen: Unschwierige Wanderung. Gut instand gehaltener Schluchtsteig, mit Geländer versehene Stege, Stiegen und Brücken. Trittfestigkeit und etwas Ausdauer (die Schlucht wird auf und ab begangen!) nötig.
Kinder: Eine Begehung der Dr. Vogelgesang-Klamm bereitet auch mit Kindern Vergnügen.
Einkehr: Bosruckhütte (ÖAV, 12 B, 32 L.; 31. Mai bis 31. Okt. geöffnet, Tel. +43/7563/666 und +43/699/10899689, www.bosruckhuette.eu).
Gipfelmöglichkeiten: Von der Bosruckhütte lohnt der Weiterweg (Weg Nr. 601) zum Rohrauerhaus am Pyhrgasgatterl. Gesamter zusätzlicher Zeitaufwand: 1½ Std.
Varianten: Will man den Klammabstieg vermeiden, kann ab der Stelle, wo im Anstieg die Bosruckstraße erreicht wurde auf Fußweg Nr. 10 an der orographisch linken Schluchtseite zum Parkplatz in Grünau abgestiegen werden (1 Std. Gehzeit). Weniger lohnend kann man auch der asphaltierten Bosruckstraße nach Grünau folgen (Linksabzweig des Fußwegs nach Grünau nach der 4. Kehre, 50 Minuten Gehzeit).
Hinweise: Die Dr-Vogelgesang-Klamm ist vom 1. Mai bis 31. Okt. wochentags zwischen 7.30 und 18 Uhr, am Samstag, Sonn- und Feiertag zwischen 7 und 18 Uhr geöffnet. Vom 1. Nov. bis 31. April herrscht Wintersperre. Die Begehung des Klammsteigs ist kostenpflichtig (Mautgebühr für Erwachsene € 5.70, für Kinder zwischen 6 und 15 Jahren € 3,80).

Die Bosruckhütte.

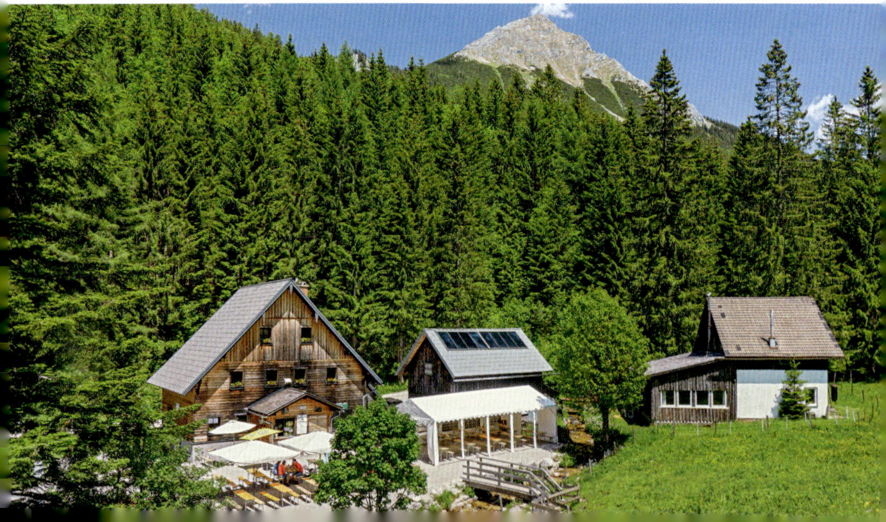

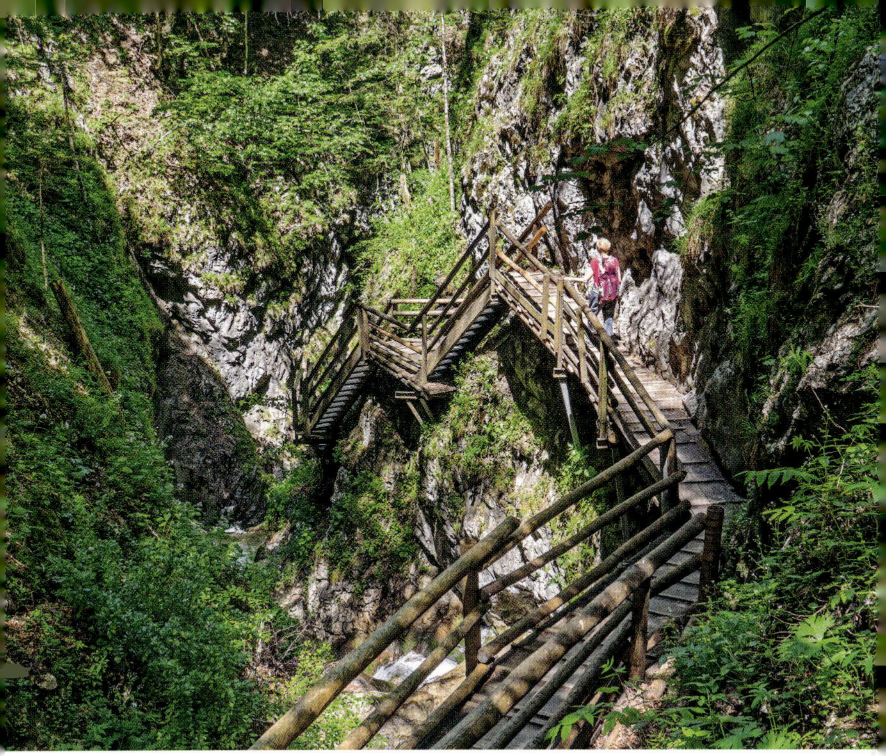

Gute Kondition ist Voraussetzung beim Auf und Ab in der Dr.-Vogelgesang-Klamm.

Vom Parkplatz in **Grünau ①** folgen wir dem Naturfahrweg (Fahrverbot) durch das Waldtal des Klammbachs nach Süden aufwärts zur **Mautstelle ②** (zwei Hütten, Bänke) am Klammeingang. Auf einem breiten Fußweg wandern wir weiter durch die Schlucht, bis sie sich zu einer Klamm verengt. Nun steigen wir über Treppen, Stege und Brücken, an Wasserfällen und Kaskaden vorbei – wobei wir mehrmals die Talseite wechseln – durch die Klamm steil bergauf zum **»Bürgermeisterbankerl« ③**, wo sich die Klamm weitet und verflacht.

Durch die Waldschlucht wandern wir zum Teil auf Stegen weiter, später, an der Rechtsabzweigung zu einem Wasserfall vorbei, aus der Talsohle in Kehren nach links empor zu der asphaltierten Bosruckstraße (Bänke, Info-Tafeln). Entlang der Straße geht es nun im Wald nach rechts (Südosten) aufwärts in den oberen Klammbachgraben und dort zu einem Parkplatz am Waldrand. An einer Verzweigung vorbei zum Parkplatz Bosruckhütte, wo die Asphaltstraße endet.

Nun gelangen wir auf einer Schotterstraße (Fahrverbot) im bewaldeten Klammbachgraben weiter zur **Bosruckhütte ④**, 1043 m.

Der Abstieg erfolgt entlang der Anstiegsroute.

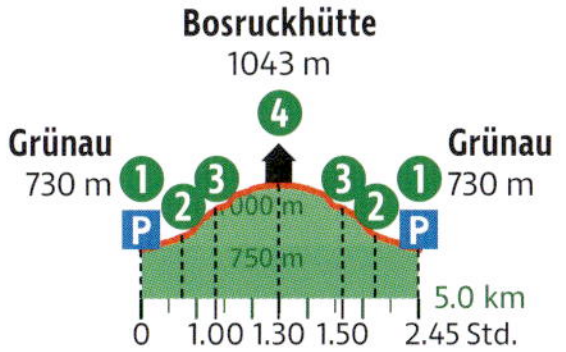

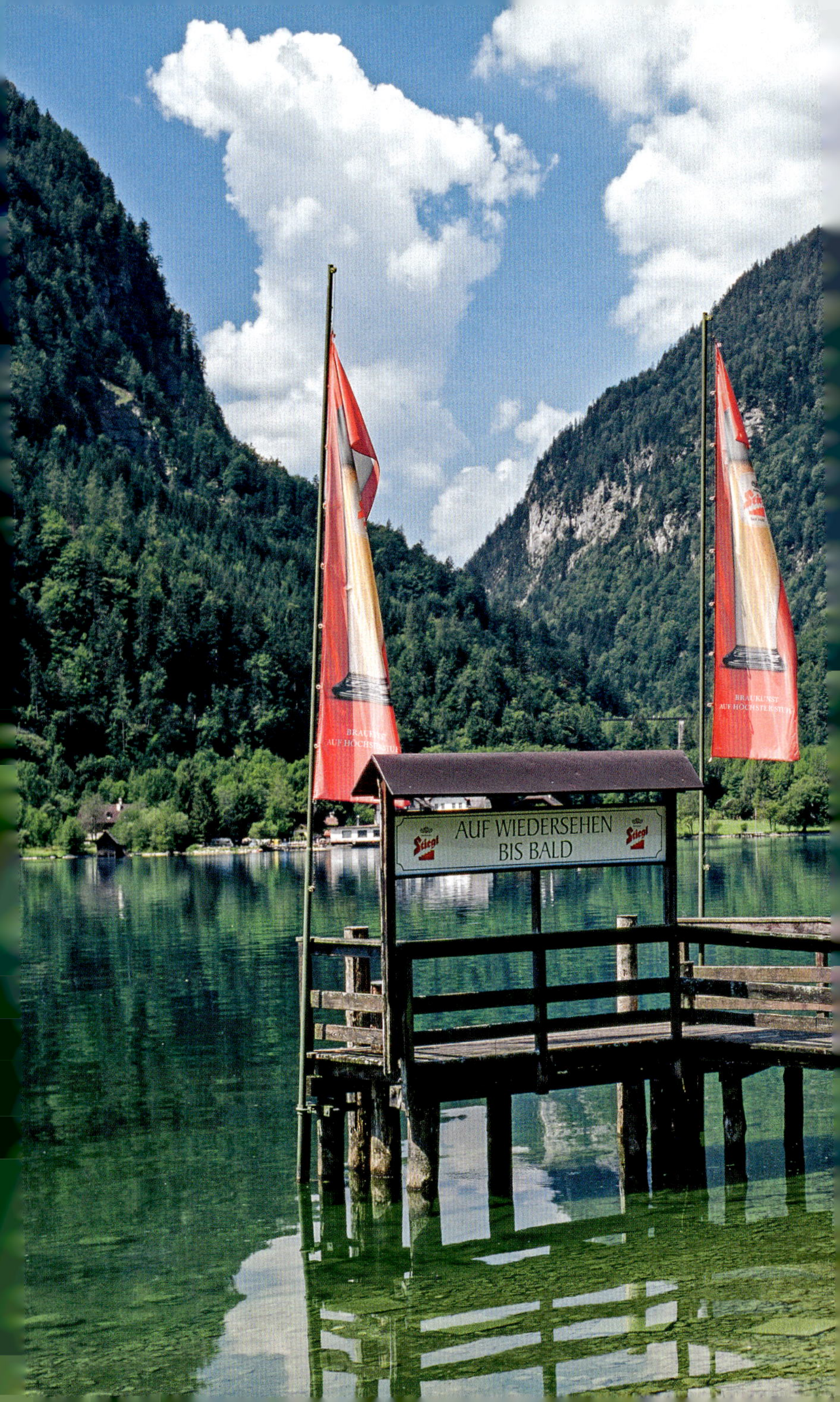
AUF WIEDERSEHEN
BIS BALD

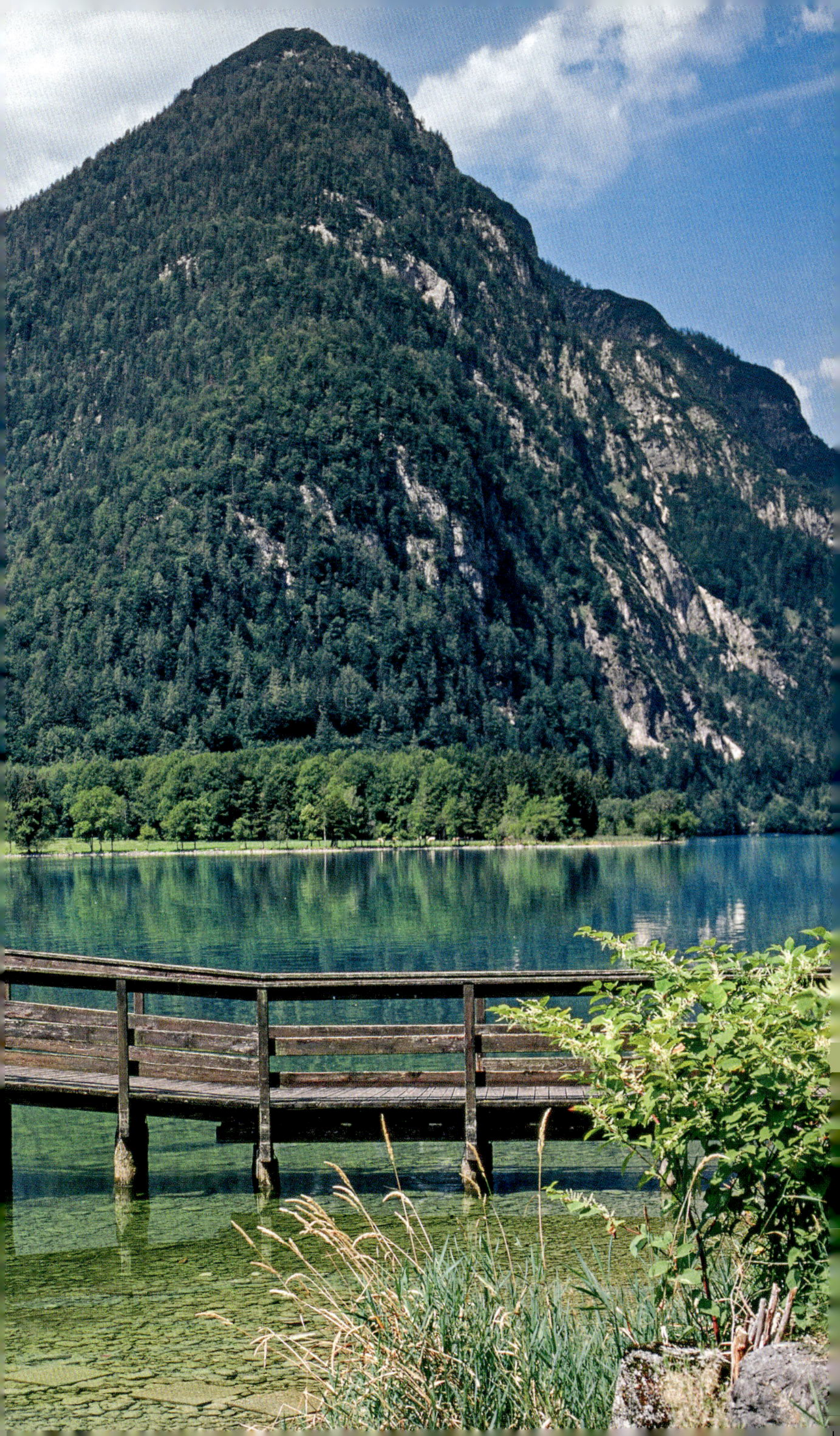

Stichwortverzeichnis

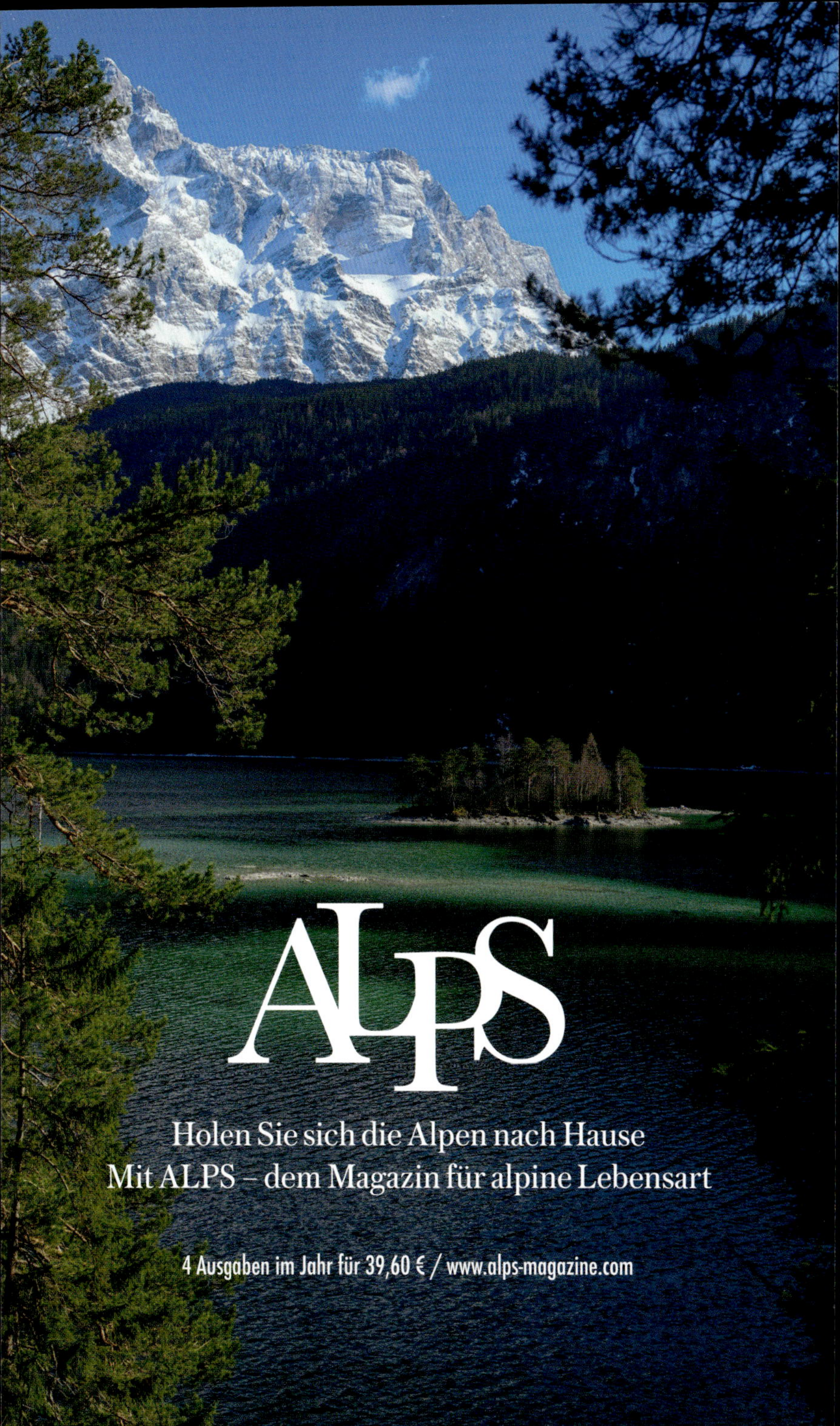
ALPS
Holen Sie sich die Alpen nach Hause
Mit ALPS – dem Magazin für alpine Lebensart
4 Ausgaben im Jahr für 39,60 € / www.alps-magazine.com

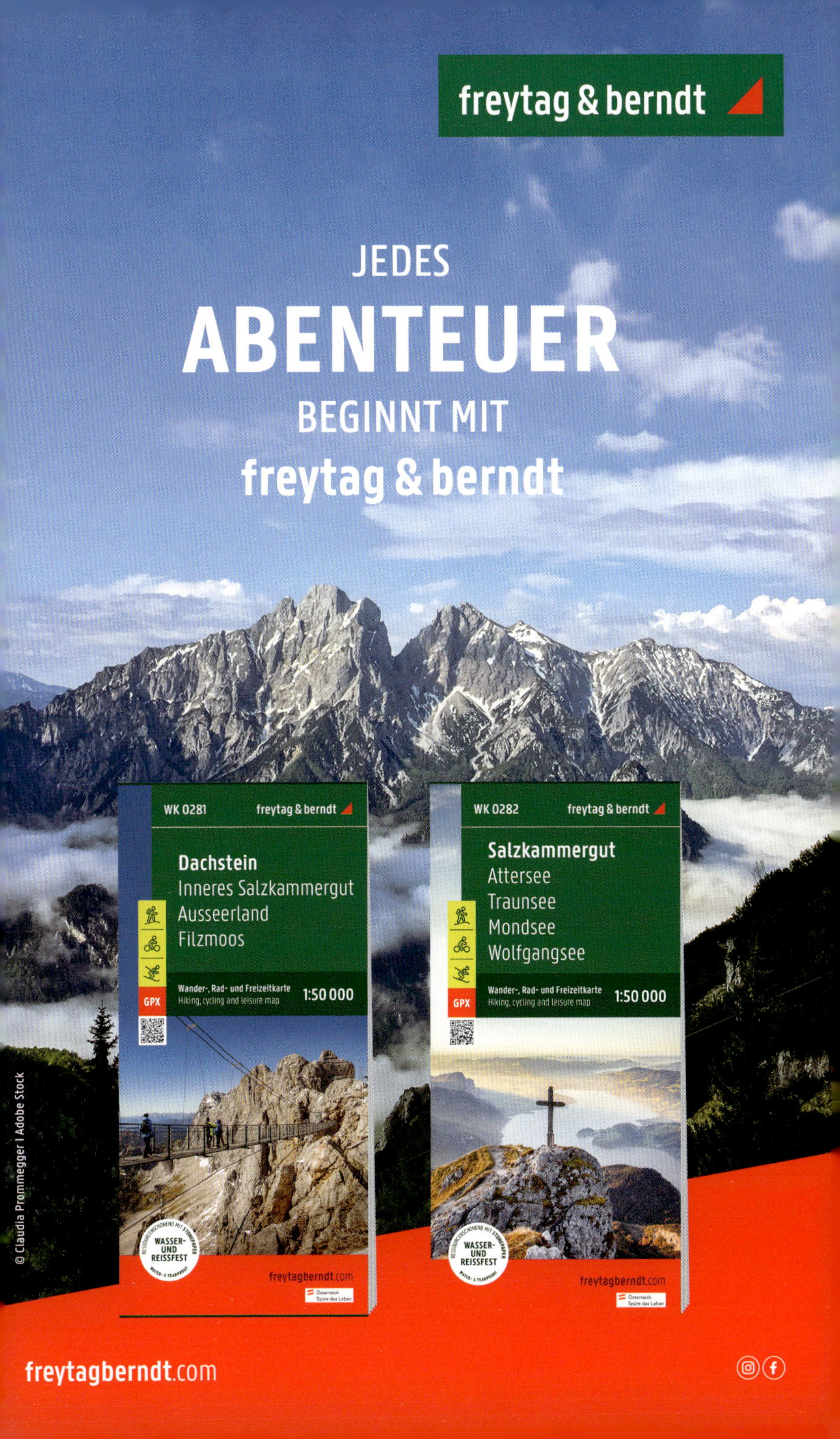
freytag & berndt
JEDES
ABENTEUER
BEGINNT MIT
freytag & berndt
WK 0281
freytag & berndt
Dachstein
Inneres Salzkammergut
Ausseerland
Filzmoos
GPX
Wander-, Rad- und Freizeitkarte
Hiking, cycling and leisure map
1:50 000
WASSER- UND REISSFEST
freytagberndt.com
WK 0282
freytag & berndt
Salzkammergut
Attersee
Traunsee
Mondsee
Wolfgangsee
GPX
Wander-, Rad- und Freizeitkarte
Hiking, cycling and leisure map
1:50 000
WASSER- UND REISSFEST
freytagberndt.com
© Claudia Prommegger I Adobe Stock
freytagberndt.com